PHILIPPE MÉLUL

LE TOUR DU MONDE EN TRAIN

COLLECTION « DOCUMENTS »
DIRIGÉE PAR
PIERRE DRACHLINE

le cherche midi éditeur
23, rue du Cherche-Midi, 75006 Paris

Pour Tristan et Quentin.

LE TOUR DU MONDE EN TRAIN – Juillet 1995/Juillet 1996

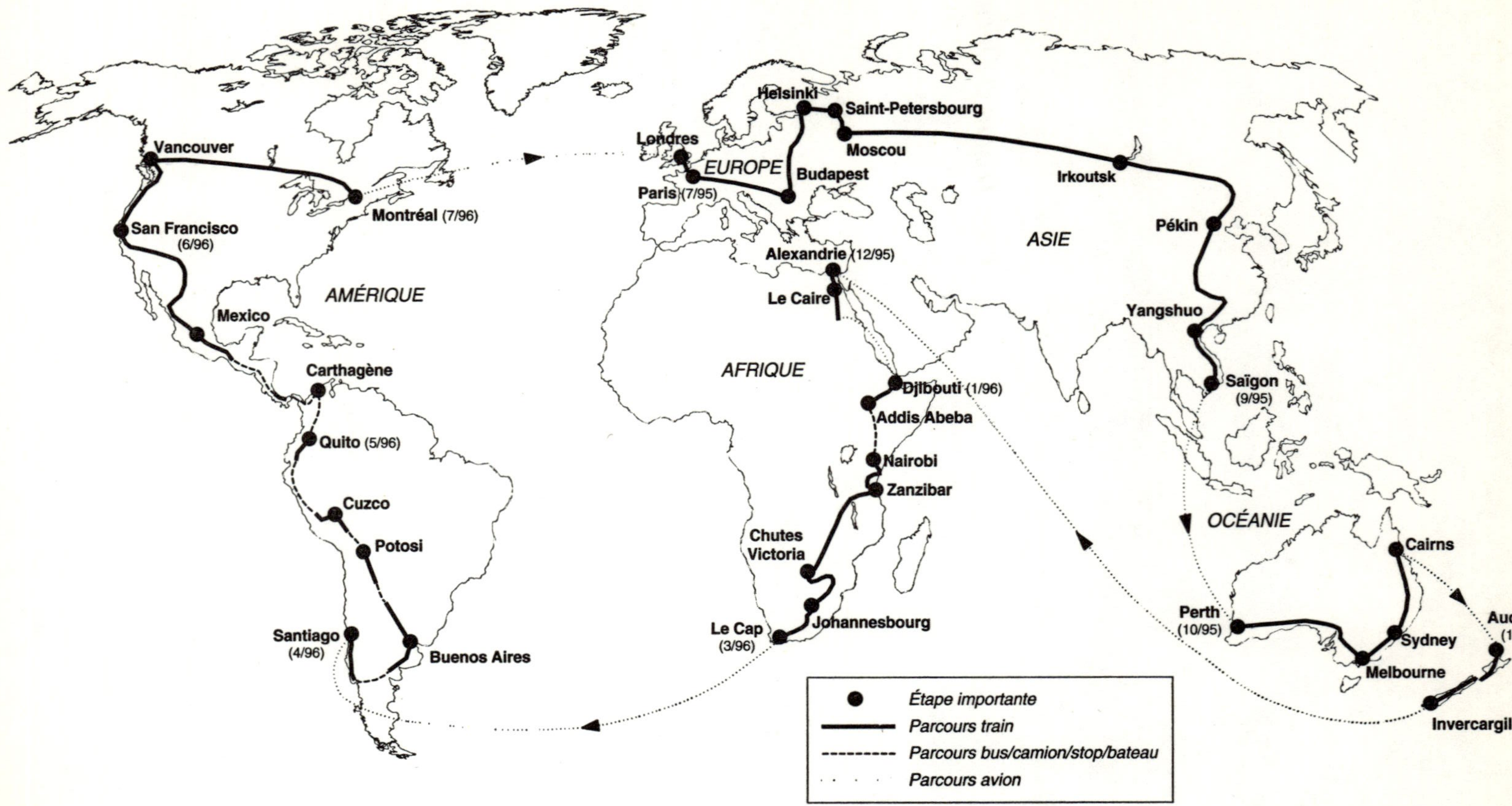

PROLOGUE

I

SUR LES RAILS DE L'AVENTURE

Le tour du monde...

Qui n'a pas un jour rêvé d'entreprendre un voyage aussi extraordinaire que fou ? Mais combien sont ceux qui l'ont réalisé autrement qu'en lisant Jules Verne ?

Et pourtant cela n'est pas si difficile. Il faut le goût de l'aventure, le déclic qui provoque le départ, et un peu de persévérance lors des préparatifs.

Ma passion pour les voyages remonte à l'enfance. Ma famille, elle, avait plutôt des tendances hexagonales : vacances vivifiantes sur les plages de Bretagne, « retour au vert » pendant l'été en Corrèze. Mais, sans dédaigner les beautés de la France, ma tête était déjà ailleurs. Les documentaires du commandant Cousteau, la lecture de récits de voyage, et la contemplation du globe terrestre en plastique sur mon bureau me transportaient déjà à des milliers de kilomètres de ma ville natale, Lens, dans le Pas-de-Calais. Comme si j'envisageais déjà quelque évasion lointaine, je suivais avec assiduité les cours de langues vivantes, et, surtout, je me passionnais pour la géographie au point de tapisser mes murs de cartes IGN.

Au cours de mes études à Paris, j'attrape le « virus du voyage » : je découvre les capitales d'Europe et sillonne le monde lors d'un stage de steward à Air France.

Ma chambre continue de se remplir de cartes et des numéros de *Géo*. Avec quelques amis, nous jouons au « jeu des capitales ». Rien de tel pour voyager à petits prix ! En quelques semaines, Tegucigalpa, Port Moresby et Bandar Seri Begawan n'ont plus de secret pour moi.

En 1987, à vingt-deux ans, j'entre dans la vie active. Tandis que d'autres achètent la voiture de leur rêve ou épargnent en vue d'acquérir un appartement, je consacre toutes mes économies aux voyages, et visite ainsi les quatre coins du globe : Côte-d'Ivoire, Sri Lanka, Guatemala, Mexique, Thaïlande, Philippines, Canada. Malgré tout, ces expéditions aussi passionnantes que lointaines me laissent toujours un sentiment d'insatisfaction. Deux à trois semaines dans un pays permettent de découvrir les principaux sites et paysages, mais ne suffisent pas pour comprendre les habitants et leur culture. De même, il m'arrive, étant dans une région éloignée de la planète, de vouloir visiter les pays limitrophes. Mais le retour aérien pour Roissy ou Orly tombe comme un couperet. Et je me prends à rêver à des destinations peu connues, à un congé sabbatique...

La passion du train, elle, ne m'est venue qu'à l'âge adulte. Mes parents ne travaillaient pas à la SNCF ; nous n'habitions pas au-dessus d'une voie ferrée ; je n'avais jamais marqué de prédilection pour les trains miniatures, et nous partions en vacances en voiture. Tout au plus ai-je le vague souvenir d'avoir pris un train à l'âge de douze ans environ, pour me rendre d'Achiet-le-Grand à Arras avec ma grand-mère. À travers la vitre du guichet en bois, elle avait exhibé sa carte Vermeil pour obtenir un billet à trois sous sur un support en carton. À l'heure de passage du train, une sonnerie avait retenti. Le guichetier, soudain métamorphosé en chef de gare par l'ajout d'une casquette blanche, nous avait emmenés sur le quai. Tenant à la main une sorte de batte de base-ball, il nous avait fait traverser les voies, juste avant l'arrivée d'une micheline rouge vif. Je m'étais laissé bercer par les mouvements de cet omnibus, voyant se succéder villages et champs de l'Artois à travers la vitre du wagon.

Ensuite, plus aucun souvenir ferroviaire. En 1981, trop occupé à préparer mon bac français, j'entends à peine parler de l'inauguration du TGV sur la ligne Paris-Lyon.

Pourtant, à partir de dix-huit ans, la vapeur se renverse. En 1983, muni de la toute nouvelle « Carte Jeune », j'effectue mon tour de France des oraux d'écoles de commerce. Je me mets à apprécier le train, dans lequel je peux voyager tout en révisant mes cours ou en récupérant des nuits de sommeil en retard. Du reste, je n'ai jamais aimé conduire, et je passe mon permis avec grande difficulté.

De 1984 à 1986, je pars visiter l'Europe grâce à la carte Interrail : Espagne, Italie, Scandinavie. Je découvre avec délices les paysages qui défilent, les rencontres imprévues dans les compartiments. En même temps, je vends des billets de train à « Travels and Treks », l'agence de voyages de l'ESCP, ce qui m'oblige à me frotter aux terribles indicateurs horaires, barèmes et autres distanciers. Quoi de plus naturel que, après quelques années passées dans la banque et l'aérien, je m'aiguille finalement vers la SNCF, au service « commercial voyageurs », attiré par les développements en cours du TGV. Sillonnant de plus belle les rails hexagonaux et européens, je suis également attiré par des chemins de fer plus exotiques. Ceci m'amène en 1993 à emprunter des trains en Russie et en Chine, et même en Équateur en 1994.

La trentaine approchant, je décide de réaliser le rêve de tout passionné des voyages : le « tour du monde ». Quant au choix du train comme moyen de transport et fil conducteur, il s'impose naturellement. C'est donc sur les rails que j'emboîterai les pas de Magellan, Phileas Fogg et Thomas Cook. Je prends un congé sabbatique d'un an. On me dit : « Monsieur Mélul, et votre carrière ? » De même, ma décision de jouer l'aventurier ne plaît pas du tout à ma famille. Mais j'ai passé l'âge de demander la permission...

Mes économies couvrent à peine un quart du budget estimé à 100 000 francs. Je cherche quelques sponsors, emprunte de l'argent à ma banque, résilie le bail de ma maison. Pour boucler mon budget, je revends ma voiture, mon électroménager, et entrepose le reste de mes meubles dans la cave de Laurent et Trien, deux amis qui reviennent eux-mêmes d'un long périple en Asie.

Ce sont les démarches administratives qui me poseront le plus de difficultés. Une employée zélée de sous-préfecture refuse de renouveler mon passeport sous prétexte que j'ai résilié mon bail. Selon elle, on ne peut parcourir le monde que si l'on possède un pied-à-terre en France. Pour obtenir les vingt-trois visas nécessaires à ce périple, je dois recourir à une société spécialisée dans ce genre de formalités. Et pour obtenir le droit d'entrée en Chine et en Russie, il me faut payer au prix fort une fausse attestation d'agence de voyages, que j'obtiens la veille du départ.

Au moment de choisir l'itinéraire de ce tour du monde, le train ne se révèle pas la solution de facilité. Outre les océans qu'il faudra traverser en bateau ou en avion, couvrir les cinq continents dans leur plus grande longueur par le rail n'est pas si aisé. Il n'y a plus de trains en Amérique centrale, la Colombie a supprimé tout trafic voyageurs, le Chili et l'Argentine ont pratiqué des coupes sombres dans leur réseau ferré, le rail s'arrête entre l'Éthiopie et le Kenya, le Soudan est en guerre, la Mongolie et l'Afghanistan ne délivrent plus de visa individuel, le Myanmar interdit l'accès par voie terrestre. Ajoutez à cela les problèmes de santé (comment se protéger du paludisme ?), de climat (comment éviter les hivers rigoureux et les moussons dévastatrices en changeant plusieurs fois d'hémisphère ?), de desiderata personnels (je ne veux pas rater certains sites), et vous aurez une petite idée du casse-tête que représente la conception de mon itinéraire.

Muni de guides, cartes et livres achetés en France, en Allemagne, et en Angleterre, je me lance dans un travail titanesque de documentation. « Aventures du bout du monde », un club de globe-trotters, m'aide à obtenir des informations très récentes, y compris sur des destinations peu fréquentées. Mais mon livre de chevet devient vite le *Thomas Cook Overseas*, un indicateur horaire de tous les trains du monde, et presque entièrement fiable.

Lors de ce travail de préparation, je m'aperçois que le tour du monde a déjà été réalisé à maintes reprises à la voile, à pied, en 2 CV, en moto, à cheval, en vélo, mais jamais en train. Une première, donc !

II

LE CONTINENT DU TRAIN ROI

EUROPE DE L'EST

Mercredi 26 juillet 1995. 19 h 43. Paris, gare de l'Est.

L'Orient-Express à destination de Budapest démarre à l'heure précise, m'emmenant inexorablement pour ce pari insensé que constitue un tour du monde en train. À mon grand plaisir, des amis et collègues sont venus me dire au revoir sur le quai de la gare. Finalement, ce voyage commence dans un univers qui m'est très familier, une gare. Sur le quai voisin, un train pour Reims. Un peu plus loin, les derniers banlieusards en partance pour Pantin ou Bobigny.

Je ne connaîtrai pas le déracinement des voyageurs sur un vol pour Saigon qui, en quelques heures, les fait basculer dans un monde radicalement différent. Pour ma part, je mettrai plus de deux mois pour atteindre le Vietnam, en absorbant progressivement décalage horaire, variations de climat et différences culturelles.

L'Orient-Express, après avoir fait rêver des générations de voyageurs, a perdu beaucoup de ses fastes d'antan. Les personnalités et les hommes d'affaires prennent aujourd'hui l'avion, et les luxueux wagons Orient-Express sont maintenant utilisés sur des trains spéciaux pour touristes fortunés.

Je suis assis au calme dans le compartiment, à regarder le paysage, silencieusement. Je ressens un grand bonheur, celui de réaliser un vieux rêve, de partir à la découverte du monde, de ses peuples et ses cultures. J'éprouve également un profond soulagement, après ces mois de préparatifs, ces nuits blanches à me documenter et à choisir mon itinéraire, et songe à tous les obstacles que j'ai dû affronter, les uns après les autres, et toutes ces bonnes raisons de ne pas partir que j'ai dû chasser de mon esprit. Mais au bout d'un moment, une angoisse m'étreint. Et si ceux qui m'ont déconseillé d'entreprendre ce tour du monde en train avaient raison ? Ne vais-je pas contracter une hépatite ou quelque maladie tropicale rare ? Mon aventure ferroviaire ne risque-t-elle pas de s'achever au fond d'une geôle en Afrique ou en Amérique centrale ? Serai-je assez résistant pour vivre un an dans l'inconfort, avec les rares effets que contient mon sac à dos, ignorant chaque matin où je coucherai le soir, sur le qui-vive permanent par crainte d'un éventuel pickpocket ou d'une agression ? Le train longe la vallée de la Marne, avec ses guinguettes, ses péniches, et quelques cyclistes. Plus loin, le soleil se couche sur les coteaux de la Champagne.

Le lendemain matin, l'Orient-Express entre en gare de Vienne sous un soleil radieux. Beaucoup d'affluence sur le quai. Dans un fatras de valises et sacs à dos, se croisent des touristes de tous horizons : Français, Italiens, Américains, Japonais...

Bien que l'Autriche soit couverte de montagnes et de forêts, nous traversons la seule plaine du pays, très cultivée, plate, monotone.

La gare située à la frontière austro-hongroise porte un nom aux consonances hébraïques : Hegyeshalom. L'arrivée en ex-Europe de l'Est s'accompagne de quelques formalités : contrôleur autrichien qui demande les billets, police autrichienne pour les passeports, police hongroise, contrôleuse hongroise. Ensuite, nous longeons des heures durant le Danube, qui évoque davantage une vaste zone industrielle que les valses de Strauss.

Arrivée à Budapest-Keleti le 27 juillet, nouveau terminus de ce train qui reliait autrefois Istanbul, d'où son nom d'Orient-Express. Sous la marquise de la gare, en grande partie vitrée, règne une chaleur étouffante. Les voyageurs se hâtent vers les sorties. J'emprunte le métro pour me rendre chez Caroline, la sœur de mon amie Nathalie, qui vit à Budapest, mariée à Janosz, un Hongrois. Dans Bathori Utca, leur immeuble en impose, avec ses portes et fenêtres majestueuses couronnées de sculptures, ses balcons en fer forgé, et sa frise monumentale qui lui vaut d'être classé monument historique.

L'ancienne cité des Habsbourg a conservé quelques beaux bâtiments néo-classiques. Mais dans le centre-ville, je suis frappé par l'occidentalisation rapide, qui s'est accélérée avec la fin du régime communiste : enseignes de fast-foods américains, hommes munis de téléphone portable à la ceinture, jeunes filles aux tenues provocantes.

Attablé devant un bon goulasch, Janosz nous raconte dans quelles conditions il a fui le pays en 1972 pour aller s'installer en France, comment il a créé une entreprise textile, puis pourquoi il est revenu habiter à Budapest il y a quatre ans. Pourtant, la libéralisation politique ne lui a pas assuré la prospérité économique. Victime de plusieurs escroqueries et erreurs commerciales, il se retrouve avec une société qui vivote et un stock de jeans invendus.

Avant de prendre congé de Janosz et Caroline, je leur confie quelques affaires à expédier en France. J'avais passé des heures à préparer mon sac à dos. Vingt kilos de bagages pour un an de voyage n'autorisent guère de fantaisie. Comptant séjourner principalement dans des villes, j'ai renoncé à tout matériel de camping. Espérant voyager surtout en saison chaude, j'ai réduit au minimum les vêtements chauds et de protection. Enfin, j'ai opéré une dernière sélection drastique. Adieu, donc, au pantalon de rechange, au pull-over, à la torche, aux jumelles, au pied photographique, au Walkman. Il faut pouvoir voyager léger, glisser son sac en tout endroit, et prévoir un peu de place pour ranger les victuailles et les souvenirs achetés en cours de route.

Le Cracovia, à destination de la Pologne, parcourt 500 kilomètres en douze heures, traverse la Slovaquie, ce qui me vaut une nuit mouvementée, rythmée par le « ballet administratif » des contrôles de passeport : police hongroise, slovaque à l'entrée et à la sortie du pays, police polonaise.

La gare de Cracovie occupe un superbe immeuble du XVIIIe siècle à la façade dorée percée de grandes fenêtres que couronnent des chapiteaux de pierre. À l'intérieur du bâtiment, sols en marbre, bancs en fer forgé, lustres et piliers géants laissent imaginer les heures fastes du chemin de fer au début du siècle où voyageaient princes, banquiers et artistes. La gare devait alors rivaliser de beauté avec l'hôtel de ville ou le théâtre.

Après avoir erré quelque temps à la recherche d'un bureau de change, j'ai la surprise de voir deux cours affichés. On m'explique que l'ancien zloty a été remplacé par un nouveau zloty, à concurrence de 10 000 pour un, mais que les deux restent en circulation. Et le guichetier décide de me donner un peu de chaque, selon ce qui l'arrange.

Dans une boulangerie, je suis tout de suite confronté à la difficulté de cette double monnaie. Pour payer une pâtisserie 1,6 zloty (environ 4 francs), je donne une pièce de 3 zlotys (nouveaux) et on me rend une liasse de billets pour 40 000 zlotys (anciens).

Je pars réserver ma place pour Varsovie. Au guichet, la vendeuse ne parle que polonais. Mon français, mon anglais et mon allemand ne me servent à rien. J'indique tout ce qu'il me faut par écrit, en mimant le reste. Elle finit par comprendre, téléphone, sort ses indicateurs, rédige les billets et me réclame 150 zlotys, retrouvant pour l'occasion quelques rudiments d'allemand. La guichetière me donne enfin les billets sur lesquels je n'arrive même pas à lire un chiffre. Heureusement que tous les horaires figurent dans le *Thomas Cook* !

Je dois maintenant téléphoner pour trouver un hébergement. La première cabine téléphonique n'accepte pas mes pièces. Je me rends compte alors que tout le monde utilise des jetons. J'essaie d'en acheter à la poste non loin de là. Hélas, ils ne vendent plus de jetons, seulement des cartes téléphoniques. Qu'à cela ne tienne, j'en achète une, et cherche une cabine à carte. Mais la seule existante dans la poste est prise d'assaut, et je dois patienter une demi-heure. Une fois en place, je ne parviens pas à composer le numéro. Il me faudra l'intervention d'un voyageur courtois pour arriver au bout de mes peines.

Lorsqu'on passe un mois ou plus dans un pays, les désagréments des premiers jours cèdent rapidement la place aux joies du séjour. Mais lors de mon tour du monde, où je devrai changer de pays tous les trois ou quatre jours, ces tracasseries risquent de devenir mon quotidien. Autant les prendre avec bonne humeur...

J'appartiens à une organisation pacifiste dont le but est de rapprocher les gens de tout pays. Je dispose donc de listes de correspondants locaux, prêts à recevoir des voyageurs. Il me suffit de leur écrire ou de leur téléphoner.

Jerzy et Ewa m'accueillent avec beaucoup de chaleur. Jerzy, écrivain, comédien, sculpteur sur bois, philosophe à sa manière, a voyagé dans plus de cinquante pays mais une opération à cœur ouvert l'a contraint, il y a deux ans, à une vie plus rangée. Son épouse, Ewa, professeur à la retraite, a consacré sa vie aux beaux-arts, plus particulièrement à la tapisserie. Ils me content l'histoire de leur chère Cracovie, ancienne capitale royale de la Pologne, et miraculeusement épargnée par les bombardements de la Seconde Guerre mondiale. Puis la conversation glisse vite sur le thème du voyage. Jerzy et Ewa ont parcouru le monde pendant des années, et ils mêlent allègrement leurs souvenirs de route à des réflexions philosophiques : le site de Machu Picchu, la signification des lignes de Nazca, la viabilité de la civilisation inca, les beautés de l'Égypte, l'immensité du Sahara, la misère en Inde. Ewa montre des photos de ses sculptures, d'inspiration africaine ou religieuse. Elle commente ensuite sa collection de coquillages ramassés sur les rivages de tous les océans du monde. Parfois, Jerzy s'exalte, s'emporte, et Ewa doit le contenir de crainte qu'il ne fasse une nouvelle attaque cardiaque.

M'éloignant de la vieille ville, je pars à la découverte de l'ancien quartier juif de Cracovie, aujourd'hui à l'abandon. Là où vivaient des dizaines de milliers d'hommes et de femmes avant l'holocauste, il ne reste plus qu'un cimetière et une synagogue encadrant une place bordée de grilles en forme de candélabre à sept branches. Un café juif aux couleurs vives essaie de redonner un peu d'animation à ce quartier, en proposant des concerts tous les soirs.

L'Expressowy met à peine trois heures pour relier Varsovie. Un train dessert la capitale presque toutes les heures. Le réseau ferroviaire polonais couvre toutes les régions avec un service efficace, héritage de la période communiste. Le train reste le moyen de transport le moins cher et le plus populaire, car peu de Polonais peuvent aujourd'hui encore s'offrir une voiture particulière.

L'Europe est d'ailleurs le continent du train roi. Cet ancrage du mode ferroviaire s'explique par la densité de population, la nature du terrain et l'ancienneté du réseau ferré.

La campagne polonaise défile sous mes yeux distraits. Champs de blé et de maïs alternent sur cette vaste plaine ponctuée de rares fermes. Le long de la voie ferrée, une carriole à cheval assure le transport des traverses. D'autres chevaux tirent des charrues dans les champs. Les rares tracteurs semblent dater de l'après-guerre, ce qui contraste avec la modernité des villes.

La contrôleuse vient vérifier les billets. Contrairement à la France, ce métier est largement féminisé dans les pays de l'Est. Elle doit délivrer beaucoup de billets, car les voyageurs les achètent rarement en gare, et l'amende à bord du train est dérisoire. Un employé passe peu après avec un chariot de vente ambulante. Il fait preuve de beaucoup d'amabilité, et propose même des cafés italiens.

Passage éclair à Varsovie. À la gare centrale, les quais souterrains respirent le béton et la ferraille. Le hall, immense rectangle dominé par une verrière, ne possède guère plus de charme. La ville non plus, mal reconstruite après la guerre. Telle gare, telle ville...

Les pays baltes constituent la prochaine étape de mon périple.

À bord du train pour Vilnius, un policier me réveille brutalement pour le cérémonial du contrôle des passeports. Il frappe à la porte, allume la lumière, prend mon passeport, le pose sur son écritoire, vérifie on ne sait quoi sur des listes griffonnées au crayon, inspecte mes visas (au nombre de dix déjà !) d'un air étonné, appose son tampon avec un geste dédaigneux, et me rend mes papiers. À peine me suis-je rendormi qu'un autre policier effectue le même contrôle. Il est vrai que pour aller de Varsovie à Vilnius, le train a la mauvaise idée de parcourir 27 kilomètres en Biélorussie. Ce détour inopportun implique six contrôles de passeports par des policiers et douaniers polonais, biélorusses et lituaniens. À cette heure avancée de la nuit, je ne distingue plus très bien les uniformes, et encore moins les langues. Mais le rituel est toujours le même : des coups sur la porte, la lumière qui s'allume et, pour conclure, un coup de tampon rageur.

Cette courte incursion en Biélorussie me coûte 300 francs de visa, quatre réveils en pleine nuit, plusieurs formulaires de douane à remplir (écrits uniquement en biélorusse et lituanien), avec en prime une fouille complète du compartiment qui oblige les voyageurs à sortir dans le couloir en caleçon ou chemise de nuit.

La gare de Vilnius ressemble à un abri anti-atomique, avec ses souterrains glauques, ses guichets hideux, ses voyageurs à l'air absent. La première idée qui me vient à l'esprit est de quitter au plus vite cet endroit d'une ineffable tristesse.

À tous les coins de rue, une église témoigne de la ferveur catholique des Lituaniens. Dans un confessionnal dépourvu de toit mais muni de deux grilles, un prêtre absout ses paroissiens répartis en deux files d'attente. Dans la principale artère commerçante de Vilnius, l'absence de vitrines oblige souvent à entrer dans les boutiques pour savoir ce qui s'y vend. Dans les rues, les voitures sont quasiment inexistantes, excepté quelques Skoda ou Lada dont les pots d'échappement rafistolés arrosent les passants de décibels et de gaz.

Fuyant cette ville pauvre et déprimante, je décide de prendre un train omnibus pour Trakai, petit village au bord d'un lac, à 30 kilomètres de Vilnius. J'achète mon billet à la contrôleuse qui, avec son sac à provisions, ressemble plus à une ménagère qu'à un agent des chemins de fer. À bord du train, l'achat de billet entraîne un supplément de 0,30 litu, soit à peine 1 franc.

À la gare de Trakai, un trou percé dans un mur fait office de guichet. Il faut d'ailleurs se pencher, et entrer la tête dans l'orifice grillagé pour apercevoir la guichetière.

Trakai se trouve sur une péninsule boisée bordée de deux lacs. La ville abrite un château médiéval, et un musée qui retrace les grandes heures de l'histoire de la Lituanie. Étrange destinée de ce petit pays qui a été occupé tour à tour par les Allemands, les Suédois, les Polonais et les Soviétiques, jusqu'à son indépendance en 1991.

Arrivé sur le quai une demi-heure avant le départ du train pour Riga, je grimpe à bord du wagon n° 7. « Grimper » est le terme exact, car le plancher du wagon se trouve à 1,20 mètre du sol, et la première marche à 60 centimètres. La couchettiste m'oblige à redescendre, l'air mécontente. Avant l'heure, ce n'est pas l'heure ! À l'arrivée à Riga, elle me réveille de manière autoritaire. Elle a déjà troqué l'uniforme contre un jogging et des baskets. Pour elle, le service est terminé.

À la consigne manuelle de la gare, le prix du dépôt varie en fonction de la valeur déclarée des bagages. Système complexe qui s'apparente à un contrat d'assurance, et ralentit considérablement l'opération.

De prime abord, Riga apparaît plus prospère que Vilnius. Au marché central, on trouve de tout à profusion : légumes, fruits, viandes, laitages, tapis, cassettes, livres et jouets. À proximité du marché, des femmes d'âge et de tenue très respectables sont alignées debout, en deux rangées et proposent des produits en quantité limitée : dix cigarettes, trois tomates, un livre, deux bananes.

Ce soir, je suis accueilli par Ina, qui habite loin du centre, dans un immeuble-barre peu engageant. Elle s'excuse mille fois pour le désordre. En effet, son petit studio évoque un bazar, où les effigies de la Vierge côtoient les cassettes de pop music. Les robinets et la chasse d'eau ne fonctionnent pas, mais les réparer coûterait trop cher. Âgée de quarante ans, Ina travaille à la restauration de vieux bâtiments et semble imprégnée de religion. Elle revient d'ailleurs du rassemblement œcuménique de Taizé en France, qui attire chaque année des centaines de milliers de chrétiens venus du monde entier.

Ina s'exprime dans un français assez approximatif, puis me présente une amie de passage, Erika. Cette dernière raconte en anglais son étonnant parcours. Journaliste dans une chaîne de télévision privée, elle s'est intéressée au milieu bancaire et a découvert une gigantesque escroquerie, impliquant divers hommes politiques. Ayant révélé ce scandale à l'antenne, elle est devenue la cible de la mafia. Elle a retrouvé sa voiture brûlée il y a trois ans ; puis son appartement fut dévasté par un incendie quelques mois plus tard. Privée de tous ses biens, écœurée, elle est retournée vivre chez ses parents.

Le train pour Jurmala emporte à son bord des centaines de citadins partis goûter aux plaisirs de la mer pour une journée. À la gare, la vendeuse a émis le billet sur ordinateur, mais a préféré vérifier le prix avec son boulier, instrument de calcul que possèdent tous les commerçants lettons.

Sur une longue étendue de sable de 20 kilomètres, coincée entre mer et forêt, des enfants s'amusent dans des mares d'eau de mer, des vieilles femmes aux poitrines opulentes vont se baigner en sous-vêtements, des jeunes filles aux maillots colorés bronzent en silence. La plage est organisée méthodiquement : escaliers d'accès, poubelles, cabines pour changer de maillot et toilettes. Une surprise m'attend concernant ces dernières. Les portes ont pour toute inscription « S » et « V », ce qui ne me renseigne guère sur le sexe, vu mon ignorance de la langue lettone. À l'intérieur, je découvre avec stupéfaction une salle commune avec de simples trous alignés, ce qui manque pour le moins d'intimité, surtout quand on n'est pas sûr d'être chez les « dames » ou les « messieurs ».

À la gare de Riga, j'attends le train pour l'Estonie. La laideur de la gare caractérise bien l'architecture stalinienne des années 50. Dans ce gros parallélépipède de béton gris, le seul endroit digne d'intérêt est la salle d'attente, qui offre une vue panoramique sur la place de la gare et son activité fébrile. Je mets à profit ce moment de répit pour régler les dernières formalités avant de quitter le pays : écrire le courrier, changer l'argent restant, lire les guides concernant la prochaine étape.

À bord du train pour Tallinn, je rencontre des touristes napolitains qui me taquinent sur les essais nucléaires français dans le Pacifique. Ils m'expliquent qu'ils voyagent dans les pays baltes, car ce sont les seuls pays où ils peuvent se permettre de séjourner, compte tenu de la faiblesse actuelle de la lire italienne.

D'une portée d'hydrofoil, je rejoins Helsinki, pour passer le week-end chez des amis. Quelques minutes suffisent pour juger du haut niveau de vie des Finlandais, en comparaison des pays baltes : voitures neuves, tenues élégantes, vitrines bien achalandées...

Jean-François est français, Sirpa finlandaise, et nous nous sommes tous trois connus lors de nos études à l'École supérieure de commerce de Paris.

Quel enchantement de vivre à Helsinki ! À quelques minutes de la capitale, c'est un entrelacs de plans d'eau, de forêts, de bras de mer. Ici, une plage fait la joie des baigneurs ; là, un port de plaisance avec de nombreux voiliers. Les Finlandais ont opté pour la qualité de vie. La journée de travail s'achève à 17 heures, y compris pour les cadres, ce qui laisse du temps pour pratiquer un sport, ou s'occuper de sa famille. En outre, l'État encourage beaucoup la natalité. Jean-François a pu prendre trois semaines et Sirpa une année entière payée à 60 % pour s'occuper de leur dernier bébé. La Finlande est une sorte de paradis écologico-social. Dommage qu'il y fasse si froid...

Sirpa me fait goûter quelques spécialités locales : les *pirakas*, beignets de seigle fourrés à la pomme de terre ou au riz, puis les *pulas*, gâteaux à la frangipane. La soirée se termine par l'inévitable sauna. Ils en possèdent un, comme la plupart des Finlandais. Il s'agit d'une petite pièce attenante à la salle de bains, tapissée de lambris. En son centre, une sorte de poêle est rempli de pierres sur lesquelles on jette de l'eau pour dégager de la vapeur chaude. À 80 °C, la température devient difficile à supporter. Pourtant, les habitués arrivent à tenir jusqu'à près de 100 °C. Certains maintiennent même la tête au niveau du plafond, là où la chaleur est la plus forte. Ensuite, ils vont se jeter dans le lac en été, ou se rouler dans la neige en hiver. Je me contenterai d'une douche froide.

Les trains finlandais sont à l'image du pays. Intérieur *cosy* avec des fauteuils moelleux munis de coussins appuie-tête. Dans la voiture-bar, le confort des sièges et l'élégance du design n'ont d'égal que la beauté du mobilier et le choix des produits. De plus, le personnel redouble de gentillesse et d'efficacité et démontre de grandes prédispositions pour les langues étrangères.

Arrivée à Tallinn, en ce 10 juillet, sous une pluie battante et à peine 15 °C ! L'été en Estonie dure à peine deux mois, essentiellement en juin et juillet. Au contrôle des passeports, la police fait des difficultés. Mon visa n'autorise qu'une entrée dans les pays baltes, et j'y pénètre pour la seconde fois. La file d'attente s'allonge, les gens s'impatientent, mais je tiens bon. Finalement, le douanier change d'avis et me laisse passer sans même tamponner mon passeport.

À la gare, pour utiliser les consignes automatiques, il faut d'abord aller acheter un jeton, le placer dans le casier, composer un numéro à quatre caractères (alphabet cyrillique), et fermer la consigne. Puis, quand on veut récupérer son bagage, il faut racheter un jeton et recommencer les mêmes opérations.

Des trois capitales baltes, Tallinn est de loin la plus belle. À l'intérieur d'un rempart flanqué de tours rondes aux toits en tuiles rouges, la cité a conservé son caractère médiéval.

Dans une église orthodoxe, j'assiste à deux mariages. Le premier unit deux sexagénaires aux mines tristes et aux habits élimés. Leur unique témoin, un homme d'une quarantaine d'années, est vêtu d'un costume trop petit, d'un nœud papillon et d'une paire de tennis. Pour le mariage suivant, les invités arrivent en Mercedes, et portent smokings et robes longues. Mais leurs manières prouvent que leur fortune est récente.

Le train quitte Tallinn. Cette gare moderne est en cul-de-sac, et nous repartons vers le sud, avant d'obliquer vers l'est, en direction de Saint-Pétersbourg. Dans mon compartiment, une Estonienne du nom d'Irina m'accueille avec un grand sourire et engage tout de suite la conversation en anglais. C'est une belle jeune femme aux traits fins, au sourire discret, et à la voix douce. Elle fait partie des Russes arrivés à Tallinn il y a plusieurs dizaines d'années et me confie les vexations que le tout nouveau gouvernement estonien leur fait subir, en représailles d'un demi-siècle de « colonisation » soviétique. L'Estonie, à l'instar des autres États baltes, a restauré ses frontières, son passeport, son drapeau, son armée, sa monnaie, et cherche maintenant à se débarrasser des citoyens russes récemment implantés. Pour acquérir la nationalité estonienne, il faut non seulement justifier de plusieurs années de résidence dans le pays, mais également parler estonien couramment, ce qui n'est pas le cas pour de nombreux Russes installés ici.

Irina, quant à elle, a opté pour la nationalité estonienne, mais sans savoir que son choix lui poserait des problèmes pour se rendre en Russie. Elle visite fréquemment sa sœur à Saint-Pétersbourg, mais une récente loi estonienne a rétabli le visa pour les Estoniens, ce qui rendra beaucoup plus difficiles les voyages en Russie.

III

MARCHÉ NOIR SUR LE TRANSSIBÉRIEN

RUSSIE

La situation en Russie ne semble guère avoir changé depuis mon passage deux ans auparavant : bâtiments délabrés, équipements vétustes, files d'attente interminables, gens désœuvrés.

À Saint-Pétersbourg, en ce 11 août, l'apparition de cabines téléphoniques à carte constitue la seule amélioration visible. Mais il est impossible de trouver une carte ni aux guichets, ni dans les kiosques, ni à la poste toute proche. Reste le système D. Je m'adresse à un chauffeur de taxi, qui appelle un collègue. Ce dernier me propose une carte ; je vérifie dans une cabine le nombre d'unités, puis nous négocions le prix. Chose pratique, un franc français équivaut à mille roubles. En revanche, il faut manipuler des dizaines de billets qui vont de 50 à 500 roubles, les pièces ayant disparu, et le kopeck (équivalent de notre centime) étant révolu. À ma grande surprise, mon interlocuteur préfère compter en dollars US.

Imaginée et créée par le tsar Pierre le Grand, Saint-Pétersbourg a été réalisée par les plus célèbres architectes de l'époque. Dans le centre-ville, des hôtels particuliers et des palais princiers bordent de larges canaux et de grandes avenues. Mais dès qu'on s'aventure vers la proche banlieue, on trouve des centaines d'immeubles « cages à poules » grisâtres si caractéristiques de l'architecture stalinienne.

C'est dans l'un d'entre eux qu'habite Igor, qui m'héberge pour quelques jours. Âgé de trente-quatre ans, il est ingénieur en techniques d'environnement, mais au chômage actuellement, sa spécialité n'offrant guère de débouchés en Russie. Il partage d'habitude ce petit appartement de quarante mètres carrés avec ses parents, sa femme Irina et sa fille de huit ans.

Après un repas à base de concombres, tomates et pâtissons, Igor me raconte ses voyages en ex-URSS, notamment dans le massif du Pamir, où il pratique la randonnée. Il a également vécu un an aux États-Unis dans le cadre d'un programme international d'études, ce qui explique son excellent anglais. Évoquant la situation économique en Russie, il se plaint du niveau très élevé des prix, comparé au salaire moyen, d'environ 500 francs par mois. Il n'incrimine pas le gouvernement, mais plutôt les « nouveaux riches » et la mafia, en grande partie d'origine caucasienne, qui amassent illégalement des fortunes en peu de temps.

Dans le train pour Petrodvorets, je fais la connaissance d'un couple insolite. Elle, une Russe, Irina, la trentaine, souriante et très loquace, malgré un anglais hésitant. Lui, un Américain nommé Santoro, de vingt ans son aîné, réservé, mais le regard pétillant. Il avoue avoir connu Irina grâce à une annonce parue dans un journal américain. La jeune femme cherchait alors un correspondant aux États-Unis. Pour l'instant, leur relation demeure platonique. Irina sert de guide à Santoro qui la suit sans discuter, avec des yeux remplis d'amour. Elle est aussi sympathique que désordonnée, et porte un baladeur, ce qui ne facilite pas la conversation. Sans cesse, elle veut nous faire écouter sa musique. Ses connaissances historiques sur la Russie sont limitées, mais elle me fait éclater de rire à chaque fois qu'elle parle du tsar en mettant trois doigts derrière la tête en guise de couronne.

Voulant réserver ma place pour Moscou, j'apprends que les chemins de fer russes ont rétabli depuis un mois une billetterie différente pour les étrangers. Il faut acheter son billet à un guichet spécial, présenter son passeport, et payer environ 30 % plus cher que les autochtones. Après avoir essayé vainement d'acheter mon billet en gare, je me rends à l'office central, près de Notre-Dame-de-Kazan. Il s'agit d'une véritable « usine à billets de train », avec ses trois étages et ses cent dix guichets. Après avoir erré une heure d'une caisse à l'autre, je finis par comprendre qu'il est inutile de réserver !

En effet, à la gare, pas moins de quinze trains de nuit relient Saint-Pétersbourg à Moscou, ce qui doit constituer un record européen. Je prends place à bord d'un compartiment assez confortable. Cette nuit, pour la première fois depuis Paris, le train ne traverse pas de frontière, et je ne serai donc pas réveillé par la police ou la douane.

À l'arrivée à Moscou, le ciel est sombre, il pleut des cordes, et le thermomètre indique 10 °C, température plutôt basse en cette mi-août. Je dois enfiler tout ce qu'il y a de plus chaud dans ma « garde-robe » de routard, c'est-à-dire mon unique jean et mon unique laine polaire.

La famille qui m'héberge à Moscou sort vraiment de l'ordinaire. Le père, Yuri – vêtu d'une salopette et d'un simple T-shirt, les cheveux longs liés par une queue-de-cheval – est une vraie force de la nature : 1,95 mètre, 120 kilos. Sa femme Elena me reçoit avec tous les honneurs, et me gratifie de nombreux sourires. Alexeï et Andreï, leurs enfants, prennent des cours particuliers avec un précepteur et complètent leur éducation par la lecture. Andreï sait déjà parler quatre langues, et se met à entonner *Besa me mucho* en espagnol. Alexeï s'est spécialisé dans l'histoire et la géographie. Il suffit de lui donner une année et il cite tous les faits marquants en Europe ou un nom de personnage et il retrace sa vie en détails. Une véritable encyclopédie, malgré ses grosses lunettes et son air balourd.

Leur appartement spacieux et désordonné ne ressemble pas aux intérieurs russes traditionnels. Sur un bureau trônent une télévision, un magnétoscope, un fax ainsi qu'un téléphone sans fil. Au mur, des tapis afghans côtoient des coupures de journaux et des photos de gens célèbres : Brejnev embrassant Honecker, les Beatles en tournée, Alexandre Soljenitsyne. Yuri avoue avoir été un dissident actif pendant plus de quinze ans, imprimant et diffusant des ouvrages prohibés, dont la seule lecture pouvait lui coûter plusieurs années de prison. Il me montre un livre interdit qu'il avait réussi à imprimer en format miniature, ce qui permettait de le dissimuler dans une boîte d'allumettes.

Yuri a aussi beaucoup voyagé avec sa femme il y a quelques années. Depuis la création de sa propre entreprise, ses affaires lui prennent beaucoup de temps. Il est amusant d'imaginer ce colosse aux allures de baba cool en businessman affairé !

L'achat d'un billet sur le Transsibérien se révèle un cauchemar. On me renvoie d'une gare à l'autre. Moscou en compte cinq, toutes plus bondées les unes que les autres. Pour acquérir un titre de transport, il faut entrer dans les gares, mais des vigiles vous en interdisent l'accès si vous ne possédez pas déjà votre billet ! S'ensuit un véritable parcours du combattant pour trouver le bon guichet, qui ferme évidemment au moment où j'y parviens. Je devrai revenir demain.

À l'ambassade de Mongolie où je me suis rendu pour un visa, je croise des femmes en tablier de cuisine, des enfants jouant sur leur vélo, des hommes qui portent des caisses. Derrière une vitre sale percée d'un petit orifice, l'employé ne semble guère s'intéresser à mon cas. Je présente mon passeport et explique avec les mains que je souhaite un visa de huit jours. Rien n'y fait. Devant mon insistance, l'employé consulaire s'énerve, hurle quelque chose en mongol, et sort du bureau en claquant la porte. Il revient un peu plus tard, l'air renfrogné. Je sors alors toute l'artillerie à ma disposition. Premier essai, humilité et prière : « S'il vous plaît », « Vous seriez très aimable de... », « J'en ai vraiment besoin... » Deuxième tactique, la corruption : « 30 dollars, 50, 70, 80, 90 » : son œil brille, mais il continue à dire non. Comme je ne veux pas dépenser une fortune pour un simple visa, je passe à la troisième méthode, l'intimidation : « Où est votre chef de service ? », « Donnez-moi votre nom pour que j'écrive un courrier à l'ambassadeur. » Toujours aucun effet. Reste la quatrième variante, l'usure. Je reste planté là pendant une heure, redemandant régulièrement mon visa. Peine perdue. L'intransigeant employé reste sourd à mes sollicitations. Adieu séjour en Mongolie, villages de yourtes et chevauchées sauvages !

Comme pour me venger de ces tracas administratifs à la soviétique, je vais déjeuner au tout nouveau McDonald's de Moscou. Une file d'attente d'au moins cinquante personnes s'est formée dehors et une employée doit barrer l'entrée en attendant que les caisses aient absorbé le flux des clients. Cet engouement des Moscovites pour ce pur produit capitaliste s'explique d'autant moins que les prix sont très élevés pour la Russie. Mais ici, manger chez McDonald's relève plutôt d'un signe extérieur de richesse.

Me voilà à la gare de Iaroslav, à Moscou, prêt à monter dans le mythique Transsibérien. Bien que l'ayant déjà emprunté, je ressens le même sentiment d'excitation qu'il y a deux ans. Et puis, cette fois, le fait d'avoir acheté le billet à Moscou (et non en France) me permet de voyager avec des Mongols et des Russes, et non dans la partie du train réservée aux touristes.

Le Moscou-Oulan-Bator (MOCKBA – Y ΛH BATOP) est affiché au quai 5. Pour y accéder, il faut se frayer un chemin au milieu d'une cohue invraisemblable. Des porteurs acheminent d'énormes sacs sous l'étroite surveillance des Mongols. Les voyageurs sont d'ailleurs essentiellement mongols, plus quelques Russes, et de très rares Occidentaux.

17 h 20. Le Transsibérien démarre, à destination d'Irkoutsk et Oulan-Bator. Je dois d'abord me battre pour préserver ma couchette des assauts de mes voisins et de leurs encombrants colis. J'aide un jeune homme fluet à caser des sacs d'au moins quarante kilos au-dessus du couloir et sous les banquettes. Reste un énorme paquet qui occupe presque une couchette et un grand carton qui bloque l'allée centrale sous la table. À l'intérieur, de petites boîtes blanches portant la mention « Narco ». Sont-ce des médicaments ou de la drogue ? Mes compagnons de voyage sont-ils des « grossistes » en médicaments ou des dealers ?

Ma voisine de compartiment se prénomme Serenge et semble avoir la trentaine. Mesurant à peine 1,65 mètre, elle a les pommettes saillantes et les yeux bridés comme tous les Mongols. Sa fille de trois ans, Gerlee, a la peau claire, les cheveux châtains et les yeux très bridés. Peut-être a-t-elle du sang chinois ! Elle serre contre elle une petite peluche rose et un biberon de lait. La grand-mère s'appelle également Gerlee, corpulente, le visage plat, très maquillée et bien habillée. Un autre membre de la famille – que j'appellerai l'« oncle » – va et vient. Mais Serenge m'explique qu'il ne dort pas ici.

La conversation n'est pas facile. Je parle français, anglais, allemand et espagnol ; Serenge le mongol, le chinois, et quelques rudiments de russe. Le premier choc Europe-Asie, en somme. Nous dialoguerons finalement avec dix mots de russe, joignant le geste à la parole.

Le compartiment offre quatre couchettes en skaï, deux dossiers assez sommaires pour la position assise et une tablette près de la fenêtre. Les couleurs marron et bordeaux rendent la cabine d'autant plus sombre que la porte d'entrée est aveugle. En outre, la fenêtre est coincée, le store ne tient plus, l'entrebâilleur a été cassé, la porte coulisse mal, les lumières individuelles ne fonctionnent pas, la vitre est crasseuse au possible, et un trou dans le cadre de la fenêtre laisse passer une poussière noire qui recouvre les objets en quelques minutes. Aux toilettes, les robinets arrachés et les fils de fer tordus me confirment que le Transsibérien n'est vraiment pas un train de luxe !

Contrairement au dire de Serenge, l'« oncle » passe la nuit dans le compartiment. Les contrôleuses ont découvert la supercherie et une violente dispute s'ensuit. Après vingt minutes de joutes verbales, elles lâchent prise et mes voisins s'installent pour la nuit. Ils s'entassent sur les couchettes dans les relents d'alcool et les fortes odeurs de transpiration.

En plein milieu de la nuit, une série de coups frappés sur la porte nous réveille. Serenge parle avec l'homme en mongol, puis lui ouvre. Complètement ivre, l'individu fait irruption dans le compartiment et s'affale sur ma couchette. Alors que j'essaie de repousser la masse inerte, un de ses amis, un peu moins saoul, vient m'aider et nous arrivons à grand-peine à le faire sortir de la cabine. Serenge ferme la porte avec le verrou, coince une serviette autour de la poignée pour consolider le tout. Espérons que toutes les nuits ne seront pas comme celle-là !

Rallongé sur ma couchette, j'entends le bruit des roues juste au-dessus desquelles notre compartiment se trouve. Chaque accélération ou décélération s'accompagne de grands claquements secs, comme si les roues se brisaient.

Avec huit jours de voyage et près de 8 000 kilomètres de parcours, le Transsibérien fait de loin le plus long voyage ferroviaire au monde. Le premier jour, je me laisse emporter par le caractère unique de ce voyage mythique. Je contemple au-dehors les collines couvertes de sapins et d'isbas. Je discute avec mes voisins de compartiment. Mais huit jours, cela représente cent quatre-vingt-douze heures d'affilée. Le temps lui-même devient alors une source de distraction. Les horaires affichés dans le couloir du wagon ne correspondent ni à mon guide *Thomas Cook*, ni à ma réservation. L'heure à ma montre ne coïncide jamais avec celle des pendules dans les gares. Pourtant, je règle ma montre à chaque changement de fuseau horaire, au nombre de sept sur ce voyage. Ajoutez à cela que les gares affichent l'heure de Moscou, et que le train a en permanence de deux à six heures de retard, et vous comprendrez qu'on puisse passer des heures à chercher l'heure.

Au bout d'un certain temps, on oublie sa montre et on vit au rythme biologique : on mange quand on a faim, on dort quand on a sommeil. Grâce au samovar installé au bout de chaque wagon, l'eau bouillante est à volonté, ce qui permet de boire du thé au petit déjeuner ou des soupes aux autres repas. Mes provisions devraient suffire jusqu'à Irkoutsk. J'achèterai le complément sur le quai d'une gare. C'est préférable, car il est impossible de se faire servir au wagon-restaurant. Quand il ne fait pas le ménage ou la caisse, le personnel se restaure !

Le train marque un arrêt prolongé dans la petite gare de Balyezino, distante de Moscou de 1 200 kilomètres. Les quais sont noirs de monde, mais aucun voyageur ne monte, ni ne descend. Ces gens sont venus faire leurs courses dans le marché de fortune du Transsibérien. Mes voisins mongols ont emporté avec eux des sacs remplis de vêtements qu'ils vendent aux Russes massés sur le quai de la gare. Tee-shirts, robes, survêtements et petites culottes constituent la base de ce commerce ambulant très prisé de la population soviétique. Les transactions s'effectuent rapidement. Les Russes touchent la marchandise, demandent le prix et sortent immédiatement les liasses de roubles ou s'en vont tenter leur chance plus loin.

Les *provodnitsas* (contrôleuses) ne débordent pas d'activité. À part ouvrir les toilettes et vendre quelques tablettes de chocolat, elles vaquent surtout à leurs occupations personnelles. Tour à tour, l'une porte l'uniforme pendant que l'autre se promène en survêtement et nu-pieds.

Dehors la pluie tombe dru et le ciel est bas. Les paysages sont assez décevants : une alternance de zones industrielles, de champs mal cultivés, de bâtiments désaffectés, ponctués de quelques passages en forêts. Mais la taïga finit par lasser avec ses étendues interminables de bouleaux et de sapins. À l'intérieur, la vie s'organise. Les uns discutent, d'autres boivent ou lisent, à moins qu'ils ne passent leur journée à dormir.

Dans les montagnes de l'Oural, au kilomètre 1777, un obélisque marque notre entrée en Asie. Mais aucun changement apparent : mêmes cultures, mêmes villes, même végétation, même type slave. En fait, ça n'a rien d'étonnant si l'on considère que la Sibérie a été colonisée et industrialisée de façon massive par les Russes depuis deux siècles. Les rares indigènes se trouvent plus au nord, bien à l'écart de la civilisation.

À Iekaterinbourg, l'ex-Sverdlovsk, il règne une grande effervescence sur le quai, malgré l'heure avancée. Serenge est sortie avec sa fille. Elle revient bientôt avec deux gros sacs, puis avec un homme. Dans un anglais relativement correct, il se présente comme le mari. Il serre sa petite Gerlee dans ses bras et discute avec le reste de la famille.

Une surprise attend Gerlee, la grand-mère mongole restée seule dans le compartiment. Les contrôleuses ont fait monter deux policiers à Barabinsk pour verbaliser les passagers clandestins. Gerlee se fait finalement embarquer. Il faut dire que trafic de drogue, commerce illicite de vêtements, et absence de billet de train, c'est beaucoup pour un policier russe. Mais Gerlee revient cinq minutes plus tard, sans doute après avoir versé un bakchich aux uns et aux autres.

Arrivée à Krasnoïarsk, grande ville industrielle avec ses grues, ses usines, ses tours en béton et ses mines de charbon. Évidemment, ce n'est pas le faible trafic voyageurs (quelques trains par jour, essentiellement sur des déplacements longue distance) qui a justifié la construction de la ligne du Transsibérien, longue de 9 300 kilomètres, de surcroît à double voie et électrifiée. Les Russes voulaient avant tout exploiter les nombreuses richesses de la Sibérie : bois, charbon, fer, pétrole et autres minerais. C'est donc le transport de marchandises qui domine ici, comme l'indiquent les nombreux faisceaux, wagons, et autres plates-formes de déchargement. Et la colonisation s'est faite le long de la voie ferrée, donnant le spectacle de grandes bandes défrichées et industrielles dans cette forêt qui est pourtant la deuxième du monde en superficie.

Un coup de frein un peu sec dans une gare crée un nouvel incident. L'« oncle », qui dormait à poings fermés, tombe comme une masse de sa couchette, heurtant sa tête au passage contre la tablette centrale. Il gît sans connaissance par terre, l'arcade sourcilière ouverte et son sang commence à se répandre sur le sol. Sa blessure mériterait au moins sept points de suture, mais son beau-frère le saisit de manière énergique et le recouche sur le lit en appliquant un linge mouillé sur sa plaie. Incident clos !

Un après-midi, le mari de Serenge, Enkhalgalam, vient s'allonger dans le compartiment, passablement ivre. Comme je sors mon Caméscope pour filmer à l'extérieur, il se réveille et prétend que je l'ai filmé. D'un ton autoritaire, il me demande la cassette pour la jeter au-dehors. Je lui assure que je ne l'ai pas filmé. Mais il insiste, et me déclare en anglais : « Moi gens, moi pas chimpanzé », et veut m'entraîner dans le couloir pour une bagarre à mains nues. À ce moment, Serenge intervient pour l'en dissuader, mais elle semble être terrorisée par son mari. Finalement, l'homme se rendort comme une masse.

Quant à moi, je m'interroge sur la difficulté des contacts avec la population locale. La situation n'est pas aussi facile que je l'avais cru. La barrière linguistique et les différences culturelles rendent les échanges hasardeux et parfois décevants.

À Nizhneudinsk, je réalise quelques achats sur les quais auprès des babouchkas venues écouler leur production. Pour 5 000 roubles (environ

5 francs) j'obtiens une assiette de pommes de terre aux herbes, deux beignets au poisson et un bocal plein de framboises délicieusement sucrées.

Plus tard, Enkhalgalam finit par se réveiller. Il n'est visiblement plus ivre et s'excuse pour l'altercation de la veille. Pour se rattraper, il m'invite chez lui en Mongolie. L'homme est prêt à me recevoir une semaine, un mois ou un an, et à m'emmener faire du cheval, pêcher, ou chasser le sanglier. Quel revirement de situation !

Dimanche 20 août, 7 heures. Le Transsibérien arrive à Irkoutsk, après quatre-vingt-une heures de trajet et à peine quarante minutes de retard. Nous avons quitté Moscou dans la pluie et le froid. En Sibérie, le ciel est bleu et la journée promet d'être chaude.

Qu'on ait suivi les aventures de Michel Strogoff ou qu'on soit passionné de géographie, le lac Baïkal est un lieu qui suscite l'admiration. Longue de 500 kilomètres, cette véritable « mer d'eau douce » descend à 1 200 mètres, en formant le lac le plus profond du monde, avec une faune et une flore uniques. D'ailleurs, en Sibérie, tout prend des proportions démesurées. Sur un territoire grand comme vingt fois la France, on trouve les fleuves les plus longs du monde, les forêts les plus vastes, et les températures les plus froides.

Quel plaisir de respirer l'odeur des sapins, de se dégourdir les jambes et de laisser le soleil caresser sa peau, après quatre jours passés dans la promiscuité d'un compartiment !

10 h 30. Le Transmandchourien démarre à destination de Pékin. Le voyage, d'une durée presque équivalente au trajet Moscou/Irkoutsk en Transsibérien, devrait se dérouler dans des conditions très différentes. Je découvre en effet un wagon neuf, propre, avec robinetterie et électricité en état de marche. Mes voisins de compartiment paraissent beaucoup moins envahissants que les Mongols du premier tronçon. Il s'agit d'un couple d'Américains baroudeurs. Ernest, la cinquantaine bien portée, parle remarquablement français et allemand. Sa compagne, Emily, d'au moins quinze ans sa cadette, paraît plus discrète. Ils me racontent leur périple de six semaines dans le nord de la Sibérie, au sein d'une tribu dont le mode de vie s'apparente à celui des Esquimaux.

Après avoir traversé une région montagneuse couverte d'une épaisse forêt de sapins, notre train rejoint les bords du lac Baïkal qu'il longe pendant près de 150 kilomètres. De temps en temps apparaît une pointe, une crique, une plage de sable. Par moments, un petit village de maisons de bois aux rues en terre, coincé entre le lac et la voie ferrée.

À Ulan Ude, de nombreux voyageurs montent à bord du train, presque exclusivement des Chinois. Cette petite ville de Sibérie marque la bifurcation entre la voie ferrée du Transsibérien qui mène à Vladivostok, et celle du Transmongolien, qui conduit à Pékin.

Ayant repéré une belle locomotive à vapeur au bout des voies, je profite du quart d'heure d'arrêt pour réaliser quelques prises de vue. Mais, alors que je me trouve à 100 mètres du train, un coup de sifflet retentit, la contrôleuse monte à bord du train, et replie l'escalier. Je cours comme un fou, l'appareil photo à la main et monte dans le train in extremis. À l'intérieur, je traverse les quatorze wagons qui mènent au mien. En fait, le train ne redémarrera que dix minutes plus tard. Peut-être que la contrôleuse du bout du train a voulu me jouer un tour...

À la gare frontière de Zabaïkalsk, l'horaire affiché dans le couloir du wagon indique un arrêt de quatre heures. Après les inévitables contrôles de police et de douane, la *provodnitsa* nous fait tous descendre du wagon, et le train entre dans un atelier non loin de là, où l'on change les bogies. L'écartement des voies en Chine est le même qu'en Europe. En revanche, les tsars avaient opté pour un écartement plus grand, de peur de voir des armées européennes venir envahir la Russie en train.

L'opération est assez impressionnante. Les ouvriers dévissent les bogies. Les vérins soulèvent le wagon, une grue-portique enlève les bogies, apportent les autres, on repose le wagon et on revisse le tout. Toutefois, l'organisation manque d'efficacité. Trois ouvriers s'activent pendant que quinze autres les regardent. Voilà l'explication des trois ou quatre heures d'attente !

J'aime beaucoup l'atmosphère de ces gares frontières où hommes d'affaires côtoient travailleurs, immigrés, touristes et routards. Sur les murs, les inscriptions sont traduites en russe, chinois et anglais. Au buffet, la serveuse peu aimable déclare n'avoir ni Coca-Cola, ni bière, ni café, ni thé. Seulement de la vodka !

En quittant la Russie, le train passe sous une grande arche, et longe quelques miradors. Des soldats avec mitraillettes et chiens policiers surveillent les accès, montrant que les relations sino-russes ne se sont guère réchauffées depuis la brouille entre Khrouchtchev et Mao en 1960.

IV

OÙ ACHETER UN BILLET DE TRAIN RELÈVE DE L'EXPLOIT

CHINE

Le train s'arrête côté chinois, dans une ville industrielle du nom de Manzhouli. Des policiers et douaniers en uniforme blanc impeccable viennent s'acquitter des différentes formalités. Munis de torches, ils fouillent les compartiments, inspectent les faux plafonds, soulèvent les tapis et regardent sous les banquettes. Un douanier demande si nous emportons des animaux ou des plantes. Une voyageuse répond qu'elle a des fruits. Et le fonctionnaire d'embarquer ses bananes et pommes avec un sourire gourmand.

Cette fois, il n'y a pas de changement de bogies, mais le train stationne cependant quatre heures. En tout, il aura fallu huit heures pour franchir la frontière russo-chinoise avec changement de bogies. La même opération entre la France et l'Espagne demande seulement une heure !

Nous traversons maintenant la Mandchourie, région la plus septentrionale de Chine, connue pour ses richesses minières et son potentiel industriel. Même la campagne paraît industrialisée, les Chinois exploitant le sol de manière intensive, avec une organisation rigoureuse des cultures : blé, maïs, tournesol et cannabis.

À Harbin, sur un gratte-ciel en construction, de simples échafaudages en bambou permettent aux ouvriers de se déplacer le long des parois de ce géant de béton.

Mais mon regard est vite attiré par l'apparition de locomotives à vapeur. Ces monstres de métal d'une autre époque mettent doucement en route leurs roues en lançant des panaches de fumée et des coups de sifflet stridents. La Mandchourie est un des derniers bastions au monde de la traction ferroviaire à vapeur, essentiellement utilisée pour le transport de marchandises. En l'espace de vingt minutes, je vois passer plus d'une dizaine de ces machines à vapeur.

Vendredi 25 août, 6 h 32. Pékin ! Je vais enfin pouvoir régler ma montre à l'heure. Je m'engouffre dans l'immense souterrain où des affiches publicitaires vantent les mérites de machines-outils. Absorbé par une marée humaine de voyageurs, je franchis les barrières qui délimitent l'entrée de la gare et me retrouve dans une foule innombrable de badauds, vendeurs ambulants et mendiants qui semblent occuper cette place de la gare en permanence.

La recherche d'un hôtel s'avère difficile, en ce premier jour du Congrès international des femmes. Par ailleurs, les réceptionnistes avouent rarement que l'hôtel est complet. Avec les Chinois, il faut toujours s'y reprendre à plusieurs fois, pour vérifier s'ils ont bien compris la question et si on a bien compris leur réponse. Contrairement aux Russes qui répondent systématiquement « niet », les Chinois disent « oui » par principe, et toujours avec le sourire.

À la gare principale où je viens acheter un billet de train pour Xi'an, on m'informe qu'un guichet spécial est réservé aux étrangers. Malheureusement, il faut réserver six jours à l'avance, et je souhaite partir après-demain. Je demande l'aide d'un jeune Chinois qui vend des horaires de train. Dans un excellent anglais, il m'explique que les couchettes molles sont réservées aux étrangers et aux possesseurs de cartes spéciales : militaires, ingénieurs, hauts fonctionnaires. Les couchettes dures sont interdites aux touristes. Les places assises molles et dures sont également interdites aux étrangers. L'idéal, c'est donc de s'arranger avec un Chinois qui achètera lui-même le billet. Les risques de contrôle sont limités. Aussi l'homme m'invite-t-il à le suivre dans un « office de billets » situé à une demi-heure en bus de la gare.

Dans une cour en terre dissimulée par un immeuble, se trouve un baraquement que je n'aurais certainement jamais trouvé seul. Mon guide providentiel achète le billet au tarif chinois, en me priant de rester à l'écart, puis m'éloigne encore pour me le revendre à l'abri des regards indiscrets. Après son départ, je m'interroge sur la validité de ce billet et sur son prix réel.

À peine dans le métro, je mesure la difficulté de circuler en Chine. Premier problème : trouver la bouche de métro, car je ne déchiffre pas les idéogrammes. Deuxième problème : s'orienter et trouver sa ligne. Troisième problème : une fois à bord du métro, descendre à la bonne station. Un gros progrès a été réalisé, car les annonces des stations sont traduites en anglais. Mais entre le bruit ambiant, la mauvaise qualité des haut-parleurs et l'anglais à l'accent chinois, je préfère compter les arrêts.

La Grande Muraille de Chine peut se visiter à Simatai, à deux heures de Pékin. Au terme d'une bonne demi-heure de marche dans un sentier étroit et rocailleux, il faut gravir des escaliers très raides pour atteindre le sommet de la Muraille.

Combien de milliers de morts a coûtés cette œuvre gigantesque de 7 000 kilomètres de long ? Épaisse d'au moins cinq mètres, la Grande Muraille déroule ses tonnes de pierres en serpentant sur les crêtes des montagnes, semblant défier les lois de la pesanteur. À Simatai, elle dévale directement des cimes escarpées dans une rivière qui la coupe en deux et s'intègre parfaitement dans le site.

Sur la façade de la gare principale de Pékin, *Beijing Zahn*, les toits courbés à l'ancienne contrastent avec un écran géant qui retransmet en direct les actualités. Après m'être frayé un chemin dans la foule, j'entre dans la gare en passant sous un portique de sécurité comme dans les aéroports. Une fois à l'intérieur, impossible de comprendre la signalétique ou l'affichage, entièrement composés en idéogrammes. Les chiffres sont fort heureusement les mêmes que les nôtres, et mon train porte le numéro 35.

À la tombée de la nuit, le train démarre pour Xi'an, un trajet de 1 200 kilomètres à parcourir en vingt heures. Je suis le seul « long-nez » (Occidental) en « places assises », ce qui me vaut quelques regards intrigués. Dans ce wagon à couloir central, les sièges sont relativement mous, recouverts d'un tissu bleu et coiffé d'un appuie-tête blanc. À peine assis, les gens se mettent à manger. En dehors du très populaire *cup noodle* (pâtes déshydratées), les voyageurs dégustent des saucisses sous plastique rouge, ou des plats de riz et légumes que propose le vendeur ambulant. Tous sont munis d'un bocal tapissé de plantes vertes qu'ils remplissent d'eau chaude pour se préparer du thé.

Les mêmes plantes servent cinq à six fois. Au bout de chaque wagon, ils font la queue au samovar pour remplir leur bocal avant que l'eau chaude ne fasse défaut.

Impossible de trouver le sommeil dans ce wagon. Au bout de sept heures, les « assises molles » n'ont plus rien de mou. Le dossier est terriblement droit, la climatisation ne fonctionne pas, tous les néons sont allumés, et les haut-parleurs déversent de la musique à tue-tête. J'essaie toutes les positions : tête en arrière, entre les genoux, posée sur la tablette. Rien n'y fait, je suis bon pour une nuit blanche.

Tout le monde a jeté à même le sol ses déchets et restes de repas. De plus, les Chinois ont la curieuse habitude de cracher un peu partout dans le wagon. Le compartiment ressemble bientôt à une grande décharge lancée sur des rails. Le contrôleur fait le ménage de manière sommaire. En quelques coups de balai, il dégage le plus gros de ces détritus, puis ouvre la porte du wagon pour jeter le tout à l'extérieur. À chaque arrêt, des dizaines de nouveaux voyageurs montent, et certains d'entre eux doivent rester debout, ce qui accentue l'atmosphère étouffante du wagon.

Le train arrive enfin à Xi'an. Malgré les remparts millénaires qui la ceignent, Xi'an apparaît surtout comme une ville moderne, affairée et bruyante. Des tours au loin, des antennes paraboliques, des rues en damier et l'ensemble des habitants en tenue occidentale. D'ailleurs, partout en Chine, les tenues Mao ont disparu, témoignant des profondes mutations de ce pays.

À ma grande surprise, Xi'an possède un important quartier musulman. Les « huis », Chinois musulmans, pratiquent toutefois un islam assez libéral. La grande mosquée de Xi'an n'a subi aucune influence arabe, à l'exception des caractères coraniques écrits çà et là. On y pénètre par une cour aménagée en jardin chinois avec des buissons aux fleurs roses et de nombreux portiques. Quelques jeunes filles musulmanes arborent fièrement des foulards multicolores et pailletés.

Je me range en vingt-huitième position dans la queue du guichet de réservation pour couchettes molles. Malgré l'affluence, il n'ouvre que de 8 h 30 à 10 h 30 et de 14 h à 16 h. Il faut patienter une bonne heure avant d'atteindre le guichet. Las de ne pas me faire comprendre en anglais, je me suis mis au chinois. Je recopie donc minutieusement les phrases types de mon guide Lonely Planet, essayant de ne pas oublier un trait ou un point de ces idéogrammes qui me donnent plus l'impression de dessiner que d'écrire.

Victoire : l'employée parvient apparemment à comprendre ma prose. En revanche, je ne comprends rien à sa réponse. Un client m'explique avec de nombreux gestes que je me suis trompé de guichet. Je dois passer dans la file voisine pour une nouvelle attente d'une heure.

Départ du train en direction de Kunming. Les « couchettes dures » étant complètes, j'ai dû opter pour des couchettes molles, environ cinq fois plus chères. Tous les éléments du luxe sont présents : moquette épaisse, cabine à quatre lits, rideaux, nappe blanche sur la table, ventilateur pivotant. Seule la propreté fait défaut : nappe et rideaux crasseux, moquette usagée jonchée de restes, draps grisâtres. Mes illusions tombent, mais je dormirai certainement mieux qu'en place assise ou couchette dure.

À chaque arrêt, la contrôleuse ouvre la porte du wagon, accroche une plaque indiquant le numéro et filtre les entrées et sorties. Sur les quais, les vendeurs ambulants proposent des *cup noodle*, des saucisses chinoises, et des plastiques contenant du poivron séché.

Mon compagnon de cabine est un vieux Chinois d'allure modeste, aux cheveux blancs et à la peau dépigmentée. Il engage la conversation en mandarin. Je m'efforce en vain de lui faire comprendre que je ne saisis pas un mot de ce qu'il dit, mais l'homme poursuit son soliloque. Plus tard, il sort un jeu de cartes et tente de m'enseigner un jeu chinois. Mais son jeu n'a rien à voir avec la belote, et les règles me semblent fantaisistes.

À Emei, la gare qui dessert le mont Emei Shan, seuls trois voyageurs descendent du train, alors que je m'attendais à une foule de pèlerins dans ce haut lieu du bouddhisme en Chine. Nul Occidental dans cet endroit, personne qui ne parle anglais ou français. Avec mon sac à dos, je suis regardé comme un extraterrestre. Je m'enquiers par signes de la possibilité de dormir à l'intérieur du monastère de Baoguo. Trois personnes me répondent « non », une autre « oui ». Cette dernière m'accompagne jusqu'à l'entrée du lieu saint. Un jeune moine à la tête rasée me réclame mon passeport et 25 yuans, puis me conduit à mon logis du soir.

En quelques minutes, je bascule dans un autre univers. Ce mystérieux monastère abrite quatre temples, une douzaine de bouddhas, dont un en porcelaine, et d'autres reliques précieuses. Ici et là, des fidèles prient, agenouillés sur des coussins. Les odeurs d'encens qui s'échappent de partout me montent à la tête. Ma chambre jouxte une salle à manger richement décorée : parquet et mobilier cirés, tentures, porcelaine de Chine. Divine surprise, car je pensais dormir sur une paillasse au fond d'une cave !

Le lendemain matin, je suis réveillé par les chants des moines bouddhistes, qui résonnent dans tout le monastère. Mais la mélopée un peu monotone agit comme une berceuse, et je ne tarde pas à me rendormir.

Un peu plus tard, je suis à nouveau réveillé mais cette fois-ci par Elton John qui chante à tue-tête. Qui eût cru que la musique du *Roi Lion* puisse stimuler la méditation bouddhiste ?

Dans le minibus qui m'emmène au pied de l'Emei Shan, je m'empêtre les pieds dans une couverture et casse une grande vitre, qui vole en éclats. Je retire doucement les débris de verre, et m'aperçois que je n'ai heureusement aucune coupure. J'en suis quitte pour 50 yuans de frais. Est-ce un bon ou un mauvais présage avant d'entamer ce pèlerinage bouddhiste ?

Après une heure de montée, je rattrape un groupe de dix Chinois. Quatre d'entre eux sont installés sur des chaises pourvues de deux brancards, que tiennent fermement des porteurs apparemment rompus à ce travail. La plupart des gens trichent pour effectuer l'ascension de cette montagne sacrée, que les pèlerins devaient jadis gravir pieds nus, se frayant le passage dans une inextricable végétation. Le reste du groupe avance doucement, l'un en tennis, l'autre pieds nus, la troisième en talons hauts. Une des femmes a même gardé ses bas malgré les 35 °C !

L'escalier perce la végétation, créant un long tunnel vert venu de nulle part. Les marches sont désormais creusées à même le roc, donc inégales, ce qui rend l'ascension à la fois plus difficile et plus pittoresque – d'autant plus que je marche seul.

J'aperçois bientôt quelques singes dans les arbres. Par prudence, j'avance doucement afin de ne pas attirer leur attention. Mais quatre d'entre eux m'ont déjà cerné. Je présente mes mains vides, mais ils ont déjà reniflé l'odeur des cacahouètes et se jettent sur mon sac à dos. À grands coups de griffes et de dents, les singes éventrent une poche latérale et prennent les cacahouètes et les biscuits. Entre-temps, un autre s'est emparé de ma gourde, avant de tirer mon short avec insistance. Je commence à craindre qu'ils ne m'embarquent le sac à dos entier avec papiers, argent et matériel photo, et je tente de me débattre. Mais un des singes montre les dents, menaçant, comme prêt à me mordre. Au moment où je commence à paniquer, surgit comme par miracle un Chinois qui éloigne les singes en leur assenant de grands coups de bâton sur le dos. Encore ébranlé par cette agression inopinée, je remercie mon sauveteur. Il me vend alors sa canne, et me montre comment l'utiliser pour se débarrasser des singes. Puis il disparaît en quelques secondes, comme s'il avait été de connivence avec ces derniers.

Par prudence, je préfère attendre le prochain groupe. Mais il ne passe personne aujourd'hui sur cette montagne sacrée où j'imaginais croiser des milliers de pèlerins. Après trente minutes d'attente vaine, je me résous à partir seul, le pouls battant à cent à l'heure. Je croise des dizaines de singes hostiles, mais mes coups de canne dans le vide et mes cris de combat suffisent à les tenir à distance. Pourtant, certains chimpanzés se font insistants, m'attendent suspendus à une branche, avant de se laisser tomber à un mètre de moi. Des bouteilles vides, des paquets et des vêtements épars me laissent à penser que je ne suis pas la première victime de ces horribles babouins.

Arrivé au sommet de l'Emei Shan, à 3 100 mètres d'altitude, je trouve refuge dans un monastère, où je ne tarde pas à m'écrouler de sommeil.

Au petit matin, tout le monde se rassemble sur la terrasse du monastère pour assister au lever du soleil sur la mer de nuages. La plupart des pèlerins portent des manteaux kaki, loués sur place, et font les cent pas pour lutter contre le froid (5 °C). Mais le lever du soleil tant attendu se transforme rapidement en pluie torrentielle, et les fidèles se consolent en vénérant les statues de bouddha et en brûlant quelques bâtons d'encens.

Le lendemain, je retrouve les rails à la gare d'Emei. Au guichet, je griffonne quelques idéogrammes pour réclamer des couchettes dures. La vendeuse m'assure qu'il n'y en a plus. Je lui explique que je suis prêt à payer des couchettes molles. Elle me répond que le train est complet. Je demande alors à partir le lendemain. Réponse identique. Elle me certifie que tous les trains directs pour Kunming sont complets pour plusieurs mois. Je me renseigne sur la possibilité de réserver via Chengdu et Guiyang. La vendeuse, excédée, finit par m'orienter vers le *station office* (bureau de gare). Après dix minutes de vaines recherches de ce bureau, je reviens au guichet qui, dans l'intervalle, a fermé. Au bout d'une heure et demie, il rouvre. La vendeuse, visiblement mécontente de me revoir, veut encore m'envoyer au *station office*. Mais cette fois, je ne bouge pas, bloque l'accès, empêche qu'elle serve d'autres clients, jusqu'à ce qu'elle se décide à sortir de son guichet et m'accompagne au fameux *station office*. Entrés par une porte de service, nous traversons plusieurs bureaux où des employés jouent aux cartes, lisent ou dorment. Nous arrivons finalement dans le bureau du chef de gare, et la vendeuse me laisse là, satisfaite de se débarrasser enfin de moi. J'explique mon cas au chef de gare et à ses acolytes. Dans un mauvais anglais, il m'invite à revenir le lendemain à 10 heures. Las de me faire mener en bateau, je déclare que je ne bougerai pas de ce bureau tant que je n'aurai pas mon billet. Un peu décontenancés, mes interlocuteurs discutent un moment entre eux, avant de me proposer un billet en couchette dure. Les Chinois sont décidément prêts à tout pour ne pas perdre la face !

Le train entre en gare d'Emei. Dans les wagons « assises dures » déjà bondés, les voyageurs se bousculent pour monter, certains n'hésitant pas à grimper par les fenêtres en se faisant à tour de rôle la courte échelle. Femmes et vieillards se hissent péniblement, aidés par leur famille, et atterrissent sur les genoux d'autres voyageurs, dont ils vont partager la promiscuité pendant vingt ou trente heures sur de simples sièges en bois.

Pour ma part, j'étrenne aujourd'hui la couchette dure, guère confortable, mais qui permet de dormir allongé. Le wagon comporte vingt rangées de trois couchettes donnant toutes sur un couloir sans porte. Avantages : on voit tout le monde, l'air circule bien et on peut admirer le paysage des deux côtés. Inconvénients : on partage les ronflements des voisins, la fumée de cigarette, et les odeurs corporelles. En ajoutant la musique tonitruante, la lumière crue des néons, la chaleur étouffante brassée par les ventilateurs, on obtient l'ambiance d'un wagon « couché dur ».

J'engage la conversation avec un Australien venu du wagon voisin. David a un parcours professionnel assez original. D'abord conseiller financier, il a créé ensuite son entreprise d'horticulture. Après treize ans d'activité, il s'est décidé à partir enseigner l'anglais au Japon, puis en Corée du Sud. Il arrive d'ailleurs de Séoul par voie ferrée via le Japon et la Chine, et espère prendre un cargo pour descendre le Mékong jusqu'à la Thaïlande. La solitude du voyageur commence à lui peser un peu, et il me parle des heures entières, me commentant en particulier toutes les espèces d'arbres rencontrées. D'après lui, la plupart viennent d'Australie, car des scientifiques chinois ont prouvé que ces arbres étaient idéaux pour un reboisement massif, et quelques experts sont venus acquérir des millions de graines en Australie.

La vie privée de David est aussi mouvementée que sa vie professionnelle. L'Australien, visiblement très porté sur le beau sexe, ne cache pas ses goûts pour l'exotisme et la polygamie. Marié à une Papoue, puis à une Péruvienne, il vit maintenant de façon intermittente avec une Laotienne, ce qui ne l'empêche pas d'avoir une petite amie au Japon et une autre en Corée.

À Kunming, je me mets tout de suite en quête de mon billet pour Liuzhou, où je dois repartir le lendemain. Je fais patiemment la queue au guichet que m'a indiqué un policier. Cinquante minutes plus tard, j'accède au guichet, un véritable bunker avec sa grille, son double vitrage et son rideau. Une petite ouverture percée au niveau du nombril permet de parler à l'employée. Mais on la distingue à peine car une plaque de bois et une autre en plastique obstruent l'orifice. Ayant vérifié que mon train (le n° 6) était bien indiqué sur le guichet, je passe une feuille en papier sur laquelle j'ai inscrit ma requête en idéogrammes, avec toutes les politesses d'usage. Mais la fonctionnaire hoche la tête, sans plus de précision. Devant mon insistance, elle ferme son guichet et s'en va. Derrière moi, la file d'attente s'allonge et les clients s'impatientent. Mais je suis bien décidé à ne pas me laisser faire. L'employée revient, des Chinois essaient de passer devant moi. Mais je les en empêche et présente derechef mon papier. Même réaction de la fonctionnaire qui quitte son guichet. Ce manège dure environ vingt minutes, tandis qu'on se bouscule derrière moi. À ce moment, l'employée, excédée, mais toujours pas décidée à me renseigner, s'adresse aux autres clients. Vu la façon dont ils se mettent à me molester, j'imagine qu'elle leur a demandé de se débarrasser de moi s'ils voulaient être servis. Je me débats, joue des coudes, mais dois finalement céder devant cette marée chinoise. Je suis contraint de recourir au marché noir, en demandant à un revendeur de faire la queue à ma place.

Départ pour Liuzhou, en ce 5 septembre 1995. À chaque gare, les contrôleuses ceintes d'une écharpe rouge, accueillent les clients. Quant aux employées de la gare, elles regardent le train partir au garde-à-vous, effectuant le salut militaire de la main droite.

Pour accéder au wagon-restaurant, on traverse les cuisines dont la saleté incite à rebrousser chemin. Face aux tables recouvertes de nappes maculées de taches, les seuls « clients » sont des employés du train et des militaires, qui ne paient sans doute pas leur repas. Après une demi-heure d'attente, un serveur vient m'expliquer que le service est terminé, et que je dois quitter le wagon pour laisser faire le ménage !

Mes voisins de compartiment, deux jeunes bourgeois grassouillets, ont dormi tout l'après-midi, et commencent seulement à s'animer. Après avoir pris mon jeu de cartes sans le demander, ils les manipulent sauvagement, misant à coup de billets de 50 yuans. Ils crient, s'adressent de petites tapes énergiques, jettent les cartes, se disputent l'argent à mon plus grand agacement !

Depuis des heures, je regarde à travers la fenêtre de mon compartiment, comme s'il s'agissait d'un documentaire télévisé sur la Chine. Les rizières vert pâle tapissent une vallée hérissée de pics grisâtres couverts de végétation. Le relief et la nature du sol obligent les paysans à cultiver de toutes petites parcelles de terre. Le sud de la Chine semble plus traditionnel que le nord. La plupart des maisons sont en pierre, certaines avec des toits courbés à l'ancienne. Dans les champs, les paysans portent des chapeaux de paille et utilisent des buffles pour le labour. Les femmes portent des paniers accrochés à une barre de bois qu'elles posent sur l'épaule. Dans les villes, on ne voit aucun véhicule à moteur, seulement des carrioles tirées par des chevaux ou des buffles.

À onze heures, la vente ambulante passe déjà proposer les repas de midi. Je n'ai pas faim, mais je prends un plat pour éviter de devoir jeûner quand l'appétit viendra. Le train met vingt-huit heures pour relier Kunming à Liuzhou. Je commence à m'habituer à ces longs temps de parcours qui horrifieraient n'importe quel voyageur en Europe. Lecture, conversations improvisées et contemplation du paysage rythment mon voyage.

Dans le bus pour Yangshuo, je me retrouve assis tout à l'avant, aux premières loges pour admirer la vue, mais aussi à proximité du moteur qui distille sous mes pieds une chaleur intenable. En effet, le froid moscovite et la fraîcheur printanière de Kunming ne sont plus, sous cette fournaise, que de lointains souvenirs.

Yangshuo est un petit village traditionnel situé dans un paysage exceptionnel. Pour 5 yuans (3 francs), j'y loue un vélo et me mêle au flot des cyclistes qui envahissent les rues jour et nuit. Bien plus que les Pays-Bas ou le Danemark, la Chine est vraiment le pays du vélo. Lancé comme une mode au début du siècle par l'empereur Puyi, ce moyen de locomotion bon marché a conquis des centaines de millions de Chinois, surtout en zone rurale.

Après une demi-heure à pédaler sous un soleil de plomb, j'atteins le petit village de Gao Tian, où se tient le marché hebdomadaire. Il règne une activité fébrile en cette veille de la fête de la Lune. Certains achètent des petits gâteaux fourrés à la pâte, d'autres des pièces de volaille. Des grands-mères soupèsent fièrement les canards, les tâtent et les examinent dans les moindres détails. Partout, des étals de viande, vivante ou déjà dépecée et coupée. Restaurants et coiffeurs de rue se mêlent aux réparateurs de vélo et autres arracheurs de dents. La chaleur étouffante et les fortes odeurs de cuisson attirent des nuées de mouches et des dizaines de chiens, dont on se demande s'ils ne vont pas finir au fond d'une marmite.

Pour la fête de la Lune, les commerces ferment plus tôt. Les hommes installent dans la rue des bâtons d'encens qu'ils enflamment. Les femmes font brûler des faux billets qui doivent amener la prospérité dans la maison. Pendant que les enfants font claquer les pétards, on prépare le repas traditionnel de la fête de la Lune : un canard, quatre pommes et le gâteau de la Lune.

De toutes parts, des gens affluent pour se rendre au bord de la rivière.

Je passe la nuit entre mon lit et les toilettes, victime de ma première tourista depuis le départ. J'ai commis, il est vrai, quelques imprudences alimentaires ces derniers jours : lait, légumes et jus de fruits.

En ce 11 septembre, je dois relier Nanning, la capitale du Guangxi, puis Ping Xiang. De là, le Vietnam est proche, mais difficile à rallier, car les services ferroviaires transfrontaliers ont été supprimés depuis 1979, année de l'invasion du territoire vietnamien par la Chine.

En gare, je rencontre toujours les mêmes problèmes pour obtenir mon billet. On me renvoie d'un guichet à l'autre. Je patiente. L'employée consulte un collègue, puis un autre. Je finis enfin par comprendre pourquoi on ne veut pas me servir. Les billets pour étrangers se font à un tarif spécial et sur des imprimés spéciaux que les guichetiers connaissent mal. Leur préparation dure près d'une demi-heure. Trois formulaires à remplir, de savants calculs sur le boulier, des découpages, des collages, au moins vingt coups de tampon, quelques écritures comptables : le tour est joué !

Pour la première fois, le train est à deux niveaux, ressemblant à s'y méprendre aux rames du RER parisien. Il démarre à l'heure exacte. La ponctualité des trains en Chine est irréprochable, à l'image du service à bord. En outre, le réseau est assez performant pour un pays en voie de développement. Les deux principaux écueils pour des Occidentaux demeurent l'achat des billets et la propreté dans les compartiments.

Au poste de police chinois, l'agent qui contrôle mon passeport me signale que je ne possède pas le bon point d'entrée sur mon visa vietnamien. Mais l'imprimé de l'ambassade du Vietnam à Paris ne prévoyait pas la possibilité d'arriver en train.

Je prends le risque de passer. La frontière se traverse à pied, trois cents mètres séparant le poste chinois du poste vietnamien. Ce serait une agréable promenade en forêt tropicale, si je n'avais vingt kilos sur le dos et le soleil au zénith. Dans ce no man's land entre Chine et Vietnam, je ne croise que trois voyageurs, ce qui est dérisoire pour le principal point-frontière entre un pays de 80 millions d'habitants et un autre de 1,3 milliard.

V

LE TRAIN DE LA RÉUNIFICATION
VIETNAM

Après plus d'un kilomètre de marche, j'atteins le poste de frontière vietnamien, où des policiers examinent mon passeport très minutieusement. Ils me font remarquer que mon visa n'est pas valable, car il me permet seulement d'arriver en avion à Hanoi. D'après eux, je devrais retourner à Pékin pour le faire modifier. Je demande en souriant et avec toutes les politesses d'usage s'il est possible de faire une exception. L'un des policiers me répond qu'il doit en informer son chef, et me prie de m'asseoir en attendant. Malgré ma forte envie de le questionner de nouveau, je patiente sur le banc sans trop regarder les fonctionnaires, mais en leur adressant quand même même un sourire à l'occasion.

Après deux heures d'attente, je me décide enfin à interroger le policier sur la suite des événements. Il m'explique que son chef fait la sieste. Il ira lui parler à son réveil. Pour le moment, il me conseille d'attendre.

Une heure plus tard, un homme d'une quarantaine d'années descend l'escalier en se rhabillant et s'étire en bâillant. Sans doute le chef qui se réveille. Au bout d'une demi-heure, on finit par lui soumettre mon passeport. Puis un employé le prend, le pose sur le panier d'un scooter flambant neuf, et traverse la pièce en pétaradant.

Il revient quarante minutes plus tard, sans que je sache à quel mystérieux contrôle il s'est livré. Nouvel examen du passeport, plusieurs formulaires à remplir, quelques coups de tampon. Cela ne m'a finalement coûté que 20 dollars et cinq heures d'attente. Je peux enfin entrer au Vietnam.

À la sortie, des hommes en uniforme kaki et casque colonial proposent de m'emmener en moto jusqu'à Dong Dang pour 10 dollars. Trop content d'avoir passé la frontière, j'enfourche l'engin motorisé sans même négocier le prix. Et me voilà accroché à l'arrière de cette moto, un sac à dos devant et derrière, solidement agrippé au porte-bagages arrière ! Il n'est pas désagréable de changer de temps en temps de mode de transport. C'est la première fois depuis Paris que je quitte le train sur mon itinéraire principal, sur les vingt kilomètres qui séparent Ping Xiang de Dong Dang. Les rails existent toujours, mais les services ferroviaires ont été suspendus en 1979, à la suite des incidents frontaliers, et on envisage seulement de rouvrir la ligne, à la faveur du réchauffement des relations sino-vietnamiennes.

La gare de Dong Dang occupe un bâtiment neuf encore en travaux. Les billets s'achètent pourtant dans un baraquement un peu plus loin. L'employée me confirme qu'il y a un train direct pour Hanoi à 17 h 15. Pour rédiger le billet, elle me demande mon nom. Sur son carnet à souches, je lis avec surprise le nom d'Emily Aebi, l'amie américaine rencontrée à Irkoutsk, qui est apparemment passée hier.

Qui aurait pu croire que les dures assises vietnamiennes seraient plus dures que leurs homologues chinoises ?

Cependant, j'ai droit à des banquettes aux lattes de bois au dossier désespérément vertical. Les fenêtres grillagées munies de volets métalliques et de verrous en disent long sur l'insécurité qui doit régner à bord du train. Ces wagons au confort sommaire constituent pourtant la première classe, les voyageurs de seconde devant se contenter de vulgaires wagons de marchandises dans lesquels ils s'assoient à même le sol, quand ils ne restent pas debout.

Des centaines de voyageurs attendent assis sur les quais ou sur les rails, à côté de palettes pleines de cartons portant des inscriptions chinoises. Des jeunes femmes commencent à charger ces cartons dans le wagon et à les répartir sous les sièges, dans l'allée, sur les porte-bagages. Ouvrant certains d'entre eux, elles en extraient des bouteilles de bières qu'elles rangent dans des sacs. Apparemment, ces Vietnamiennes ont acheté de la bière en Chine en contrebande et la transportent dans ce train pour l'écouler dans la région d'Hanoi. J'ignore pourquoi elles se livrent à ce travail de fourmi plutôt que de transporter les palettes entières par camion. Quel paradoxe ! Alors que les voyageurs s'entassent dans des wagons de marchandises, les caisses de bière encombrent les wagons de voyageurs !

Le train démarre sous une pluie battante. En quelques kilomètres, il atteint sa vitesse de croisière à 20 km/h. Certains voyageurs parviennent d'ailleurs à monter en marche. Cette allure plus que modérée explique sans doute la durée du trajet : neuf heures pour parcourir 180 kilomètres ! L'arrivée à Hanoi est prévue à 2 h 20 du matin.

Seul Occidental à bord du train, je deviens vite l'attraction des autres voyageurs. D'emblée, les Vietnamiens me paraissent plus extravertis que les Chinois, voire effrontés, n'hésitant pas à recourir au contact physique. Un enfant joue avec ma montre, un autre touche mon appareil photo, un troisième me donne un coup de poing. Difficile de savoir s'ils s'amusent ou m'agressent. Les adultes ne sont pas en reste, qui prennent mes guides et cartes. Certains me tiraillent les poils des jambes en disant « OK ». Il est vrai que les Asiatiques – parfois imberbes – s'étonnent souvent de la pilosité des Européens. Exaspéré par leur comportement, je les pince à mon tour pour leur signifier mon mécontentement. Au bout d'un moment, ils se calment tous, et je retrouve un peu de tranquillité.

Arrêt à Lang Son. Sur les quais, une multitude de gens vendent légumes, œufs durs, boissons, cacahouètes et cigarettes. Les hommes portent un chapeau colonial de couleur verte. Les femmes sont coiffées du traditionnel chapeau conique. Certaines arborent des coiffes noires brodées de fils dorés, sans doute représentatives de la minorité dont elles font partie. D'autres encore se cachent une partie du visage derrière une serviette attachée au chapeau, afin de se protéger du soleil.

La nuit tombe très tôt sous ces latitudes tropicales. À bord du train, l'électricité ne fonctionne pas. Certains voyageurs s'éclairent avec des lampes-torches, d'autres craquent des allumettes, au risque d'enflammer les structures de bois du wagon. La pluie violente qui s'abat dehors commence à mouiller l'intérieur du train. Des vendeurs ambulants proposent cigarettes et eau chaude. L'un d'entre eux s'assoit en face de moi et offre ses services, en anglais, puis en français. Il a l'air ivre et me propose avec insistance de fumer de la marijuana. Joignant le geste à la parole, il allume une grande pipe en bambou et se met à inhaler la drogue. En fait, cela fait partie des produits vendus. Autour de moi, plusieurs voyageurs fument de l'opium ou de la marijuana et le wagon ressemble bientôt à un véritable fumoir.

Je suis assis depuis déjà six heures sur cette maudite banquette de bois, et il m'en reste encore trois avant d'atteindre Hanoi. Non seulement le train roule lentement, mais il marque des arrêts interminables dans les gares. Certains voyageurs vont manger dans des petites gargotes installées sur les quais. Les femmes qui font la contrebande de bière en profitent pour écouler une partie de leur stock auprès des revendeurs venus réceptionner les cartons.

Mardi 12 septembre, 3 h 30. Le train arrive à Hanoi avec plus d'une heure de retard, alors que j'avais fini par succomber à la fatigue. Sur la place de la gare, des gens dorment à même le sol, entourés de quelques rats en quête de nourriture.

Après une courte nuit dans un petit hôtel face à la gare, je pars découvrir Hanoi en cyclo-pousse. Après négociation, j'obtiens la course à 5 000 dông (2,50 francs). Ces engins, inventés par un Français de Charente et importés en Indochine dans les années 40, ont fait fureur au Vietnam. Il s'agit d'un tricycle où la personne qui pédale se trouve à l'arrière, et le siège passager à l'avant. On a donc l'impression de toucher les autres véhicules, et d'être noyé dans le trafic.

À Hanoi, ce qui frappe en premier lieu, c'est la quasi-absence de voiture ou de bus. Les deux (ou trois)-roues sont rois. Vélos, cyclo-pousse, mobylettes, scooters et motos règnent dans les rues. Les maisons basses au style colonial donnent à la ville une allure provinciale, même si Hanoi compte environ un million d'habitants. Autre surprise, les inscriptions se lisent beaucoup plus facilement qu'en Chine, car les Vietnamiens utilisent l'alphabet latin introduit au XVIIe siècle par Alexandre de Rhodes, un missionnaire français. Comme il est agréable et rassurant de pouvoir lire le nom d'une rue, d'un magasin et de le prononcer à peu près correctement !

Ici comme dans la plupart des pays du tiers-monde les transactions s'effectuent en dollars, la monnaie nationale, le dông, servant au petit commerce local.

La gare d'Hanoi rappelle celle de Bordeaux, même si une construction plus récente l'enlaidit en son milieu. Aux guichets sans file d'attente, les vendeurs accueillent le client avec le sourire. De nombreuses informations sont fournies en anglais ou en français. En dix minutes, j'obtiens des couchettes pour Huê avec une facilité déconcertante après le calvaire vécu en Chine pour le moindre achat de billet.

Le pont Paul-Doumer est un magnifique viaduc ferroviaire métallique digne d'Eiffel. À gauche, des artisans, des boutiques. À droite, des toilettes publiques. Pour monter sur un talus prendre une photo, je dois slalomer entre les excréments et les détritus. Au-delà de cette zone commence un vaste bidonville.

À 70 kilomètres d'Hanoi, mais sept heures de minibus, se trouve la célèbre baie d'Along et ses fameux pains de sucre, décor naturel du film *Indochine*. Notre bateau s'enfonce dans ce labyrinthe de pitons rocheux couverts de végétation. Les falaises noires contrastent avec le vert des arbres. Malheureusement, le ciel bas et gris ternit les couleurs et les fameuses « eaux bleu turquoise du golfe du Tonkin » dont parlent les guides. Difficile également d'admirer les sampans à voile rousse, qui contribuent tant à la renommée du Vietnam. L'un d'entre eux m'emmène sous une voûte de stalactites jusqu'à un lac intérieur qui ressemble au cratère d'un volcan endormi.

Une multitude de petits bateaux-paniers, frêles embarcations en osier tressé, accostent notre bateau et des Vietnamiens nous présentent fruits, coquillages et Coca-Cola, avant de regagner les campements flottants où ils vivent.

Gare de Hanoi. Contrairement aux foules chinoises, les quais vietnamiens sont raisonnablement encombrés. Pas de cohue, pas de scènes de panique, pas de voyageurs qui montent par les fenêtres. Le train est d'un modèle ancien, visiblement acheté aux chemins de fer chinois. Le contrôleur vérifie mon billet et m'accompagne jusqu'à mon compartiment, occupé par des militaires. Les fenêtres sont protégées par une vitre, un volet métallique et une grille.

Mon compartiment est cloisonné, mais les portes sont ajourées. Il comporte six couchettes dures, encore plus dures qu'en Chine : une simple planche de bois recouverte d'une fine paillasse. Un ventilateur pivotant brasse l'air étouffant. J'essaie de disposer quelques vêtements sur ma couchette pour adoucir le plan en bois. Ruisselant de sueur, j'ai du mal à trouver le sommeil. L'air chaud et enfumé, les cris des militaires qui jouent aux cartes et le bruit assourdissant du train m'empêcheront de fermer l'œil pendant de longues heures.

Arrivée à Huê, ancienne capitale de l'empire du Vietnam au XVIIIe siècle. D'emblée, je remarque l'organisation des rues en damier et les douves régulières de la citadelle. Les magnifiques palais de la cité impériale ont malheureusement été détruits par les bombardements américains de 1968. Les palais édifiés par les empereurs du Vietnam jouxtent des terrains vagues parsemés de cratères d'obus.

La pluie a cessé et je pars à bicyclette sur des routes encore détrempées. Les orages apportent souvent une délicieuse fraîcheur, mais de courte durée. Je longe la rivière des Parfums pour me rendre à la pagode de Thien Mu. Au bord de la route, plusieurs églises et bâtiments religieux témoignent de la présence d'une importante communauté catholique. Des empreintes du colonialisme français sont encore visibles, tels ces vieux camions Renault qui servent encore au transport des passagers, ou cette traction avant Citroën abandonnée près d'un arbre.

Au retour, je m'arrête près d'un viaduc pour photographier le passage de l'express d'Hanoi. Je dois donc m'armer de patience, compte tenu du retard des trains vietnamiens. Au passage à niveau, une employée des chemins de fer tient un cahier avec l'heure de passage des trains. Elle reçoit un appel lui indiquant l'approche de l'express, et va fermer les barrières manuellement. Quelques cyclo-pousse et scooters traversent la voie in extremis. Puis le train passe au ralenti, laissant le temps à des enfants de faire signe aux voyageurs. Une locomotive diesel bleu et jaune conduite par deux mécaniciens tracte six wagons vert foncé sur le viaduc métallique. Après le passage du train, la vie reprend son cours sur la voie ferrée, vite envahie par les vélos, les chiens et les poules.

Au tertre de Nam Giao, un vieil homme se propose comme guide. Âgé de soixante-quatorze ans, Tran Cong Huyen est un francophile convaincu. Ayant suivi ses études à l'école puis au collège français de Huê, il a servi plusieurs années dans l'armée coloniale, avant de devenir fonctionnaire des postes. Il n'a plus parlé le français depuis le départ des derniers colons en 1954. La récente ouverture du Vietnam au tourisme lui permet à nouveau de pratiquer notre langue en servant de guide pour la visite des tombeaux. Récemment victime d'une hémiplégie, Tran me demande de le soutenir pour gagner la terrasse principale. Là, il sort une carte de la France et se met à réciter sa leçon de géographie apprise soixante ans plus tôt. Malgré sa voix chevrotante et ses mâchoires édentées, Tran s'exprime dans un français remarquable et possède une excellente mémoire (il connaît par cœur les départements et fleuves français). Il me montre des photos prises quand il était postier, son certificat de bonne conduite à l'école en 1927. Puis il me raconte l'histoire de ce site religieux qu'il tient de la bouche de son grand-père, ancien mandarin à la cour de l'empereur. Au moment d'évoquer le régime communiste, Tran baisse la voix et regarde autour de lui avec méfiance.

Le train qui mène à Da Nang est un omnibus local, qui met cinq heures pour parcourir 100 kilomètres. Sièges en bois en première classe, pas de sièges du tout en deuxième. Près de moi, un homme boit sa soupe, pendant que ses filles mâchent du bétel. À chaque arrêt, des vendeurs montent proposer victuailles et rafraîchissements. Je suis intrigué par des petits paquets verts entourés d'une ficelle rouge que proposent la plupart d'entre eux. Il ne s'agit, en fait, que de riz.

Après Long Ca, le train monte doucement vers le poétique col des Nuages, qui constitue une barrière climatique entre le nord et le sud du Vietnam. De la fenêtre du wagon, je découvre un panorama splendide sur une lagune, un village de pêcheurs, et des rizières en arrière-plan. Puis on surplombe une côte rocheuse où viennent se briser de puissants rouleaux. La voie ferrée n'est qu'une succession d'ouvrages d'art. Le train ne roule qu'à 10 km/h, mais ralentit encore pour franchir certains viaducs aux piles visiblement peu solides sous lesquels des hommes s'activent, pelle et pioche à la main.

Au lieu-dit du col des Nuages, une simple maisonnette surgit de la végétation tropicale. Le train marque un arrêt prolongé, comme pour reprendre son souffle, puis amorce la descente à vive allure : près de 30 km/h !

À Da Nang, je négocie la course jusqu'à Hoi An avec le propriétaire d'une mobylette. Je m'installe à l'arrière du petit engin, bien calé entre mes deux sac à dos, sous le soleil brûlant. Sur la route, nous croisons toutes sortes de deux-roues : vélos, cyclo-pousse, scooters, mobylettes, motos, side-cars. Il n'est pas rare de voir deux ou trois personnes sur un même véhicule, comme ces femmes qui montent en amazone à l'arrière. Celles-ci sont d'ailleurs très élégantes dans cette région. Elles portent de longs gants et un foulard pour se protéger du soleil et garder la peau claire, selon les canons de beauté vietnamiens. Elles ont de ravissants chapeaux ornés d'une fleur ou d'un morceau de tissu de couleur. Certaines portent l'*Ao Dai*, costume traditionnel composé d'une longue tunique fendue et d'un pantalon ample de tissu léger.

En me promenant dans les rues d'Hoi An, je retrouve Bernard et Cathy, deux compatriotes rencontrés à Huê. Nous passons la soirée au Café des Amis, qui m'a été recommandé par Jérôme, un ami d'ABM

(« Aventure du bout du monde »). Installé depuis à peine trois ans, ce bar-restaurant est devenu rapidement une institution à Hoi An. Kim, le patron, fut champion de saut en hauteur dans les années 60. Il a longtemps entraîné l'équipe de football du Vietnam, avant de se reconvertir dans la restauration.

Ses quinze frères et sœurs ont tous émigré en France, dans la région d'Avignon. Mais Kim, en tant qu'aîné, a dû rester au Vietnam pour honorer le culte des ancêtres. C'est loin d'être une sinécure car son grand-père, ingénieur dans les chemins de fer, avait neuf femmes, une dans chaque gare importante du réseau !

Longtemps port majeur du sud-est asiatique, Hoi An fut habité par des commerçants et des marins venus d'un peu partout : Chinois, Japonais, Portugais, Français, Hollandais. Malheureusement, la rivière qui donnait accès à la mer s'est ensablée vers la fin du XIXe siècle, amorçant le déclin de la cité au profit du port de Da Nang. La ville s'est donc assoupie sur son glorieux passé pendant quelques décennies, ce qui lui a permis d'échapper à la fois aux constructions modernes et aux ravages de la guerre. C'est assurément ma halte préférée au Vietnam, d'autant plus que toutes les visites s'effectuent à bicyclette.

À l'hôtel, le personnel occupe ses loisirs à apprendre l'anglais et le français à l'aide de cassettes enregistrées. Pendant le déjeuner, j'ai droit au dialogue insolite entre un vacancier parisien qui cherche une chambre à la ferme et une agricultrice bourguignonne à la voix rocailleuse qui lui propose de traire ses vaches.

Le spécial Express S1 entre en gare dans un fracas assourdissant. Il s'agit du fameux « train de la réunification », né de la réunification du Nord et du Sud-Vietnam. Ce fleuron des chemins de fers vietnamiens relie Hanoi à Saigon en quarante-cinq heures, trois fois par semaine. Les wagons ont la même livrée rouge et blanche que la locomotive.

Je prends place à bord d'un wagon « assis mou ». Les sièges en skaï sont moins rembourrés que dans les trains chinois, mais s'inclinent et disposent d'accoudoirs et d'une tablette. La position « l'un derrière l'autre » offre moins de convivialité que le « vis-à-vis », mais évite d'entremêler ses jambes avec celles de ses voisins. Les porte-bagages sont des compartiments fermés, comme dans les avions. De gros ventilateurs créent un courant d'air appréciable, sans pour autant rafraîchir la température. Enfin, comble du luxe, le wagon est équipé d'une télévision... qui ne fonctionne pas.

Le contrôleur passe vérifier les billets. Il arrache un coupon de chaque titre. Au dos des billets, une publicité pour Pepsi-Cola surprend dans ce pays communiste qui faisait encore, il y a quelques mois, l'objet d'un embargo commercial américain.

Après une région de rizières et de cannes à sucre, je découvre désormais de vastes étendues de terre rouge. Les parcelles non cultivées sont trouées de centaines de cratères datant de la guerre du Vietnam. Chaque année, de nombreux paysans perdent un membre sur un engin explosif en labourant la terre.

Presque tous les dix kilomètres, le train traverse une rivière sur des viaducs en mauvais état. En se penchant par la fenêtre, on peut distinguer des trous dans le béton, des morceaux de ferraille dénudée, des traverses en bois rongées d'humidité. L'entretien de la voie est beaucoup plus superficiel qu'en Europe ou même qu'en Chine, probablement par manque de crédits. Tout à coup, le train se met à balancer de gauche à droite, le wagon bouge comme un avion qui traverse une zone de turbulences. Quelques imperfections de la voie, sans doute...

Quand les ventilateurs cessent de tourner, la télévision se met à fonctionner (l'électricité du train ne permet pas de fournir les deux simultanément). Par chance, elle retransmet des films muets de Charlie Chaplin, ce qui résout les problèmes de langue. Puis, vient le Top 50 vietnamien. Des hommes costumés et des jeunes femmes en Ao Dai chantent dans des attitudes très figées. La musique explose littéralement hors des haut-parleurs et réussit à couvrir le bruit déjà assourdissant du train qui roule.

À Nha Trang, je trouve rapidement une chambre bon marché dans un hôtel à proximité de la plage. Mais la salle de bains est un véritable vivarium : fourmis, cafards, moustiques et mille-pattes y ont élu domicile.

À bord du bateau qui me conduit de Nha Trang vers l'île de Mien, je glisse sur le sol mouillé. Mon dos heurte une marche, mon tibia et mon pied se coincent sous un banc. Je tombe de tout mon long et ne peux plus bouger un membre. À demi inconscient, je me laisse dévêtir par le capitaine du bateau, qui m'enduit le dos et la jambe de « Baume du Tigre », remède universel des Asiatiques. Après quelques minutes d'un massage vigoureux, la pommade miracle fait effet, et je peux remarcher sans douleur.

L'île de Mien abrite un village de pêcheurs. Dans la rade bien protégée, des dizaines d'embarcations mouillent face aux maisons en bambou. De couleur bleu et rouge, les bateaux ont tous des yeux de requins, destinés à éloigner les mauvais esprits. À peine notre bateau amarré, plusieurs bateaux-paniers s'approchent, et des femmes à chapeau conique nous proposent de nous emmener jusqu'à la terre ferme. En montant dans cette frêle embarcation, j'ai l'impression d'être Gemini sur sa feuille dans *Pinocchio*.

En gare de Nha Trang, je surprends des employés de la gare en train de s'activer dans le poste de sécurité. Il n'y a pas d'électronique : les annonces de passage des trains s'effectuent par téléphone, le plan des voies est inscrit à la craie sur un tableau, les aiguillages se manœuvrent à la main. Une femme fait une annonce interminable dans un micro, qui résonne dans les haut-parleurs situés sur les quais.

Les couchettes molles me déçoivent quelque peu. Certes, le compartiment ne comporte que quatre couchettes, mais l'absence de draps, l'éclairage blafard et le ventilateur défectueux me promettent une nuit difficile, d'autant plus que la chaleur et les moustiques ont envahi le compartiment.

Arrivée à Saigon, le mardi 26 septembre. Depuis Paris, je n'ai jamais quitté les rails, si ce n'est vingt kilomètres au passage de la frontière sino-vietnamienne. Ce parcours ferroviaire de 19 000 kilomètres est sans doute l'un des plus longs au monde. Malheureusement, pour rejoindre l'Australie, je serai obligé de recourir à l'avion pour traverser la mer de Chine et l'océan Indien.

Hô Chi Minh-Ville, que beaucoup de gens continuent d'appeler Saigon, porte sur elle les marques de son retour au capitalisme depuis 1992 et de son développement rapide. Les cyclo-pousse et les scooters sont moins nombreux qu'à Hanoi, remplacés par des motos, voitures et camions qui provoquent tohu-bohu et pollution. Des hôtels de luxe en construction et des grandes affiches publicitaires à tous les coins de rue témoignent également d'une occidentalisation hâtive.

Nullement attiré par les souvenirs de guerre, j'ai cherché à éviter les visites de champs de batailles et de musées militaires. Mais, pris d'un soudain remords, je décide d'aller visiter le musée des Crimes de guerre américains.

Les horreurs de ce conflit dépassent l'entendement. Même si les responsables du musée ont adopté un parti pris anti-américain, on ne peut nier l'évidence des atrocités qui ont été commises pendant la guerre du Vietnam. Les photos des civils ou de militaires mutilés pendant des tortures sont insoutenables et l'énumération des sévices infligés fait froid dans le dos : amputations à vif, décharges électriques dans les parties sensibles du corps, serpents placés dans les pantalons des femmes. Les témoignages des méfaits de la guerre chimique, et notamment du terrible « Agent Orange », sont encore plus édifiants : clichés de soldats rendus infirmes, de bébés déformés, de fœtus de monstres conservés dans du formol.

Pour me rendre jusque Perth en Australie, je dois transiter par Bangkok. Cette journée passée dans les avions et les aérogares me conforte dans l'idée que le déplacement par voie aérienne fausse complètement la vision d'un pays. La plupart des passagers sont occidentaux. Les rares Vietnamiens présents sont issus de la classe la plus aisée de la population. L'air conditionné, les pancartes en anglais et les hôtesses obséquieuses font ressembler l'aéroport de Saigon à n'importe quel aéroport international – l'univers des trains et des gares permet, lui, de plonger au cœur d'un pays et de sa population.

VI

TRAINS DE CROISIÈRES
AU PAYS DES KANGOUROUS
AUSTRALIE

Le 29 septembre, l'arrivée à Perth en Australie marque le retour à la civilisation occidentale, efficace et rationnelle, mais un peu froide. À l'auberge de jeunesse, des dépliants publicitaires proposent des dizaines d'excursions, pour lesquelles on réserve sur un simple coup de téléphone. À la poste, où m'attend du courrier de France, on effectue ses recherches sur un ordinateur en consultation libre. L'envoi d'un paquet prend à peine quelques minutes et les employés sont aussi rapides que courtois.

À la gare, une hôtesse me donne des dépliants tout en me commentant les différents tarifs et services. Le vendeur au guichet me communique les places disponibles dans les différents trains pour Adélaïde et fait la réservation pour la semaine suivante sur le fameux Indian Pacific.

De manière générale, les commerçants me paraissent fort aimables. Est-ce le contraste avec les situations difficiles rencontrées en Asie qui me donne cette impression ? Ou le plaisir d'être considéré comme un client dans une société de consommation ? Loin des clichés de *Crocodile Dundee*, les Australiens semblent plus affables et plus ouverts que les Européens, en particulier avec les étrangers.

Perth est d'ailleurs une ville cosmopolite. Une bonne partie de son million et demi d'habitants est le fruit d'une récente immigration, notamment asiatique. Au hasard des rues, on rencontre Indiens, Chinois, Vietnamiens, Latino-Américains.

Le train à destination d'Adélaïde et Sydney part de la gare de East-Perth, un bâtiment moderne et fonctionnel entouré de nombreux parkings. Des cheminots ont essayé d'égayer l'endroit en exposant une vieille locomotive à vapeur et un tramway d'époque. Les Australiens ont donné le nom d'Indian Pacific au train qui relie l'océan Indien à l'océan Pacifique en traversant tout le pays d'ouest en est. Il faut près de trois jours pour parcourir les 3 800 kilomètres qui séparent Perth de Sydney, ce qui fait de Perth la grande ville la plus isolée du monde.

Les services proposés dans un tel train s'apparentent à ceux existant à bord des avions : réservation obligatoire, enregistrement des bagages, repas compris en places couchées, stewards en spencer et nœud papillon. Sur le quai, on peut distinguer deux catégories de clients. Des couples de personnes âgées et aisées, appareil photo en bandoulière, qui montent en wagons-lits. Sans doute des retraités qui profitent de leur temps libre pour accomplir un vieux rêve d'enfant : la traversée de l'Australie en train. Pour eux, le périple de Perth à Sydney relève plus de la croisière ou du pèlerinage que du transport, le train coûtant plus cher que l'avion pour un temps de parcours beaucoup plus long. La seconde catégorie occupe les places assises et regroupe des étudiants, des routards et des familles pauvres.

L'Indian Pacific s'ébranle doucement. Deux puissantes locomotives jaune et vert tractent vingt-deux wagons en inox de livrée grise, et deux wagons porte-autos. Tous portent fièrement l'écusson de l'Indian Pacific représentant un grand oiseau noir. Les stewards communiquent entre eux au moyen de téléphones mobiles. Le wagon « places assises » dans lequel je m'installe est de loin le plus confortable depuis mon départ de Paris : sièges larges en tissu, dossiers inclinables, repose-pieds, moquette, air conditionné, musique d'ambiance et, comble du luxe... une douche !

À 5 h 30, le soleil se lève déjà, embrasant l'horizon de traînées rouges et orange. Nous nous trouvons dans la fameuse plaine de Nullarbor, cette vaste étendue désertique qui sépare Perth et ses environs du reste de l'Australie. Sable, rochers et rares touffes d'herbe à perte de vue qui disparaîtront avec la fin du printemps. L'inhospitalité de cette terre plate et inculte a de tout temps découragé les colons. Les étés y sont caniculaires, avec des températures supérieures à 40 °C. Seuls quelques rares kangourous et lézards à collerettes occupent cet endroit désolé, loin de toute civilisation.

Le chef steward annonce au micro que le train roule désormais sur la voie ferrée rectiligne la plus longue du monde, avec 479 kilomètres. Moment d'exception pour un amateur de train comme moi ! Mais la vitesse constante du train, l'absence de virages, la platitude du relief, le manque de végétation et de présence humaine créent vite un sentiment de lassitude. La vue d'une antenne de transmission alimentée par un panneau solaire devient presque un événement. Pour se consoler, on se dit que le trajet par la route, parallèle à la voie ferrée à 100 kilomètres, ne doit guère présenter plus d'intérêt.

En gare d'Adélaïde, capitale de l'État d'Australie-Méridionale, près d'un tiers des passagers descend du train. C'est la première étape importante depuis notre départ de la côte ouest, deux jours et demi auparavant. Adélaïde a la même importance que Perth, mais offre une configuration différente, sans doute due à son antériorité. Des gratte-ciel moins élevés, des rues plus aérées, des bâtiments plus anciens, notamment de superbes maisons avec des doubles colonnades en fer forgé qui évoquent le Vieux Carré de La Nouvelle-Orléans.

En me promenant dans les collines alentour, j'observe avec intérêt des kangourous. Il est fascinant de voir ces marsupiaux prendre appui sur leur queue pour avancer doucement, se gratter les côtes avec leurs courtes pattes antérieures, avant de partir à grande vitesse en bondissant comme des ressorts géants. Un petit kangourou saute maladroitement jusqu'à sa mère, couchée sur le flanc. Il la taquine jusqu'à ce qu'elle se lève. Puis, en un éclair, il grimpe dans la poche ventrale, se retourne avec agilité, ne laissant dépasser que sa tête.

Dans lc train pour Mclbournc, nous gagnons unc demi-heure, c'est-à-dire un bizarre demi-fuseau horaire, propre à l'état de Victoria. Dans la partie la plus méridionale de l'Australie, les collines se parent de leurs plus beaux verts. Si quelques champs de maïs et de blé démontrent une forte activité agricole, ce sont les pâturages qui dominent. Des milliers de moutons – les fameux mérinos – se concentrent dans l'extrême sud-est australien circonscrit par la « barrière anti-chiens ». Cette clôture géante protège les troupeaux de moutons des *dingos* – chiens sauvages australiens. Au-delà de la barrière, on n'élève que des bovins, trop gras pour se faire attaquer par les dingos.

Vendredi 13 octobre 1995. Si j'avais décidé de réaliser un tour du monde en quatre-vingts jours comme Phileas Fogg, le héros de Jules Verne, je devrais rentrer aujourd'hui en France. Mais il me reste encore neuf mois de voyage, et deux continents à traverser, l'Afrique et l'Amérique.

J'atteins Sydney à bord du Country Link, train moderne à la clientèle plus étudiante et salariée que touristique. La gare centrale de Sydney, au style victorien avec ses murs en brique rouge et ses horloges à l'ancienne, abrite à la fois les trains des grandes lignes et ceux de la banlieue.

J'emprunte le monorail qui fait le tour du centre-ville de Sydney. Perché sur un rail à cinq mètres de hauteur, ce métro futuriste glisse sans bruit au-dessus des rues animées de Sydney. Les rames sont entièrement peintes au nom d'un produit : train vert aux couleurs de Fuji, train marron à celles du chocolat Cadbury.

En marchant dans Pitt Street, je croise par hasard David, l'Australien que j'ai rencontré dans le train en Chine. Quelle coïncidence extraordinaire, quand on sait que Sydney compte trois millions d'habitants et que je ne connais pas plus de quatre ou cinq personnes sur ce continent ! Nous allons prendre un café ensemble, et je lui raconte mon voyage de Kunming à Sydney. De son côté, David a dû renoncer à rejoindre la Thaïlande par le Mékong, se contentant d'un avion pour Bangkok. En revanche, il a réussi à trouver un travail en Thaïlande, un contrat de six mois comme professeur d'anglais à Kurat. David est toujours aussi sympathique et porté sur le beau sexe. Il regrette de ne pas pouvoir retourner au Japon où il a laissé une belle éplorée, mais il espère trouver une petite amie en Thaïlande.

À la gare de Streathfield, je prends le *zigzag railway* qui part des environs de Lithgow et descend dans la montagne grâce à un système de manœuvres complexes qui lui ont valu son nom. Même si j'ai voyagé à plusieurs reprises dans la cabine du TGV, c'est mon baptême de locomotive à vapeur. Le conducteur me laisse actionner le sifflet au moyen d'une corde, puis m'explique le fonctionnement des différentes manettes. On ressent toutes les sensations liées à ce mode de locomotion : la chaleur de la chaudière quand le mécanicien l'approvisionne en charbon, les vapeurs provenant de la cheminée dans les tunnels, les escarbilles dans les courbes.

Le train Country Link démarre, direction Canberra. C'est mon premier trajet de jour en Australie. Il s'agit d'un autorail gris métallisé, composé de deux wagons aux sièges confortables. Seulement trois trains par jour relient la capitale économique de l'Australie à sa capitale politique. De plus, à peine cinquante voyageurs occupent le train, ce qui démontre à la fois la faible attractivité exercée par Canberra, et le peu d'intérêt des Australiens pour le transport ferroviaire.

À Canberra, pour la deuxième fois depuis le début du voyage, quelqu'un m'attend sur le quai. Il s'agit de Brendan, un ami australien de Laurent et Trien – mes correspondants en France. Originaire de Tumut, Brendan poursuit ses études à Canberra.

Le lendemain matin, mon hôte a préparé un petit déjeuner français : croissants au beurre, pain au chocolat, baguette et confiture de fraise. Il m'avoue adorer la France et les Français. Il est tombé amoureux d'Annecy et de sa région, ce qui nous fait un solide point commun. Il envisage même d'aller s'établir là-bas en immigrant. Brendan déplore également l'attitude anti-française qu'ont adoptée les Australiens depuis les essais nucléaires dans le Pacifique.

Pour continuer ce périple australien, j'emprunte le Queenslander de Sydney à Brisbane. Nous partons plein nord, vers le soleil, les plages tropicales, la grande barrière de corail. Après les agréables mais interminables banlieues de Sydney, le train entre dans le parc de Kuring Gai, composé de centaines de collines couvertes de forêts. Puis, il franchit la très large rivière Hawkesbury, qui serpente entre versants herbeux, parois rocheuses et plages. Dans les rares villages, les maisons sont construites sur pilotis avec ponton privé et bateau à moteur.

Après une courte nuit de sommeil, je change de train à Brisbane, noyée dans les feuillages violets des jacarandas.

Le Sunlander à destination de Cairns parcourt 1 400 kilomètres en vingt-quatre heures. Ce train à vocation essentiellement touristique rappelle en tous points l'Indian Pacific, avec encore plus de services : wagons-lits, couchettes, sièges inclinables, douches, nurseries, eau potable à volonté, wagon-restaurant, wagon-bar, wagon-détente. Les stores sont à commande électrique, les sièges pivotent pour que chaque passager puisse se trouver dans le sens de la marche, ou face à son voisin.

Sur des centaines de kilomètres, nous longeons un chemin de fer en construction. Un travail de titan, vu la distance, la canicule, le relief et les nombreux marais et rivières alentour. Il s'agit probablement de doubler la voie unique sur laquelle nous avançons, mais également d'aménager une voie plus rectiligne, plus stable, qui autorisera des vitesses plus grandes. Cette voie nouvelle à l'écartement standard permettra sans doute d'envoyer du fret directement de Sydney à Cairns, alors que, jusqu'ici, il fallait changer d'écartement – et donc de train – à Brisbane.

Je suis assis dans le wagon P, place 37. Autour de moi, une grande majorité de retraités, partis chercher le soleil dans le grand Nord australien. Les hôtesses en uniforme bleu et mauve passent annoncer le premier service du déjeuner. Les trains australiens sont de véritables «paquebots sur rails», conçus pour distraire la clientèle composée en grande majorité de touristes.

Le train a seize wagons et il est souvent trop long par rapport aux quais. Dans les grandes gares, une annonce invite les voyageurs des wagons hors quai à cheminer dans le train pour descendre un peu plus loin. Dans les gares plus petites, le train effectue une manœuvre amusante : il range d'abord les wagons de tête le long du quai pour laisser descendre les voyageurs situés à l'avant, puis il avance pour mettre à quai la queue du train pendant qu'une annonce demande aux passagers situés à l'arrière de se préparer à descendre. Tout se passe en bon ordre, sans aucun mouvement de panique.

Arrivée le 25 octobre à Cairns, terminus nord des chemins de fer australiens.

J'y suis venu pour réaliser un rêve d'enfant : plonger sur la grande barrière de corail. Considérée comme une des sept merveilles du monde, cette gigantesque construction animale longue de 2 000 kilomètres s'étire du large de Brisbane en Australie jusqu'en Papouasie-Nouvelle-Guinée. Il s'agit, avec la mer Rouge et les îles Maldives, d'un des trois lieux de prédilection pour les plongeurs du monde entier.

Après trois heures de bateau, nous atteignons Michaelsman Cay, un minuscule îlot qui sert de refuge à des milliers d'oiseaux, protégés comme l'ensemble de la faune et la flore de la grande barrière.

À proximité de l'île, la mer vire au bleu turquoise, alors qu'on aperçoit les récifs de corail à quelques mètres à peine de la surface.

L'attraction de Cairns, ce sont d'abord les requins. Une dizaine d'entre eux tournoient à environ dix mètres de profondeur. Quelques plongeurs dans la palanquée ne semblent manifestement pas rassurés. En revanche, Mark, notre moniteur, les approche sans problème, les caresse, nage avec eux. Les squales gris mesurent un à deux mètres. Il en prend un sur son ventre, et fait mine de l'embrasser. Puis il les nourrit à l'aide de poissons morts qu'il a emportés dans un pot. Dès qu'il en sort un de son bocal, les requins se jettent dessus, découvrant d'impressionnantes mâchoires. Mark frappe un des requins, qui lui semble trop gourmand. Puis il nous invite à les caresser à notre tour. Seuls deux ou trois d'entre nous osent passer la main sur les squales. J'avais déjà vu des requins aux Maldives, mais j'en touche pour la première fois. Leur peau est relativement soyeuse, leur aileron souple, et ils ne sont pas trop farouches. Involontairement, nous leur assenons par moments des coups de palme sur la tête sans qu'ils en prennent ombrage. Malgré le contact très amical de ces requins surnommés « sympathiques », je leur trouve le regard inquiétant et les dents bien acérées.

De Kuranda, petit village perdu dans la forêt tropicale, part le fameux Kuranda Scenic Railway, chemin de fer qui mène à Cairns en longeant les gorges de la rivière Barron.

Je me retrouve aux premières loges, dans la locomotive du conducteur, pour cette descente exceptionnelle, où le train emprunte de multiples viaducs et tunnels, longe des cascades et surplombe le canyon de la rivière Barron.

VII

VOIR DES PHOQUES DEPUIS SA FENÊTRE DE COMPARTIMENT

NOUVELLE-ZÉLANDE

Le 28 octobre, mon avion se pose à Auckland, capitale économique de la Nouvelle-Zélande. Il ne fait que 16 °C (température déroutante par rapport aux 30 °C de la veille à Cairns), et il faut avancer les montres de trois heures. J'ai maintenant atteint le décalage horaire maximum (douze heures) par rapport à Paris. Il est vrai que je me trouve aux antipodes de la France, dans un pays que j'ai atteint au bout de trois mois de train.

À Auckland, mon hôte s'appelle Joyce. C'est une charmante vieille dame d'origine britannique qui vit en Nouvelle-Zélande depuis quarante-six ans. Professeur de théâtre, elle a beaucoup voyagé à l'étranger et a résidé dans plusieurs pays comme les États-Unis, la Suisse et l'Espagne. Elle me raconte ses longs voyages en Europe et sa soif de découvrir d'autres horizons. Deux fois mariée, elle a sept enfants et vingt et un petits-enfants. Joyce conjugue merveilleusement deux personnalités. D'un côté, une gentille grand-mère qui prend soin de sa famille, fait des confitures, cultive des légumes et voue une passion aux mots croisés. De l'autre, une voyageuse émérite qui a sillonné toute l'Amérique du Nord, l'Europe et la Russie, en train et en bus, chargée de son seul sac à dos et dormant dans les auberges de jeunesse. Ancien professeur d'art dramatique, elle a décidé, la cinquantaine passée, de devenir guide, et a fait découvrir Auckland à des milliers de touristes pendant dix ans. Extraordinairement dynamique pour ses soixante-quatorze ans, elle vend des confitures maison sur les marchés, s'est convertie à l'informatique et préside une association d'écrivains néo-zélandais. Autant d'activités insoupçonnables quand on écoute Joyce parler ce pur anglais de Cambridge, et qu'on le voit servir le thé avec délicatesse et se passionner pour la couleur des rideaux !

J'achète un forfait « trois en un » qui donne libre accès aux trains, bus et ferries dans tout le pays pour le prix de 600 dollars néo-zélandais (2 000 francs). Me voilà parti à la découverte du « pays des kiwis » !

La gare centrale d'Auckland me surprend par sa petite taille et sa vétusté. Le bâtiment est un élégant édifice du XIXe siècle, mais de nombreux appendices malheureux et un manque évident d'entretien ont rendu l'endroit peu attractif, en particulier les quais. Dans la salle des pas perdus, un canoë géant maori trône en dessous du tableau d'affichage, réduit à sa plus simple expression. En effet, seulement cinq trains par jour quittent Auckland sur les grandes lignes. Sur les quais, il n'y a qu'un train en attente : l'Overlander à destination de Wellington. Les taxis et voitures déposent les voyageurs juste devant le train et ces derniers enregistrent leurs bagages avant de monter dans leur wagon.

Le début de mon périple néo-zélandais me réserve quelques déboires.

À Taumarunui, je réalise la descente de la Wanganui River en kayak, seul, sous une pluie battante. À National Park, je dois renoncer à une randonnée pour cause de météo. L'auto-stop me réserve aussi de mauvaises surprises.

Ainsi, un jour sur la route de Nelson, je passe toute la soirée à lever le pouce en vain. Je décide de m'installer dans une station-service, dans l'espoir d'être pris en stop par un routier de passage. J'attends encore deux heures sans succès. Le pompiste maori m'offre gentiment un café, un sandwich, me laisse lire les journaux gratuitement. Il a travaillé six ans dans la marine, a passé un mois à Toulon et voyagé partout dans le monde. En fait, il est ravi d'avoir de la compagnie pour passer cette nuit, avec à peine deux clients par heure. Toujours personne pour Nelson. Au bout d'un moment, le pompiste m'explique que, outre la nuit et la pluie, un autre facteur défavorable joue contre moi : un conducteur de la région a été récemment égorgé par un autostoppeur en manque de drogue.

Au moment où je commence à désespérer, deux jeunes acceptent finalement de m'emmener à Nelson. Je les remercie et, une fois à bord de la voiture, je leur confie avoir de la chance d'être pris en stop malgré le fait divers tragique de l'automobiliste. Ils ne paraissent nullement surpris et me déclarent simplement que l'auto-stoppeur meurtrier est un de leurs amis.

Un sentiment d'insécurité m'envahit soudain. L'intérieur du véhicule me paraît malsain et louche : les portières défoncées, les sièges éventrés, le capharnaüm qui règne dans le coffre, les papiers jonchant le sol. Mes conducteurs ne m'inspirent guère plus confiance, l'un avec ses cheveux tressés et son jean à trous, l'autre avec sa barbe de trois jours et ses ongles de pouce vernis. Pour achever de me mettre mal à l'aise, ils se mettent à fumer de la marijuana et à débiter des tas d'injures. Malgré ma fatigue, je m'oblige à rester éveillé de peur qu'ils ne profitent de mon sommeil pour m'agresser.

Après une heure et demie d'un voyage peu rassurant, nous arrivons à Nelson au petit matin. Sans demander mon reste, je file vers la gare routière où j'attrape le premier bus en partance.

Le Coastal Pacific démarre de Picton à destination de Christchurch. Après avoir offert une vue sur la rade de Picton, le train emprunte une voie très sinueuse qui l'emmène en haut de collines pelées où paissent des moutons. Sur l'autre versant, on découvre l'océan Pacifique dont les eaux paraissent bien claires sous le soleil qui brille. Après Blenheim, le train traverse une zone de marais salants, et au loin, on aperçoit les premiers sommets enneigés des Alpes néo-zélandaises. La voie ferrée oblique à nouveau vers la côte et longe le bord de mer pendant près de 200 kilomètres. La côte est réellement magnifique avec ses falaises, ses pitons rocheux, les grandes vagues qui viennent se briser sur des récifs ou mourir sur des plages de galets.

Sur les conseils du steward, qui vient de me servir l'*afternoon tea* agrémenté de quelques cookies, j'observe attentivement le bord de mer, et parviens à voir deux phoques depuis la vitre du wagon.

Arrivée à Christchurch, principale ville de l'île du Sud avec ses trois cent mille habitants. La gare est réduite à sa plus simple expression : un quai, un petit bâtiment abritant un guichet qui fait également office de magasin de souvenirs, un tableau d'affichage rudimentaire, quelques bancs et un parking. Ce petit bâtiment ultramoderne a remplacé la grande gare du centre-ville, en raison de la baisse du trafic.

Il ne part que trois trains par jour : le Coastal Pacific à destination de Picton, le Southerner à destination de Dunedin et Invercargill, et le célèbre Tranzalpine à destination de Greymouth. Pas de trafic banlieue, pas de train de nuit. Ici, comme en Australie ou aux États-Unis, le train a une vocation essentiellement touristique : les hommes d'affaires voyagent en avion, les familles en voitures et les démunis en autocar.

Christchurch a la réputation d'être la plus anglaise des villes néo-zélandaises. De fait, je lis les noms inscrits sur les panneaux : Oxford Street, Cambridge Terrace, Salisbury Street. La rivière qui serpente dans Christchurch s'appelle même l'Avon. Le long des berges arborées, de coquettes villas rivalisent de créativité au niveau floral : rhododendrons, rosiers, palmiers et autres végétaux subtropicaux. La plupart sont construites en bois et s'inspirent sans doute du style anglais colonial du XIXe siècle. Devant ces « cottages » sont garées des voitures, dont la plupart sont des modèles anciens de marques qui n'existent plus, telles que Anglia.

À proximité de l'hôtel de ville, je remarque la présence de policiers, puis de quelques badauds massés devant la porte principale. Cet attroupement m'intrigue dans un pays aussi calme. Une vieille dame m'explique que la reine d'Angleterre et le prince d'Édimbourg doivent venir déjeuner ici dans un quart d'heure. Le dispositif de sécurité se réduit à une dizaine de policiers et une simple corde contient les badauds à trois mètres du tapis rouge déroulé pour le souverain britannique. Quelques notables arrivent en premier, les hommes en costume sombre, les dames en robe élégante et chapeau. Un couple de Maoris en tenue cérémonielle assiste également au repas. La reine vient de signer un traité rétrocédant aux Maoris des terres injustement confisquées cent ans plus tôt. La foule se compose d'à peine cinquante personnes, en majorité des personnes âgées et des touristes.

À l'heure dite, une grande limousine noire s'arrête devant le perron de l'hôtel de ville, escortée par deux voitures de police. La porte s'ouvre et la Reine en sort, immédiatement rejointe par le Duc d'Édimbourg. Élisabeth porte un tailleur jaune canari et un de ces chapeaux voyants dont elle a le secret. Elle reçoit un bouquet de fleurs en bienvenue, salue discrètement la foule avant d'entrer dans la mairie.

Le Southerner démarre à destination d'Invercargill. Le train traverse la grande plaine de Canterbury, qui couvre la majeure partie de la côte orientale de l'île du Sud. Au loin, se profile le mont Cook qui culmine à 3 800 mètres. Dans les pâturages, outre quelques vaches, cerfs et autres biches, des moutons par milliers broutent inlassablement l'herbe bien drue de cette région largement arrosée par les pluies. Il faut dire que la Nouvelle-Zélande compte cent millions de moutons pour trois millions d'habitants !

Le 5 novembre 1995, j'arrive à Invercargill, la gare la plus au sud du monde. La plus au sud, certes, mais ni la plus belle, ni la plus chaude, ni la plus animée. La pluie a cessé, mais il fait à peine 10 °C, les quais sont déserts. Le bâtiment est une horrible construction en béton gris, qui ne ressemble en rien à une gare : ni horloge, ni salle des pas perdus, pas un guichet, même le nom de la gare n'apparaît nulle part, car l'édifice a été loué à un centre de formation du YMCA.

Pour me rendre au point de départ de la Milford Track, j'ai choisi une formule originale : traverser le lac Te Anau en voilier. La célèbre Milford Track, « la plus belle randonnée au monde », selon les Néo-Zélandais, offre une nature éblouissante et sauvage. L'accès en bateau permet au Parc national de réduire le nombre de randonneurs. Quarante personnes, pas une de plus, ce qui correspond à la capacité des trois refuges sur le chemin.

Nous déjeunons au refuge du col MacKinnan, à 1 154 mètres, où nous jouissons d'un panorama magnifique sur les montagnes environnantes, aux sommets enneigés. Des « keas » tentent d'attraper les restes de notre pique-nique. Ces rapaces typiquement néo-zélandais mesurent près de cinquante centimètres, possèdent des plumes vertes et orange et un bec très recourbé. Ils ne manquent pas d'audace et n'hésitent pas à venir importuner les touristes, allant jusqu'à trouer les vêtements qui pendent à l'extérieur des sacs à dos.

Arrivé à la Milford Sound, je pars en kayak à la découverte de ce fjord de l'hémisphère sud. Malgré la pluie battante, le site est de toute beauté. De hautes cascades jaillissent de toutes les montagnes environnantes, se frayent un chemin à travers la végétation dense, puis coulent le long de falaises à pic. Sur des rochers, quelques otaries à fourrure s'étirent paresseusement. Un peu plus loin, deux pingouins nagent à la manière des canards. Mais une fois hors de l'eau, ils marchent comme des hommes à l'allure pataude. Il s'agit d'une espèce unique au monde, le pingouin à œil jaune, reconnaissable également à son long sourcil.

À 150 kilomètres de bus de Milford Sound se trouve le magnifique lac Wakatipu. Sur ses rives, le village de Queenstown s'est spécialisé dans les sports extrêmes et les activités de plein air. Rafting, trekking, jet boating et... « bungy jumping » (saut à l'élastique) !

C'est vers cette activité que je m'oriente en me rendant sur le pont de Kawarau, prêt pour le grand saut. L'organisation est remarquable : un employé pour peser les gens, un autre pour les attacher, un troisième pour manier la poulie qui soutient l'élastique, deux autres pour manœuvrer le bateau en bas. Pourtant, le système d'attache est rudimentaire : une serviette enroulée autour des chevilles, entourée d'une corde, attachée au fameux « bungy », un élastique d'environ trente mètres.

Au moment d'ajuster mon équipement, le guide me dit en anglais sur un ton ironique : « Alors, tu es français ? » Je réponds : « Oui, je suis français, mais ça n'est pas une raison pour couper l'élastique ! » Il me rétorque alors l'air plutôt sérieux : « Je ne couperai rien si tu me promets que, quand tu rentreras à Paris, tu manifesteras contre les essais nucléaires. » Je réplique aussitôt : « C'est promis. » De toute façon, il aurait pu me faire promettre n'importe quoi...

Je m'apprête à plonger dans cette gorge profonde de quarante-sept mètres. « 5, 4, 3, 2, 1... » Ça y est, l'impression de voler comme un oiseau en chute libre pendant quinze secondes, la sensation molle de l'élastique qui se tend, le plongeon dans l'eau glaciale jusqu'à la ceinture, un grand mouvement de balancier sous le pont. Le saut n'a pas duré une minute et coûte 129 dollars néo-zélandais (450 francs). Un bateau vient me récupérer, me décroche. Je remonte trempé vers la plate-forme où les touristes observent les bungy jumpers. Deux mamies américaines me harcèlent de questions sur les sensations que j'ai éprouvées. Elles me prennent en photo et veulent même m'offrir un autre saut !

À Frantz Josef, je pars pour une marche d'une journée sur le glacier du même nom, accompagné d'un guide de montagne et de sept randonneurs. Depuis le village de Frantz Josef, on peut déjà voir le glacier, avec des arbres-fougères ou des azalées en premier plan. Avec Fox Glacier, il s'agit en effet d'un des glaciers les plus bas du monde, puisqu'il descend jusqu'à 200 mètres seulement au-dessus du niveau de la mer.

Vingt minutes de bus, puis une heure de marche sur un immense pierrier sont nécessaires pour atteindre le pied du glacier. Le temps splendide permet d'admirer cette imposante masse de glace qui décrit un S entre les montagnes des Alpes néo-zélandaises. Il n'a pas neigé depuis quelques semaines, et la glace présente de longues traînées grises par endroits. À la base du glacier, des blocs de glace très blanche témoignent d'une récente poussée. Frantz Josef est également un des rares glaciers à avancer, c'est-à-dire que la glace progresse plus vite qu'elle ne fond, au rythme d'un mètre par jour. Ainsi, un avion qui s'était écrasé en haut du glacier en 1941, fut retrouvé en bas quatre ans plus tard.

Munis de chaussures spéciales, de vêtements étanches et d'un solide piolet, nous commençons l'ascension sur la surface glissante. Dave, notre guide, porte juste un short, un T-shirt et un chapeau australien. La première partie est relativement facile car on a installé des cordes et des échelles pour aider les randonneurs. Mais après deux heures de progression, la glace devient nue. Aux endroits les plus délicats, Dave creuse des marches de fortune avec son piolet. Nous devons assurer nos prises, bien peser sur les semelles cloutées et utiliser le piolet pour éviter de glisser et tomber dans une des nombreuses crevasses qui strient le glacier.

Pause-déjeuner. C'est incroyable comme un glacier vit. Sous l'action du soleil et de la chaleur, il se crée des rivières, des lacs aux eaux bleutées, des pitons, des crevasses. De temps en temps, un craquement sourd indique que la glace vient de se fissurer non loin de nous.

Pour progresser sur une pente raide, il faut marcher latéralement, garder son corps bien droit et utiliser la technique dite « à la française », qui consiste à passer son pied derrière l'autre, comme pour tirer sa révérence.

Le groupe se compose de deux Allemands, un Suédois, deux Anglaises et un Français. Je suis ravi de pouvoir enfin converser avec un compatriote. Âgé de trente-deux ans, Max est originaire de Tournon-d'Agenais dans le Lot-et-Garonne, et possède un accent méridional.

Je lui raconte mon tour du monde en train. « C'est toi qui es passé sur Canal Plus ! » s'exclame-t-il alors. C'est le début de la célébrité. Max m'avait vu à la télévision, alors qu'il préparait lui-même son tour du monde. Il prétend même qu'il avait rêvé qu'il me rencontrerait.

En l'espace de cinq minutes, nous sommes devenus les meilleurs amis du monde. Nous discutons, plaisantons, évoquons des histoires de voyage, nous esclaffons à nouveau. Pourtant, le parcours de Max n'a rien de drôle. À vingt-cinq ans, il était arboriculteur, gagnait bien sa vie, et avait une passion : le rugby. Malheureusement, lors d'un match un peu musclé, sa colonne vertébrale est touchée, et Max mettra plus de sept ans à récupérer de cet accident, dont quatre années passées à l'hôpital, et cinq opérations successives. Il se retrouve alors sans travail et avec quelques broches dans le dos. Mais il rassemble toutes ses forces mentales et physiques autour d'un rêve d'enfant : accomplir le tour du monde. Et le voilà parti avec un peu d'argent emprunté ici et là, mais sans aucune expérience du voyage, et sans parler la moindre langue étrangère. Après trois mois de route, il ne connaît guère plus de cent mots d'anglais et, à sa demande, je lui donne une leçon de grammaire et de vocabulaire, ce qui déclenche l'hilarité dans le groupe, qui progresse toujours sur la glace.

Je passe la soirée avec Max, à manger, discuter et rire. Même la lecture du journal nous amuse beaucoup. Les essais nucléaires français dans le Pacifique remplissent les colonnes des pages internationales voire nationales. L'ambassadeur de France à Wellington, Jacques Leblanc, s'offusque de s'être vu interdire un rendez-vous avec le chef du laboratoire de prévention anti-nucléaire, le gouvernement néo-zélandais jugeant cette rencontre déplacée. Jacques Chirac est fustigé et passe pour un mégalomane après s'être présenté comme l'héritier naturel de De Gaulle lors du vingt-cinquième anniversaire de la mort du général. Les All Blacks ont connu une troisième défaite lors de leur tournée en France, ce qui se traduit par : « Les Français ont battu six fois les Néo-Zélandais, trois fois en surface sur une pelouse de rugby, et trois fois en souterrain à Mururoa. »

VIII

DE LA GARE DE RAMSÈS II AU SOUK D'ASSOUAN

ÉGYPTE

Pour relier l'Égypte depuis la Nouvelle-Zélande, il n'y a pas de vol direct. Je dois donc transiter par l'Asie et l'Europe. Le transport aérien n'obéit pas souvent, il est vrai, à la logique géographique.

En ce 12 décembre, j'amorce la traversée de l'Afrique en train avec de nombreuses incertitudes. La plupart des voyageurs effectuant le tour du monde traversent l'Asie et l'Amérique, mais préfèrent éviter le continent africain par manque de temps ou par facilité. Je m'interroge sur la possibilité de rallier Alexandrie au Cap en trois mois par rail. L'ambassade du Soudan m'a refusé mon visa. La frontière entre Éthiopie et Kenya est livrée à des bandits de grands chemins. Les trains en Zambie déraillent souvent...

À Alexandrie, je dois vite m'initier au marchandage. Un chauffeur de taxi très entreprenant me propose un tour d'Alexandrie en six heures pour 130 livres égyptiennes. Pour m'en débarrasser, je lui réponds : « 30 », et continue mon chemin. Mais il me poursuit, et plus j'avance, plus il baisse son prix. En dix minutes, il est tombé à 40 livres égyptiennes (60 francs) pour un tour en quatre heures. Je souhaitais visiter la ville à pied, mais il fait preuve de tant d'insistance que je finis par accepter son offre. Je monte donc à bord de sa 504 break peinte en orange et noir, comme tous les taxis égyptiens. Il essaie de me revendre le tour à 50. Je fais mine de descendre de la voiture. Il conclut : « D'accord pour 40, mais tu paies l'essence à part. »

Dans le quartier de la mosquée, je découvre une Égypte traditionnelle. Des enfants traversent les voies du tramway, posées sur de vulgaires briques. Des hommes vendent des sandwiches à la viande qu'ils font cuire dans un four à roulettes tout rafistolé. Des femmes voilées se dérobent furtivement sur mon passage, me rappelant que je me trouve en terre musulmane.

Alexandrie, gare centrale. Le soleil baigne les quais d'une douce lumière. Le bâtiment a visiblement été inspiré par l'architecture ferroviaire française, de même que les butoirs, énormes pièces métalliques cloutées bleues et jaunes, séparées par d'élégantes grilles en fer forgé. Dans un coin du hall, un grand tapis permet aux musulmans de faire leur prière, après avoir ôté leurs chaussures. Un jeune mendiant en djellaba a élu domicile dans le demi-soufflet du wagon de queue d'un train.

Malgré la cohue dans le hall de gare, les guichets restent relativement déserts. Je dois pourtant m'y reprendre à quatre fois avant qu'un employé accepte de me servir. Dans un anglais très correct, le vendeur me délivre un aller simple pour Le Caire, au prix modique de 14 livres égyptiennes (21 francs). Le ticket de carton est entièrement rédigé en arabe – contrairement à la Russie et la Chine, même les chiffres diffèrent des nôtres. Quel étonnement pour moi qui avais toujours cru que nous utilisions les chiffres arabes en Europe ! En réalité, seuls le « un » et le « neuf » sont identiques, mais les autres chiffres se composent de faux amis et de signes différents.

Sur le quai du départ, je découvre une belle rame à la livrée blanche et rouge qui ressemble à l'ICE allemand. En première classe, un tapis rouge et une hôtesse attendent les clients (hommes d'affaires ou touristes aisés) qui prennent place dans des fauteuils dignes d'une *business class* en aérien. En seconde, le confort n'a rien à envier à bien des trains européens : sièges inclinables, appuie-tête en tissu, air conditionné, service mini-bar.

Le train démarre. Il s'agit d'un rapide qui relie Alexandrie au Caire en moins de deux heures et demie, sans arrêt intermédiaire. Dans le wagon bien occupé, je suis visiblement le seul Européen. Je salue deux fois mon voisin en m'asseyant. Mais il ne daigne pas me répondre et se plonge dans son journal d'un air renfrogné. Lier connaissance à bord des trains ne tombe pas toujours sous le sens, même en faisant preuve de bonne volonté. Je me rends au wagon-bar, où je sympathise rapidement avec le personnel grâce à mes deux « trucs » habituels : annoncer que je travaille pour les chemins de fer français et les filmer en leur proposant de se regarder dans le viseur du Caméscope. Osnie, le chef, porte fièrement une petite moustache grise. Parmi les cinq autres, un grand maigre nommé Mohammed et une jolie brune qui fait semblant de ne pas parler anglais. Au bout d'un moment, elle m'offre un singulier cadeau : un calendrier arabe avec la photo d'un bébé aux yeux bleus. Pris de cours, je lui tends en échange un ticket de métro parisien.

Au dehors, le paysage présente une palette de verts allant du plus tendre au plus foncé. Nous traversons le delta du Nil dont les nombreux bras favorisent l'agriculture. Vêtus de longues tuniques, des paysans poussent des charrues archaïques, tandis que des femmes en majorité voilées ramassent des légumes.

Arrivée au Caire, gare Ramsès II. Il s'agit d'un remarquable édifice de facture arabe, avec ses portes en ogive et ses lanternes en cuivre. Par les portes latérales s'engouffre une foule de banlieusards allant du cadre en costume cravate jusqu'à la femme voilée portant des plateaux sur sa tête. De nombreux taxis noir et blanc, essentiellement des 404 et 504, forment une longue file d'attente devant la gare. Dans la chaussée sont incrustées des milliers de capsules : en été, les Égyptiens consomment du Coca-Cola en abondance, puis jettent les capsules sur le bitume qui fond sous la chaleur caniculaire.

Je visite en chameau les pyramides de Gizeh, tombeaux des pharaons. Kheops, Khephren et Mykerinus impressionnent par leurs dimensions. Pourtant, je ne suis pas subjugué par ces constructions dont la couleur de grès ne se détache pas du sable environnant et qui se trouvent à quelques centaines de mètres des faubourgs populaires du Caire.

Soudain, mon chameau refuse d'avancer. Brahim, le chamelier, l'encourage de la voix, le tire par le mors, avant de lui assener quelques coups de bâton. En signe de protestation, l'animal s'assoit, puis se relève, se rassoit encore. Brahim le frappe derechef, le fait saigner, et casse même son bâton. Rien n'y fait. Plus loin, un homme l'aide en tirant le chameau par la corde. Mais à nouveau, la bête fait volte-face. Le chamelier finit par céder. De retour à l'étable, Brahim me fait monter sur un cheval, prend un âne, et nous repartons rapidement.

Cinq cents mètres plus loin, nous croisons un groupe. Brahim troque son âne contre un cheval et me fait également changer de monture. Je commence à me demander si nous finirons un jour cette promenade.

Les pyramides d'Abusir apparaissent dans une courte apparition du soleil qui troue la brume du crépuscule. Leur détérioration plus avancée que celle de Gizeh les rend plus authentiques et l'absence de touristes me fait davantage apprécier le site.

Revenu au centre du Caire, je parcours la ville nouvelle, sans charme, avec ses grandes avenues dignes d'Haussmann, ses banques et ses compagnies aériennes. Avançant en direction du quartier plus ancien de Khan el Khalili, je me retrouve vite pris dans un gigantesque chaos urbain : circulation intense, klaxons tonitruants, gaz d'échappement. Bruit, pollution et saleté constituent autant d'agressions sonores et olfactives.

Devant la mosquée Sayda-El-Husay, je m'octroie une pause et m'installe à la terrasse d'un café. Sous des arcades ocre, des chaises en bois encadrent des tables en fer forgé. En buvant le traditionnel thé à la menthe, j'observe la vie trépidante de la rue. Femmes voilées, jeunes filles aux habits colorés, marchands bedonnants, guides pour touristes, policiers, quelques Européens. Des taxis se fraient un chemin dans la foule. Dans l'un d'eux s'entasse une famille d'au moins huit enfants. Deux agents de police ont arrêté un adolescent pris en flagrant délit de vol. Ils le giflent copieusement avant de le relâcher en l'insultant.

Mon voisin, qui fume le narghilé comme beaucoup de clients égyptiens, me demande si la fumée m'incommode. Il m'explique, dans un bon anglais, qu'il habite l'Arabie saoudite et qu'il est venu visiter l'Égypte en touriste. D'après lui, les Saoudiens sont considérés comme des Américains et on essaie de lui extorquer de l'argent en permanence. À ma grande surprise, il passe la commande en anglais au serveur, avant de me préciser qu'il existe deux langues arabes : l'arabe littéraire ou académique, commun à tous les pays et utilisé dans l'administration et les affaires ; et l'arabe oral, qui diffère d'un pays à l'autre, et dont la forme écrite n'a rien d'officiel.

Je me rends à la gare Ramsès II, d'où part le train pour Louxor. En attendant l'heure du départ, je sympathise avec un couple d'Anglais. Ils me questionnent sur les motifs de la grève générale qui paralyse la France depuis trois semaines. Ils veulent connaître le fonctionnement de notre Sécurité sociale, de nos caisses de retraite, du budget de l'État. La conversation qui s'ensuit et les sujets que nous abordons en cet endroit me procurent un sentiment étrange, comme si nos propos étaient déplacés.

Le train démarre à 22 heures précises, à destination de Louxor et Assouan. Il s'agit d'une rame rouge et blanc où le numéro de la classe figure en caractères géants sur le côté de chaque porte. Toutes les inscriptions sont en arabe et en anglais, comme dans la plupart des lieux égyptiens. Les wagons-lits sont partis par le train de 21 heures, emmenant à leur bord des groupes de touristes vers Louxor pour une croisière sur le Nil. Le train de 22 heures se compose uniquement de places assises, mais jouit d'un confort équivalent à celui des wagons européens.

Près de moi, deux routardes discutent vivement avec le contrôleur. Apparemment, elles n'ont pas la bonne réservation. Le train étant plein, elles me demandent la permission de s'asseoir à mes côtés. Sarah est anglaise, Tracy canadienne, et toutes deux ont voyagé pendant plus d'un an en Asie avant de venir visiter l'Égypte. Devant nous, deux Néo-Zélandaises prennent part à la conversation. Amanda et Margaret vivent à Londres depuis quelques mois et ont décidé de profiter de leur séjour en Angleterre pour sillonner l'Europe et le Proche-Orient. Enfin, de l'autre côté du couloir, un Brésilien du nom de Rodriguo se joint à notre discussion. Dans cette « internationale des routards », la conversation porte essentiellement sur les voyages et s'éternise. Vers minuit, nous prenons notre position de nuit. Tracy s'allonge par terre en chien de fusil entre les sièges, Sarah et moi nous nous calons dans nos sièges, les pieds posés sur les accoudoirs de devant.

Au petit matin, je suis réveillé en sursaut par Sarah. Nous sommes à Louxor. À peine avons-nous posé le pied à terre qu'une nuée de rabatteurs d'hôtels viennent proposer leurs services. La concurrence semble rude et il en résulte des prix très compétitifs, trois fois moins élevés qu'au Caire, pour un confort au moins égal.

Je passe quatre jours agréables à Louxor, découvrant à vélo et à pied les sites exceptionnels qui ont fait rêver des générations d'archéologues et de touristes : temple de Louxor, nécropole de Thèbes, temple de Karnak. En guise de repas, je me contente de petites gargotes où l'on sert le shish kebab, et les kotfas, boulettes de viandes aromatisées aux herbes. Mais le dernier soir, Rodriguo et moi décidons d'emmener Sarah et Tracy dans un endroit romantique. Nous nous retrouvons dans un restaurant flottant sur le Nil. Nappes, serviettes, moquette, chandelles, serveurs en nœud papillon : ce n'est vraiment pas notre standing habituel. Le patron nous propose un menu alléchant et copieux, puis nous assomme en annonçant le prix. 70 livres égyptiennes, plus de 100 francs, c'est-à-dire très cher pour l'Égypte, et complètement en dehors de notre budget.

« Vous n'auriez pas quelque chose de moins cher ? s'étonne Rodriguo.

– Que mangez-vous habituellement ? demande le serveur.

– Du shish kebab. »

Le serveur rit et nous explique que nous nous trompons de restaurant. Nous partageons son point de vue et nous nous levons pour partir. Mais le patron arrive sur ces entrefaites. Il se fait expliquer la situation, et ne pouvant se permettre de perdre des clients en cette soirée où son restaurant est vide, il commence à baisser les prix. De 70 livres égyptiennes, il descend à 60, puis 50, 40, 30. Nous ne marchandons même pas, mais il continue de baisser ses prix.

« Combien payez-vous d'habitude ?

– 10 livres chacun. »

Le patron finit par atteindre 15 livres pour un menu bien plus appétissant qu'un shish kebab. Mais nous ne nous sentons pas à l'aise. Les filles ne demandent qu'à partir et Rodriguo se justifie :

« Ce n'est pas le problème du prix. Ici, c'est très bien, ça n'est pas cher, mais ça n'est pas pour nous.

– Mais qu'est-ce qui ne vous plaît pas dans mon restaurant ? » demande le patron d'un air incrédule.

Rodriguo, après un moment d'hésitation, lâche : « C'est trop sophistiqué ! » Devant l'embarras de Tracy et Sarah, l'air désolé de Rodriguo, et la mine déconcertée du patron, j'éclate de rire. Nous sortons du restaurant, mais mon fou rire se prolonge plus d'une heure.

Il règne vraiment une bonne ambiance dans notre groupe. Malheureusement, nos chemins vont bientôt se séparer. Sarah et Tracy ont achevé leur tour du monde et sont attendues à Londres pour Noël. Rodriguo doit prendre un vol pour Israël. Quant à moi, je descends vers Assouan, et continue ma traversée de l'Afrique en train. Échange d'adresses, embrassades, promesses de se revoir.

À la gare, le train pour Assouan a visiblement du retard. Un employé qui travaille sur une locomotive m'informe qu'il ne passera pas avant 18 heures, au lieu de 16 h 30. J'en profite pour aller jeter un œil sur le dépôt de locomotives non loin de là et engager la conversation avec des cheminots égyptiens. Apparemment ravis de discuter avec un amateur de trains, ils m'invitent à boire un thé et appellent leur chef qui se débrouille un peu mieux en anglais. Il m'explique son travail, me montre le poste d'aiguillage légué par les Anglais, où de grandes manettes colorées s'actionnent au moyen de pédales. Il m'interroge sur mon tour du monde en train, qui lui paraît inconcevable. Il me confirme que je ne pourrai pas entrer au Soudan par voie terrestre.

Les relations entre Égypte et Soudan, déjà très froides, se sont considérablement détériorées le mois dernier, quand Hosni Moubarak a été victime d'un attentat – attribué à des extrémistes soudanais – à Addis-Abeba. Puis le cheminot me questionne avec insistance sur le climat en janvier en France, avant de m'avouer la vérité. Il doit aller suivre un stage de formation de dix jours à Essen, en Allemagne, pour étudier un modèle de locomotive que les chemins de fer égyptiens viennent d'acheter. Il est terrorisé à l'idée de trouver là-bas du froid, de la glace ou de la neige, lui qui n'a jamais connu de température inférieure à 10 °C.

Le train finit par arriver. Bien plus sommaire et crasseux que celui pris au Caire, il transporte essentiellement des Égyptiens. La voie ferrée longe toute la vallée du Nil, séparant parfaitement la zone d'irrigation du désert. À droite, des champs de canne à sucre, des palmiers, des jardins verdoyants ; à gauche, des étendues de sable et de cailloux à peine agrémentées de quelques buissons épineux.

À mille lieues du Caire et de sa folie urbaine, je découvre de vraies scènes de la vie rurale. Les techniques n'ont guère évolué depuis des siècles. Les hommes plantent avec leurs mains, leurs pieds enfouis dans la boue. Des chevaux aveugles font tourner la barre en bois qui sert à extraire l'eau des puits. Des ânes, chargés de canne à sucre ou tirant de lourdes carrioles, ne semblent pas craindre la concurrence des voitures et autres tracteurs.

À bord du train, les contrôleurs passent plusieurs fois et vérifient scrupuleusement les billets, comme s'ils suspectaient quelque fraude généralisée. Dans le wagon, il n'y a guère foule. Au fond à droite, un couple d'Égyptiens assez aisés discute en riant. En face, un jeune

Japonais est plongé dans un guide anglais de conversation, l'air déterminé à tout apprendre par cœur. Près de moi, un jeune Arabe coiffé d'une casquette de base-ball, écoute son Walkman, assis à côté d'un vieillard assoupi. Intrigué par ma présence, il s'approche et engage la conversation dans un anglais très approximatif. Il s'appelle Brahim, a dix-neuf ans, et travaille comme plongeur (en cuisine !) sur un bateau de croisière. Chaque semaine, il descend le Nil d'Assouan à Louxor, puis reprend le train en sens inverse pour regagner sa base de départ. Apprenant ma nationalité, il commence à me débiter toute une série de noms de footballeurs français. Malheureusement, je ne suis pas amateur de ballon rond et, sorti de Michel Platini, je ne peux converser longtemps sur le sujet. Il faudrait peut-être que j'améliore mes connaissances en la matière, car le football semble être un excellent moyen d'entrer en contact avec bon nombre d'Africains et de Sud-Américains.

Le vieillard à côté de Brahim n'est autre que son père. Bien que je lui eusse donné facilement soixante-dix à quatre-vingts ans, il me présente sa carte d'identité qui indique son âge : quarante-sept ans seulement ! Contrairement au Vietnam, où les adultes conservent longtemps une apparence jeune, le soleil et les travaux des champs font vieillir prématurément les paysans égyptiens. Brahim me donne son adresse afin que je lui expédie, dès mon retour en France, une paire de chaussures de football (gratuitement, s'entend !).

Pour gagner les îles face à Assouan, je ne résiste pas au plaisir d'emprunter une felouque, simple barque de bois munie d'une voile raccordée de manière archaïque à un robuste mât. Le barreur est âgé, lui aussi, avec sa longue barbe blanche et son visage buriné par le soleil des étés caniculaires. Mais, en cette fin décembre, la température est douce, et je profite d'un de ces moments intemporels pour glisser en felouque sur le Nil.

Dans un café, je lie connaissance avec une jeune femme nommée Laïla. De mère suisse et de père pakistanais, elle a vécu toute sa vie près de Fribourg, mais elle rassemble en elle toutes les cultures dont elle est le croisement. À vingt-cinq ans, Laïla est incroyablement polyglotte. À la maison, ses parents parlent anglais. À l'école, on lui a enseigné l'allemand *(hoch deutsch)*, alors qu'avec ses amis elle parlait le dialecte suisse. Chaque année, elle part en vacances à Lahore et s'exprime en urdu et en anglais. En outre, elle maîtrise parfaitement le français, car elle habite un des rares cantons bilingues de Suisse. Pour couronner le tout, Laïla est de religion musulmane, comme son père, et connaît donc des rudiments d'arabe. C'est d'ailleurs pour étudier cette langue qu'elle est venue en Égypte. Après un mois de tourisme au pays des Pharaons, elle doit suivre des cours d'arabe au Caire pendant six mois. Ensuite, elle traversera la Jordanie, Israël et la Syrie, avant de rentrer en Suisse pour achever un troisième cycle de pédagogie. Elle m'explique en détails les fondements de l'islam : le Hadj, pèlerinage à La Mecque ; l'obole que les riches doivent reverser aux pauvres. Concernant la position des femmes, Laïla me confirme que rien dans le Coran n'incite à les considérer comme des êtres inférieurs. Au contraire, le patron du prophète Mahomet n'était autre qu'une femme et il l'épousa bien qu'elle fût de quinze ans son aînée.

Après m'être vu refuser mon visa soudanais à Paris, puis au Caire, je continue de vouloir franchir ce grand pays, traversé du nord au sud par des trains peu recommandables. J'envisage de prendre une excursion en minibus jusqu'à Abu Simbel, et de fausser compagnie au groupe pour rejoindre Ouadi-Halfa, à 50 kilomètres. Cette ville marque la frontière avec le Soudan, et le départ d'un train qui traverse le désert nubien jusque Khartoum. Mais, sur les 380 kilomètres qui séparent Assouan d'Abu Simbel, nous devons nous arrêter à six reprises pour franchir des barrages de militaires. L'armée a pour mission d'empêcher tout mouvement vers le Soudan. Après Abu Simbel, les soldats tirent à vue. Tant pis, je devrai me contenter de la visite du temple de Néfertiti, miraculeusement sauvé par l'Unesco de la montée des eaux du lac Nasser.

Le soir, devant des koftas accompagnés d'un thé chaud, je réfléchis au meilleur moyen de rejoindre Djibouti par la mer Rouge. Faut-il que je transite par un port soudanais ou saoudien ? Au même moment, mon regard est attiré par l'écran de télévision situé au-dessus de moi et dont je n'avais même pas remarqué la présence. Si je ne parle pas arabe, je suis capable de lire une carte de géographie et de comprendre ce que signifient des avions avec des étoiles autour. Un conflit vient d'éclater en mer Rouge, à proximité de Djibouti. Un des clients égyptiens m'apprend que l'Érythrée a déclaré la guerre au Yémen, revendiquant la souveraineté sur des îlots rocheux en mer Rouge. Ne pouvant rejoindre l'Éthiopie ou Djibouti par voie terrestre ou maritime, je vais être contraint de prendre l'avion.

IX

LE TRAIN DE TOUS LES DANGERS
DJIBOUTI – ÉTHIOPIE

Le 24 décembre, je me retrouve à Djibouti où m'accueillent Bruno et Nathalie, deux amis français que j'ai réussi à contacter en dernière minute. En cette veille de Noël, j'assiste à un spectacle étonnant. Au milieu d'une étendue désertique jonchée de déchets, une centaine de militaires écoutent le sermon d'un prêtre qui célèbre la messe de minuit, près d'un sapin de Noël et sous une chaleur persistante. Rien ne manque au décor : la crèche, les guirlandes, le champagne... et même la bûche de Noël glacée.

Pourtant, cette forte présence militaire française – stratégique à l'embouchure de la mer Rouge – masque une réalité différente. La république de Djibouti demeure un des pays les plus pauvres d'Afrique. Dans le centre-ville de Djibouti, se succèdent rues aux chaussées défoncées, immeubles décrépis, échoppes de fortunes, et tas d'immondices. La saleté est particulièrement repoussante, plus encore qu'au Caire, et l'air nauséabond. Des nuées d'enfants et de vendeurs se précipitent sur les rares voitures pour proposer mille produits et services. L'un veut *choufer* (garder) la voiture, l'autre s'emploie à nettoyer le pare-brise, le troisième vend des cartes postales. Déambulant dans les allées du marché pour réaliser quelques photos, je me heurte à l'animosité des autochtones. Au mieux, ils se détournent. Au pire, ils font mine de lancer des pierres. J'essaie donc de me faire discret, de rester en retrait et d'utiliser mon téléobjectif. Mais au bout de quelques minutes, c'est l'attroupement, les premiers signes d'hostilité. Assis sur le perron d'une mosquée, je suis même pris à partie par un religieux qui me menace : « Si tu ne t'en vas pas, les frères musulmans te frapperont. »

Pourtant, Djibouti mérite largement d'être regardée et immortalisée. Un mélange de beauté et d'horreur captive les yeux et ne peut laisser le voyageur indifférent. Le type djiboutien résulte d'un métissage entre Afrique et Arabie, ce qui donne des traits fins avec une peau noire et des corps grands et sveltes. De ce fait, les Djiboutiens, Afars ou Issas, se considèrent comme le plus beau peuple d'Afrique.

Malgré mon expérience des pays du tiers-monde, certaines visions me choquent toujours autant : cet homme sans nez qui porte un masque pour se protéger de la poussière, cette jeune femme hémiplégique qui a replié ses jambes faméliques derrière son dos pour mieux marcher sur ses moignons, cet enfant rachitique couvert de plaques purulentes.

Je rejoins la gare ferroviaire de Djibouti, afin d'obtenir les horaires et mon billet pour Addis-Abeba. Sur la place de la gare, des gens assis attendent on ne sait quel train ou quelle possibilité de gagner de l'argent. Le bâtiment de style colonial aux lourdes grilles noires ressemble davantage à une prison qu'à une gare. Une enseigne vieillotte indique chemins de fer djiboutiens.

Affalés sur des chaises, des policiers montent la garde devant les grilles au travers desquelles passent quelques chèvres. Les guichets sont fermés et je dois insister pour voir un employé de la gare. Une affiche officielle annonce un départ à 4 h 32 et une arrivée à 13 h 41, mais d'après cet employé, le train quitte généralement Djibouti vers 6 ou 7 heures et arrive à Dire Dawa vers 18 ou 19 heures, si tout va bien. Quant aux jours de circulation, il n'en est plus tout à fait sûr (bien que ce soit l'unique train en circulation à Djibouti), mais croit qu'il s'agit des mercredis, vendredis et dimanches. Il faut réserver le billet dix jours à l'avance, venir payer la veille, et arriver le jour même, trois heures avant le départ pour s'assurer d'une place.

Désireux de vérifier ces informations, je demande à rencontrer le chef de gare. On me conduit dans un bureau miteux où les employés mangent à même le sol. Le chef de gare ne peut rien pour moi et m'oriente vers l'inspecteur du trafic, qui doit revenir dans une ou deux heures. En attendant l'inspecteur, j'en profite pour me promener dans la gare. Les bureaux portent des enseignes en français évocatrices de passé colonial : « sous-chef de gare », « bureau des plis ».

Sur les voies jonchées d'ordures, des chèvres passent et repassent en contournant des wagons-citernes abandonnés. Un train semble sur le point de partir, et sa locomotive tourne déjà. Il s'agit d'un convoi de marchandises pour Ali Sabieh, mais un wagon assez rudimentaire est réservé aux voyageurs qui s'entassent sur des banquettes en bois.

Je pars saluer le conducteur du train avant le départ. Comme la plupart des Djiboutiens, il mâchonne des feuilles de *qat*. L'homme attend les papiers relatifs aux marchandises, ce qui retarde notre départ de deux ou trois heures. Je lui pose une question simple :

« C'est un train de voyageurs ou de marchandises ?

– Non, répond-il avec assurance, c'est un train de marchandises.

– Et, il n'y a pas quelques voyageurs sur le train ?

– Si, réplique-t-il avec le même aplomb, c'est un train voyageurs-marchandises ! »

Je rencontre enfin l'inspecteur du trafic. M. Haid, âgé d'une soixantaine d'années, porte un appareil auditif et parle parfaitement le français. Il se rappelle l'époque où les Français administraient le chemin de fer et se souvient même de son stage de formation à la gare Saint-Lazare à Paris. Intéressé par mon projet, il m'autorise à réaliser un reportage sur la gare et le train et m'offre un billet gratuit en première. Mais comme il souhaite que ce billet me soit remis en mains propres par le directeur des chemins de fer, il me propose de revenir le lendemain à 7 heures. À l'heure dite, je me présente à la gare. M. Haid déclare que son directeur va arriver. Il appelle la femme de ce dernier qui confirme qu'il est en route vers la gare.

Une demi-heure plus tard, changement de programme. Le directeur a soi-disant été appelé d'urgence par le ministre des Transports. M. Haid promet qu'on me remettra le billet gratuit le lendemain avant le départ du train.

Je quitte la gare avec quelques doutes. Au petit matin, Bruno et sa famille m'y raccompagnent. Deux policiers de faction me barrent l'entrée. Je leur fais part de ma recommandation par M. Haid, mais les deux hommes ne veulent rien savoir. Furieux de m'être fait duper par M. Haid, j'exige bruyamment de parler au chef de gare. Devant mon insistance, un employé de la gare arrive à la rescousse. Il s'adresse en somali aux policiers, et ceux-ci me laissent enfin entrer. Comme je réclame mon billet gratuit, l'employé me répond qu'il n'en est pas question. D'après lui, M. Haid lui a seulement ordonné de me faciliter l'accès au train. Excédé, je finis par acheter le billet, dont le prix est augmenté d'une amende à la tête du client.

Je m'installe dans le wagon de première classe, à peine plus confortable que la seconde, mais tout de même moins rempli. Sur le quai, quatre policiers escortent deux jeunes hommes jusqu'au train. Comme ceux-ci refusent de monter, ils commencent à les rouer de coups de matraque, au risque de leur casser des os. Finalement, ils les reconduisent au poste de police en les traînant par terre.

Pour une fois, je prends des précautions, car on a signalé de nombreux vols, et même des attaques à main armée, à bord de ce train. J'attache donc mon sac à dos au porte-bagages au moyen d'une chaîne et d'un cadenas à chiffres, je glisse mes dollars en espèces au fond de mon slip et passe une main dans la boucle de mon petit sac à dos (contenant mes objets de valeur) pour mieux le surveiller.

Le train pour Dire Dawa est un autorail racheté à la SNCF, d'après les inscriptions encore lisibles. Il a dû connaître ses heures de gloire en France dans les années 50. Mais à Djibouti, soumis à rude épreuve et privé de maintenance et de rénovation, l'autorail fait pâle figure: sièges éventrés, vitres cassées, tablettes et accoudoirs arrachés, toilettes hors d'état, sol troué par endroits. La seule modification locale a consisté à équiper les fenêtres de barreaux de fer, pour empêcher les voyageurs d'y monter, ou pour se protéger des attaques de bandits...

Un coup de sifflet strident retentit. Le train s'ébranle doucement et quitte enfin la gare avec près de deux heures de retard. Un Djiboutien m'adresse la parole dans un français très approximatif. Joseph travaille comme serveur dans une boîte de nuit. Il accompagne sa femme jusqu'à Ali Sabieh, avant de rejoindre Djibouti où il doit travailler cette nuit. Son épouse Hafid va passer trois mois de convalescence chez ses parents en Éthiopie. Hafid est en effet atteinte d'une maladie de peau qui progresse depuis deux ans. Joseph me montre les lésions sur sa femme: des plaques sur presque tout le corps et des plaies purulentes sur le bras gauche qu'elle couvre d'un simple chiffon. Il m'explique que la maladie est très contagieuse en me désignant les boutons apparus récemment sur ses enfants. Joseph revient sur l'incident à la gare. Il s'agissait de deux réfugiés éthiopiens que la police renvoyait dans leur pays d'origine. Ils auraient soudoyé grassement les policiers qui les forçaient pourtant à monter dans le train.

Le paysage se compose de montagnes arides et de plaines désertiques où broutent quelques chèvres et dromadaires. Le train ralentit souvent lorsque la voie est en mauvais état et penche dangereusement en passant certains viaducs. À Ali Sabieh, Joseph prend sa fille aînée et laisse son fils cadet et le nouveau-né à sa femme. Leurs adieux sont émouvants car la petite ne veut pas quitter sa mère. Au même moment, des hommes montent de grosses caisses au contenu mystérieux. Un autre passager s'adresse ensuite à Hafid, qu'il ne semble pourtant pas connaître, lui prend son bébé et descend sur le quai avec l'enfant. Peu de temps après, la police et la douane montent vérifier les passeports et les bagages. Ils ne portent pas d'uniforme et leur mine patibulaire ne m'inspire pas confiance.

L'un d'entre eux me demande si je possède des dollars. J'hésite à laisser mon sac à dos, mais il ne me donne pas le choix, et me pousse vers un baraquement où il me confie à un homme plus âgé, mais également sans uniforme. Par méfiance, je ne déclare que les 70 dollars présents dans ma banane, omettant de mentionner sur le formulaire ceux que je porte dans mon slip. Après m'avoir fait signer la déclaration, il me demande si je n'ai rien caché, et annonce qu'il va procéder à une fouille corporelle. Je craque alors, et lui déclare les 700 dollars cachés sur moi, expliquant que je les avais dissimulés par crainte des voleurs. L'air outré, il me fait comprendre que j'ai signé un faux et exige la confiscation des 700 dollars. Je fais mes excuses, en soulignant que je n'ai aucun intérêt à cacher de l'argent si ce n'est pour me protéger des vols. J'ajoute que je serai sans un sou s'il me garde mes dollars. L'homme prend alors un air de grand prince et consent à me rendre mon argent en échange d'un « petit cadeau ». Nous discutons longuement le montant du bakchich avant de tomber d'accord sur dix dollars. Il saisit le billet et me déclare en souriant : « Bienvenue en Éthiopie »...

Tout penaud, je réintègre le train en me disant que j'aurais pu être retenu ou dépossédé d'un plus gros montant. Revenu à ma place, je retrouve le voyageur qui avait pris le bébé de Hafid et Joseph. Il s'appelle Osman et m'explique qu'il a eu recours à ce subterfuge pour éviter la police éthiopienne, faute de visa. Osman travaille dans une entreprise de bâtiment à Djibouti et part en vacances en Éthiopie pour voir sa famille.

La gare frontière présente un visage sinistre en cet après-midi ensoleillé : des rails tordus, des wagons couchés, des maisons miteuses, des tas d'ordures, et des bâtiments grillagés où croupissent des dizaines de femmes et leurs enfants. Osman m'explique qu'elles purgent une peine de prison pour contrebande.

Le train redémarre enfin sous une chaleur étouffante. Des nuées de mouches tournoient autour des voyageurs. Le fils d'Hafid pisse à même le sol et l'urine se fraie un chemin dans la poussière qui recouvre le plancher du wagon. En l'absence de toilettes, les voyageurs n'ont d'ailleurs guère le choix : il faut se cacher derrière un talus en gare au risque de rater le redémarrage du train, ou trouver un recoin à bord des wagons, ce qui explique l'odeur fétide des lieux.

Nous atteignons bientôt la zone où sévissent les pilleurs de train et je me cramponne à mon sac, sur les conseils d'Osman. Les heures passent, la chaleur pèse, le paysage désertique ne change guère et je finis par m'endormir, au moment où je devrais redoubler de vigilance.

Je me suis réveillé en sursaut par les secousses du train. Ballotté de gauche à droite, d'avant en arrière et de haut en bas, je ne sais dire si je me trouve dans un voilier qui gîte ou dans un avion en zone de turbulences.

Après douze heures de voyage, nous arrivons enfin à Dire Dawa, avec six heures de retard. Sur le quai, c'est une véritable bousculade, car des policiers filtrent les voyageurs à la sortie des wagons. Seul Blanc à bord du train, je bénéficie d'un traitement de faveur et me dirige vers l'extérieur, entraînant dans mon sillage Osman, Hafid et ses deux enfants.

À l'hôtel Makonnen, trois Éthiopiens m'invitent à partager leur repas, une sorte de hachis pimenté roulé dans une grande galette. Zenebe, Musfin et Groub sont venus en pèlerinage à Dire Dawa pour participer à une fête orthodoxe. En Éthiopie, la religion dominante est le catholicisme orthodoxe, apporté par des missionnaires grecs vers le Ve siècle. Leur langue, l'amharique, utilise un alphabet unique au monde, composé de signes dérivés du vieux phénicien. Pour couronner le tout, ils suivent le calendrier julien, hérité de l'Égypte ancienne, et un système horaire différent. Au Caire (même fuseau horaire qu'Addis-Abeba), il est 8 heures ; mais pour eux, il n'est que 2 heures. De quoi dérouter un touriste arrivant pour la première fois en Éthiopie !

Je traverse Dire Dawa, ville construite par les Français au début du XXe siècle, qui constituait le terminus du chemin de fer djiboutien.

À ma surprise, l'Éthiopie me paraît moins pauvre que je l'imaginais. La population s'habille à l'occidentale, semble manger à sa faim ; les routes sont carrossables et les façades des magasins plus engageantes qu'à Djibouti. De vieilles 404 Peugeot transformées en taxis bleu et blanc sillonnent la ville.

À la gare routière, je prend un minibus pour Harar, une ville située à 50 kilomètres, sur un plateau plus arrosé où l'on cultive le blé et la canne à sucre. Près des villages constitués de simples cases de torchis, broutent des chèvres, des dromadaires et des zébus. Sur le bord de la route, de nombreux tanks et camions militaires accidentés témoignent des multiples guérillas qui déchirent ce pays grand comme deux fois la France.

Harar est entourée d'une grande muraille couverte de bougainvillées roses et de jacarandas violets. À l'intérieur de la cité, les couleurs dominent encore avec les maisons peintes en orange, vert ou bleu vif.

Devant une grande église, plusieurs femmes tiennent stoïquement une grande canne à sucre dans leur main, comme pour démarrer une procession. À travers un dédale de ruelles étroites et tortueuses, j'atteins un quartier où de grandes maisons aux balcons de bois ont été construites par des Indiens. L'une d'entre elles fut la demeure de Hailé Sélassié, dernier empereur d'Éthiopie. Son père, gouverneur général de Harar, entretenait d'excellentes relations avec un de ses voisins, Arthur Rimbaud. Le poète français a en effet vécu huit ans à Harar, où il fut notamment trafiquant d'armes.

Il m'a fallu de la patience pour connaître l'heure de départ du train pour Addis-Abeba. Les uns me disaient 5 heures, les autres 6 heures, d'autres encore 12 heures. Si le calcul éthiopien de l'heure est déjà déroutant, certains ajoutent à la confusion en recourant à l'heure universelle lorsqu'ils partent avec des étrangers ! Finalement, le départ est prévu à midi, et je fais la queue au guichet pour acheter mon billet. Sur la place de la gare, des policiers gardent une centaine de sacs et de cartons disposés régulièrement sur un damier marqué au sol. L'un des agents m'explique que les voyageurs du train arrivent à l'avance, déposent leurs sacs dans l'ordre d'arrivée, puis vont se promener ou faire des courses en attendant le départ du train. Un système éthiopien de réservation sommaire mais efficace ! En première classe, les sièges sont déjà tous occupés. Un homme consent à prendre son fils sur ses genoux pour me laisser une place. Il porte un T-shirt américain, une visière de base-ball et écoute de la musique pop sur sa radiocassette.

Le train est également un autorail SNCF, bien plus vieux et abîmé que celui de Djibouti. Quatre militaires armés de fusils à répétition sont postés près des portes, afin d'assurer notre protection. Mon voisin m'explique que l'armée escorte systématiquement le train pour prévenir des attaques des bandits et des guérilleros. Le train démarre, avec moins d'une heure de retard. Nous passons près d'un dépôt où stationnent quelques locomotives et plusieurs wagons éventrés.

Le train traverse des étendues arides, puis gagne progressivement de l'altitude. Le paysage se transforme alors en savane. Nous nous arrêtons dans le moindre village et des femmes se précipitent pour vendre des bananes, des oranges ou de l'eau. Quand le train redémarre, les enfants le poursuivent le long des rails. Les plus hardis s'accrochent aux portières pendant un moment, avant de sauter sur le bas-côté. Le jeu consiste apparemment à se jeter du train le plus tard possible.

Tous les wagons sont maintenant bondés, de la première à la troisième classe. Désormais, les passagers se hissent sur le toit, s'accrochent aux marchepieds et stationnent même sur les crochets entre les wagons. Ayant obtenu l'autorisation du mécanicien, je vais le rejoindre quelques moments dans la motrice. L'un des deux conducteurs parle quelques mots d'anglais, l'autre baragouine un peu le français. Mais tous deux ne sont guère loquaces et passent leur temps à mâchonner du *tchat* (équivalent du qat, la drogue locale) qui les met dans un état second. Malgré un solide grillage de protection, le pare-brise est cassé en plusieurs endroits. La voie ferrée nécessiterait de sérieux travaux de maintenance. Une faible couche de ballast, des traverses en fer à moitié enfouies dans le sable, des rails dilatés par le soleil qui ondulent dangereusement. La voie est sans cesse obstruée par des troupeaux de chèvres ou des enfants qui jouent. Le conducteur doit souvent freiner et actionne inlassablement son sifflet pour faire fuir les animaux. Par moments, des dromadaires courent le long de la voie et frôlent la locomotive.

Dans ces régions isolées, les hommes portent presque tous un fusil en bandoulière comme s'ils participaient à quelque obscure guérilla. À la nuit tombante, nous entrons dans la gare de Moullon. Les vendeurs se pressent sous les fenêtres pour présenter leurs produits.

Soudain un coup de feu retentit à l'arrière du train, provoquant la panique de tous les voyageurs. Les soldats, eux, courent vers l'endroit d'où semblait provenir la détonation. Au bout de cinq minutes, tout est rentré dans l'ordre et personne ne peut m'expliquer la raison de ce tir.

Des hommes circulent dans le wagon et veulent que je dissimule des paquets de tchat contre de l'argent. Évidemment, je refuse. Peu après, d'autres hommes de la douane volante passent pour fouiller tous les bagages. Obtenir des informations de mes voisins se révèle difficile, soit parce qu'ils ne parlent pas bien l'anglais, soit parce qu'ils optent pour la discrétion. Mais les douaniers savent ce qu'ils cherchent et ils finissent par saisir des vêtements de contrebande, importés d'Asie via la Somalie. En revanche, ils ne s'intéressent guère au tchat que les contrebandiers ont caché sous les sièges.

Le train redémarre enfin, mais il marque de longs arrêts inexpliqués. Derrière moi, un homme s'est installé, tenant un coq entre ses jambes. Plusieurs voyageurs se sont endormis, certains n'hésitant pas à se coucher à même le sol, pourtant jonché de détritus. Nous sommes immobilisés depuis plus d'une heure, mais la motrice fonctionne toujours au ralenti. Ce ronronnement sourd finit par m'endormir. Je suis réveillé par la locomotive qui vient de couper son moteur. Le ronflement cesse, la lumière s'éteint dans le wagon. Apparemment, le train n'a pas bougé d'un centimètre depuis plus de trois heures.

Une jeune fille qui parle anglais, Seraït, m'informe que la locomotive est en panne, et que nous attendons un réparateur d'Addis-Abeba. Dans le silence et la moiteur de la nuit, mes pensées vagabondent. Quel concours de circonstances a pu me conduire ici, au milieu de nulle part ? En France, tout le monde doit fêter la nouvelle année dans l'euphorie générale. Les touristes sensés réveillonnent sûrement à la terrasse d'un hôtel de luxe sur les bords de l'océan Indien. Et moi, proie facile pour les bandits, je suis le seul Blanc dans ce wagon enfumé, immobilisé en plein désert éthiopien. J'ignore comment relier le Kenya depuis l'Éthiopie. Aucun guide ne mentionne ce parcours. Le cap de Bonne-Espérance, lui, est encore loin.

À mon réveil, je souhaite une bonne année 1996 à Seraït. Elle me remercie, mais me fait remarquer que nous sommes le 21 mars 1988... selon le calendrier éthiopien.

À l'aube, le train se décide enfin à redémarrer, avec plus de onze heures de retard sur l'horaire théorique. En peu de temps, nous atteignons Aouache, ville importante où stationnent de nombreux wagons-citernes, ainsi qu'un train mixte fret-voyageurs escorté par l'armée. En revanche, nos soldats de garde descendent ici. Sans doute avons-nous quitté la zone dangereuse.

Arrêt à Nazareth, dont le nom témoigne de la ferveur chrétienne de ce pays africain. J'achète quelques cacahouètes et une bouteille d'eau fraîche, car, depuis hier, je n'ai avalé qu'un Coca-Cola chaud. Addis-Abeba n'est plus qu'à quelques heures. Difficile d'être plus précis. Au moment où nous franchissons un viaduc, le train s'arrête. Tous les voyageurs mettent bientôt le nez à la fenêtre. Le train fait marche arrière sur 500 mètres et stoppe à nouveau. Kemahu m'explique qu'un passager endormi est tombé du toit. Il semble s'être cassé la jambe dans sa chute. Deux hommes le hissent rudement à bord du train qui repart aussitôt. Nous atteignons enfin les premiers faubourgs d'Addis-Abeba, qui contrastent avec les villes précédemment traversées : routes bitumées, voitures récentes, publicités, usines.

La capitale de l'Éthiopie, « Nouvelle Fleur » en amharique, se situe à 2 400 mètres d'altitude et jouit d'un climat très doux. La ville hésite entre une architecture occidentale, notamment le long des grandes avenues du centre, et un enracinement dans l'Afrique du tiers-monde avec ses cireurs de chaussures, ses mendiants et sa circulation désordonnée.

La cathédrale Georgis, principale église d'Éthiopie, domine la ville de sa masse imposante. Elle est fermée pour rénovation, mais les fidèles peuvent prier à l'extérieur, en écoutant le sermon d'un prêtre retransmis par haut-parleurs.

Je ne m'attarde pas à Addis-Abeba et décide d'entamer le voyage long et hasardeux qui doit m'emmener vers le sud de l'Éthiopie et le Kenya. Il n'existe aucun bus direct pour Moyale, à la frontière. À la gare routière, on me conseille de me rendre d'abord à Shashamene. Sorti de la capitale, le bitume devient de plus en plus défoncé. La route est encombrée de chèvres, zébus, d'enfants qui jouent, de paysans qui conduisent leur carriole. En revanche, la circulation automobile est plutôt faible : quelques bus, de rares camions et des 4 × 4 neufs, généralement conduits par des Blancs, appartenant à des organisations internationales ou humanitaires.

L'Éthiopie centrale se présente comme un grand plateau encadré de chaînes de volcans. Le climat et la terre permettent une culture intensive, ce qui explique le nombre important de villages, pour la plupart constitués de simples maisons de bambou. Des arbres et des termitières poussent au milieu des champs, mais ne perturbent guère une agriculture encore épargnée par la mécanisation. Des cactus bordent également la route, certains atteignant cinq mètres de haut avec un tronc large comme celui d'un platane. Les villageois entourent même leurs maisons de ces cactus géants, qui constituent une clôture naturelle.

Nous atteignons Shashamene à la tombée de la nuit. Rues en terre battue, absence d'éclairage public, magasins et restaurants miteux, ambiance glauque. Malgré l'obscurité, des enfants me repèrent et me harcèlent de « *you, you, money, money* » (toi, toi, argent, argent). Je visite les quatre hôtels de la ville, tous plus sales et plus repoussants les uns que les autres. Personne ne parle anglais et aucun hôtel n'a d'eau courante. Mais je n'ai pas la possibilité d'aller plus loin, car la route est investie par les bandits la nuit.

À quelques heures en bus de Shashamene, Awasa m'apparaît comme un véritable éden. Certes, à l'hôtel, il n'y a pas d'eau chaude, la piscine est vide, le fax n'a plus de papier, le restaurant est fermé. Mais qu'importe, la température est délicieusement douce, le soleil brille, et le jardin est embelli de jacarandas violets, de bougainvillées rouges et autres massifs de fleurs jaunes. De grandes cigognes ont nidifié au sommet des arbres et on entend partout des piaillements d'oiseaux.

Après avoir marché quatre kilomètres, je trouve enfin la gare routière et saute dans le premier minibus en partance pour Dila. Mais, au bout d'une heure, je me rends compte que j'ai dû mal comprendre le chauffeur, à moins que ce dernier ne m'ait menti. Au lieu de gagner Dila, il me dépose dans un village à l'écart de la route appelé Idjera. De là, il me faut reprendre un minibus pour Coutcho, puis un autre encore pour Dila. Je contiens ma colère et transfère mes sacs de bus en bus, constituant toujours l'attraction dans ces villages où ne s'aventurent guère de Blancs.

Il m'aura fallu finalement six heures pour couvrir les 40 kilomètres d'Awasa à Dila. La ville n'a rien d'engageant avec ses maisons basses, ses rues en terre battue, sa chaussée saturée d'enfants et de vendeurs, la musique tonitruante sortant des bars environnants.

Malgré un réveil matinal, j'ai la mauvaise surprise de ne pas trouver de bus pour Moyale à la gare routière. Il est parti à 4 heures, quoique plusieurs personnes m'aient assuré qu'il démarrait à 6 heures.

Toutefois, un chauffeur de minibus m'affirme que je peux parvenir à Moyale ce soir. Il me suffit de prendre son minibus jusqu'à Yabelo, un deuxième pour Mega, puis un troisième pour Moyale. Je commence à me lasser de ce voyage en sauts de puce où j'ignore chaque fois ma prochaine étape, et où j'ai le net sentiment de me faire berner en permanence.

Heureusement, je finis par rencontrer une femme en route pour Moyale et qui parle anglais correctement. Tenayne (on prononce « Tinailleni ») a une trentaine d'années. Elle habite Moyale et s'est rendue quelques jours à Addis-Abeba pour voir une amie. De religion musulmane, elle a deux enfants, dont la plus grande fréquente l'école coranique. Las ! le bus tombe en panne dans un village perdu, Agaramaria. Nous nous asseyons pour boire un thé dans une gargote au bord de la route. Le visage de Tenayne rayonne de beauté et de joie de vivre. D'ailleurs, elle adore parler et rire. Quel contraste avec les musulmanes d'Égypte ! Un attroupement se forme bientôt autour de nous, pour écouter les histoires de Tenayne, mais aussi pour voir le « Blanc qui a échoué à Agaramaria ». Trois heures plus tard, le bus n'est toujours pas réparé, et nous ne disposons pas du moindre véhicule pour poursuivre notre chemin.

Tenayne m'explique que nous devrons sans doute nous arrêter pour passer la nuit à Yabelo, la prochaine localité, d'où nous reprendrons un bus pour Moyale. Yabelo est un village minuscule, dont les deux rues principales se coupent à angle droit. Dans l'unique « hôtel » du village, il n'y a pas d'eau, pas de lumière, pas de verrou aux portes, mais une colonie de cafards. Quant aux toilettes, mieux vaut éviter le sujet comme l'endroit.

Le lendemain matin, dans le bus, je me retrouve entouré de deux charmantes Éthiopiennes : Tenayne et Shamsia, une femme d'affaires fort diserte, qui parle avec les mains comme une Italienne. Comme Tenayne, elle semble connaître tout le monde et engage facilement la conversation. L'islam à l'éthiopienne est plus souple qu'en Égypte ou en Arabie saoudite, en particulier pour les femmes.

Arrivée à Moyale, au terme d'un pénible voyage de cinq jours sur les mauvaises pistes du sud de l'Éthiopie. À l'entrée de la ville, de nombreux baraquements et tentes abritent des réfugiés somalis. Dans le car, il y a aussi trois réfugiés soudanais, reconnaissables aux grandes cicatrices qui leur barrent le front et les joues. Tenayne leur adresse la parole en amharique, en anglais, puis en swahili, mais ils ne répondent pas. Peu avant d'arriver à la gare routière, nous subissons un ultime contrôle. Cette fois, les policiers font descendre tous les passagers du bus et fouillent minutieusement mon sac. Mais ils ne trouveront que deux coqs situés à l'avant du car !

À Moyale, Tenayne m'invite chez elle, où toute sa famille l'embrasse à l'éthiopienne (de grandes accolades sans se toucher le visage) avant de l'interroger sur son voyage. On lui amène son bébé de dix-huit mois qu'elle retrouve avec grand plaisir. Tenayne donne ses ordres à la volée : une bassine pour se rincer les mains, quelqu'un pour s'occuper du nourrisson, du thé et du miel pour déjeuner.

Elle me raconte alors son histoire, à la fois longue et passionnante. Enfant, elle était excellente élève à l'école. À la mort de son père, elle n'a que onze ans. Elle doit aussitôt travailler pour subvenir aux besoins de ses six petits frères et sœurs. Elle fait les marchés, puis convoie des marchandises en bus pour Addis-Abeba. À dix-neuf ans, Tenayne décide de se marier avec un conducteur de camion, ensemble ils auront une fille. Mais son mari la bat régulièrement et la séquestre toute la journée. Après une attaque au couteau, elle décide de divorcer. Les lois éthiopiennes ne favorisant guère les femmes, Tenayne est contrainte de verser à son mari 1 000 birrs. Comme elle ne possède pas cette somme, elle doit purger une peine de deux mois de prison. Son ex-mari ayant juré de la tuer, elle cache sa fille avant de s'enfuir à Moyale, à la frontière kenyane. Prise pour une émigrée clandestine par la police, elle est arrêtée et jetée en prison pour deux semaines. Un policier tente d'abuser d'elle en lui promettant de la libérer. Mais la jeune femme refuse et finit par sortir. Au bout d'un an, elle rencontre son second mari, Hassan, qui lui accorde davantage de liberté mais l'oblige à se convertir à l'islam. Elle retrouve sa fille Shamza, que Hassan accepte sans problème. Six ans plus tard, elle lui donne un garçon, Hussein. Malheureusement, l'enfant est atteint de graves problèmes cérébraux et ses jours sont en danger.

Tenayne me prépare le café traditionnel. Deux de ses voisins se mêlent à notre conversation. Bien que l'un d'eux soit chrétien, tous s'entendent à merveille, dans ce pays où la coexistence de l'islam et du catholicisme orthodoxe est tout à fait pacifique. Ils veulent connaître mon opinion sur l'Éthiopie. Je leur signifie mon admiration pour un pays africain qui n'a jamais été colonisé – excepté les occupations italiennes de 1885 à 1896 et de 1935 à 1941 – et a toujours su garder son identité. Mais Habtu ne partage pas mon avis. Il déclare que si l'Éthiopie avait été colonisée comme le Kenya, elle ne serait pas aussi sous-développée aujourd'hui. Je n'aurais pas imaginé qu'un Africain puisse faire l'apologie du colonialisme de cette manière. Habtu m'accompagne pour passer la douane. Il connaît la plupart des employés, les formalités ne durent pas plus de cinq minutes et on ne me réclame aucun bakchich.

X

OÙ CERTAINS PARCOURS EN CAMION FONT APPRÉCIER LE TRAIN

KENYA – TANZANIE

En arrivant au Kenya, je pensais trouver un pays à l'infrastructure routière développée, car sillonnée par des cars de touristes en quête de safaris. Ceci s'applique peut-être au sud du pays. Le nord, lui, est traversé par une mauvaise piste qui couvre les 800 kilomètres entre Moyale et Nairobi. Faute de transports en commun, il me faut trouver une place sur un des rares camions qui ravitaillent Moyale et repartent à vide.

En ce 7 janvier 1996, il y a trois camions, mais les places assises en cabine sont réservées depuis longtemps, soit par des amis du chauffeur, soit par des gens qui paient le prix fort. Il ne me reste qu'à monter à l'arrière. Quel spectacle de voir tous ces bagages et sacs qu'on hisse, ces enfants que l'on se passe de main en main, ces femmes qui effectuent des acrobaties avec leur robe pour monter dans la benne ! La remorque du camion reste vide, car elle risque de se retourner pendant le voyage. Pas moins de soixante-dix personnes s'installent donc derrière la cabine. Les femmes, les enfants et les personnes âgées ont priorité pour s'asseoir par terre. Les hommes d'âge mûr, eux, s'accrochent sur le pourtour, debout ou assis, se tenant aux barres qui soutiennent normalement la bâche. Le camion démarre. Les enfants pleurent, les femmes doivent donner le sein aux plus petits pour les calmer. Les passagers ont du mal à se tenir face aux soubresauts provoqués par les ornières de la piste.

Les trois camions doivent rouler en convoi, avec, sur chacun d'eux, quelques militaires qui surveillent les parages, fusil à la main, prêts à tirer. Un des employés du camion, John, m'explique que les abords de la frontière éthiopienne sont régulièrement le théâtre d'attaques à main armée. La dernière fois, il y a six semaines, les bandits ont dévalisé les passagers, puis ont violé les jeunes femmes dans les buissons, avant de laisser repartir le convoi.

À bord, l'ambiance est à la résignation. La promiscuité et les intempéries rendent le voyage très pénible, mais chacun s'organise. Pêle-mêle, les femmes allaitent leur bébé, les vieux s'endorment dans des positions surprenantes, d'autres se couvrent entièrement d'un voile ou d'un linge pour ne pas respirer la poussière. Vautrés au beau milieu des bagages et des cartons, des voyageurs ne savent plus où s'asseoir. Soudain, une femme constate que le sac qu'elle transportait s'est crevé et que de la farine s'en échappe. Une fine poudre blanche vient donc se mêler à la poussière rouge qui recouvre déjà tous les visages.

Arrêt à Sololo, un village d'une cinquantaine de maisons. Je descends enfin dans la benne où je peux me tenir debout, un pied sur un pneu et l'autre sur un sac de grains. Les soldats ont relâché leur surveillance. Je m'adresse à John :

« Il y a moins de bandits ici ?

– Non, mais on les voit venir de plus loin. »

Effectivement, la végétation se raréfie, cédant la place à une vaste plaine couverte de pierres noires d'origine volcanique.

En grimpant dans la benne après un arrêt « sanitaire », je me heurte violemment un genou contre une barre métallique, ce qui me met à moitié K.O. Je m'assois alors sur un sac, avant de réaliser que ma montre vient de tomber dans le choc. Meurtri à la rotule, coincé entre un petit vieux qui *tchatte* (se drogue) et trois jeunes filles voilées qui ne décrochent pas un sourire, un pied coincé sous une valise et l'autre en équilibre sur le bord d'un pneu, couvert de poussière et rageant d'avoir perdu ma montre, je parviens miraculeusement à m'endormir.

La végétation se fait plus dense, formant une savane propice au gibier. Le voyage infernal prend alors des allures de safari. Nous croisons quelques antilopes, des singes, des chameaux et même des girafes qui broutent au bord de la route. Les heures passent sur cette route interminable où le moindre arrêt devient providentiel. Les « arrêts toilettes », où tous les voyageurs se dispersent à la recherche d'un tronc d'arbre ou d'un talus. Les « arrêts police », où les fonctionnaires zélés vérifient sans relâche passeports et marchandises. Les « arrêts repas » dans les rares villages qui jalonnent la route. Et pour finir, les arrêts imprévus. Régulièrement, des passants sur le bord de la route font signe au camion de s'arrêter. Mais le chauffeur les ignore. Ainsi laisse-t-il sur le bas-côté deux guerriers masai vêtus d'un simple pagne et d'un collier de dents. Mais l'un d'entre eux se met à courir pieds nus sur ce chemin caillouteux et réussit à se maintenir à la hauteur du camion, lançant de grands sourires au chauffeur. Celui-ci finit par s'apitoyer et embarque les deux guerriers armés de leur lance pour tout bagage.

Plus tard, un homme martèle à la fenêtre de la cabine du camion pour demander un arrêt. Le chauffeur actionne le frein. En même temps, je vois l'homme en question sauter du camion et rouler dans le ravin, comme si le véhicule allait exploser. Mais notre homme n'a rien d'un James Bond et il s'est brisé quelques os dans la chute. Il affirme qu'il doit rentrer chez lui, sans fournir d'explication. Malgré son état, il prend le premier camion en sens inverse et disparaît sans plus de formalités.

Du mont Kenya, je ne distingue que le sommet enneigé éclairé par la lune. Quant au passage de l'équateur, je l'effectue bien emmitouflé dans ma laine polaire car les nuits sont fraîches à 2 000 mètres d'altitude.

Nairobi a l'apparence d'une cité moderne, bien organisée et plutôt prospère. En me promenant dans les rues de la ville, je repère de nombreuses traces du passage des Britanniques : des boîtes à lettres rouges en forme de borne, des vieilles cabines téléphoniques de même couleur qui supportent mal le poids des ans, des taxis londoniens noirs, des plaques de rues, des immeubles Art Déco. Sans oublier que, au Kenya, on roule à gauche, on boit du thé et que l'anglais est la langue officielle au même titre que le swahili.

Je profite de ma présence à Nairobi pour aller admirer les célèbres flamants roses du lac Nakuru, le temps d'un safari. J'aperçois d'abord des phacochères. Cette espèce de sanglier muni de petites cornes a été rendue populaire par le dessin animé *Le Roi Lion*. D'ailleurs, la devise du film, « Akuna matata », qui vient du swahili, signifie « pas de problème ». Une dizaine d'antilopes détalent à l'approche du minibus. En revanche, deux gros buffles allongés sous un arbre n'interrompent pas leur sieste au passage du véhicule. Plus loin, je croise une colonie de babouins qui sautent de branche en branche et font mine de nous menacer. Les bébés ont une bouille sympathique, mais les adultes ne sont guère rassurants.

En fait, il suffit de lever les yeux pour voir des animaux introuvables en Europe : impalas, oiseaux bleus, gazelles et autres gnous. Le lac est pratiquement asséché en cette saison. Je dois fouler un sol instable, mêlé de boue et de sel, pour approcher des flamants roses. Si la plupart d'entre eux ont déjà migré, il en reste des centaines qui, perchés sur leurs longues pattes, fouillent négligemment la vase de leur bec effilé, à la recherche de quelques vers. La sécheresse a terni leur plumage. Mais les échassiers déploient, en s'envolant, de magnifiques ailes rouge et rose. En quittant le lac, je repère deux rhinocéros, malheureusement cachés dans les buissons. Au moindre mouvement, la terre tremble et les branches craquent sous leur poids énorme.

Le minibus me dépose à la gare de Nairobi, d'où je dois prendre le train pour Mombasa, au bord de l'océan Indien. Hier, tout était complet et on m'avait conseillé de revenir le lendemain. La situation n'a pas changé :

« Il n'y a aucune place libre en première et seconde classe, me dit l'employée.

– Bon, alors donnez-moi un billet de troisième.

– Désolée, monsieur, mais la vente des billets de troisième a cessé depuis une heure.

– Dans ce cas, je monte sans billet dans le train. »

Le contrôleur du train, appelé à la rescousse, me déclare :

« Montez toujours, si une place se libère en première ou seconde, je vous l'octroie. Sinon, je vous vends un billet de troisième. Pour 50 shillings (5 francs), vous pouvez même voyager sur le toit ! »

La gare de Nairobi porte sur elle les traces de l'empire colonial britannique : murs de brique rouge, marquises métalliques, guichets en bois, inscriptions en anglais. Quant à l'édifice imposant qui lui fait face, et qui évoque Buckingham Palace, il abrite le siège des chemins de fer du Kenya !

Le train démarre à l'heure exacte. Seules les lumières de la banlieue de Nairobi éclairent la nuit noire. À bord, la répartition s'effectue de manière simple : en première classe, les groupes organisés descendus directement de leur bus, et qui vont finir leur séjour en bord de mer ; en deuxième, les touristes individuels et quelques Africains fortunés ; en troisième, les autochtones, travailleurs ou familles qui se rendent à Mombasa.

La plupart des voyageurs sont des Blancs, ce qui confirme l'importance du tourisme dans l'économie du Kenya. Faute de place en deuxième, je dois choisir entre la première et la troisième, mais le contrôleur me déconseille cette dernière en raison des nombreux vols.

Gardant un mauvais souvenir de mon voyage en camion depuis Addis-Abeba, j'opte pour la solution la plus onéreuse. Ainsi, je me retrouve seul dans une cabine de wagon-lit spacieuse avec placard, lavabo, matelas, drap et couverture. Les repas sont même compris dans le prix du billet. En allant dîner, je traverse un wagon rempli de Français qui chantent *La Chenille*. C'est un groupe de méridionaux venus passer quelques jours à la plage après un safari express à Masai Mara. La boisson aidant, ils entonnent des chansons du répertoire français, de Nicoletta à Chantal Goya en passant par la Compagnie Créole. Quel retour aux sources après des semaines bien africaines !

Le wagon-restaurant n'a guère changé depuis l'époque britannique : sièges en cuir, nappes, rideaux, serveurs en livrée. La clientèle est à large dominante européenne. Une famille de Français s'assoit à ma table et nous engageons la conversation. Jean-François et Sylvie exercent une activité originale : la musicothérapie. Ils se rendent pour la deuxième fois au Kenya et ont cette fois emmené leur fils, qui a adoré le safari.

Le train freine brusquement, ce qui me réveille et entraîne la chute de tous les bagages. Difficile d'expliquer cet arrêt de près d'une heure. Hier, je m'étais endormi comme une souche et n'avais même pas remarqué les soubresauts du convoi. Mais depuis que le train a redémarré, j'ai l'impression de faire du trampoline sur ma couchette ! La voie est mauvaise et ma cabine se trouve juste au-dessus des roues.

Arrivée à Mombasa. Pour me remettre de mon difficile voyage depuis l'Éthiopie, je m'offre quelques jours de repos au bord de l'océan Indien. Watamu, à 40 kilomètres de Mombasa, constitue apparemment l'endroit idéal : plages de sable blanc, hôtels confortables, clubs de plongée. Mais je ne tarde pas à découvrir l'envers du décor. La plupart des hôtels sont tenus par la mafia italienne, qui blanchit son argent au soleil du Kenya. La clientèle, assez âgée, a un goût prononcé pour les jeunes Africains. L'endroit profite de l'essor du tourisme sexuel, comparable à celui de la Thaïlande. Retraités libidineux et veuves en manque viennent ici chercher un compagnon de plaisir, assouvir leurs fantasmes, certains s'installant même à Watamu pour y passer leurs vieux jours. Malgré la présence de deux sympathiques Françaises, Aurore et Catherine, je quitte rapidement la ville.

Le minibus qui me ramène à Mombasa connaît quelques avaries en cours de route, ce qui compromet mes chances d'attraper le train de 19 heures pour Voi. Le chauffeur, heureusement, me fait une proposition.

« Vous voulez l'avoir, votre train de 19 heures ?

– Oui, dis-je sans espoir.

– Pour 200 shillings (20 francs), reprend le chauffeur, je vous emmène directement au train.

– D'accord, mais pour 100 shillings.

– Non, 200. De toute façon, vous n'avez pas le choix. »

Il a parfaitement raison. Je ne suis pas en position de marchander. J'accepte donc d'affréter le bus, avec tous ses passagers, et le chauffeur appuie sur l'accélérateur. À la gare, je saute du bus et m'engouffre dans le hall d'entrée, passe comme une fusée devant les contrôleurs d'accès au quai et cours jusqu'au train. Je saute dans un wagon au moment où le convoi démarre.

Le train relie Nairobi, mais je descends à Voi, où une correspondance doit me conduire à Taveta, à la frontière tanzanienne.

J'entends bien acheter au contrôleur un billet de troisième classe, dix fois moins cher que la seconde. Après hésitation, il consent à me le vendre, mais insiste pour que je m'assoie dans un compartiment de seconde. « Je ne voudrais pas qu'il vous arrive malheur », me confie-t-il.

Je découvre Voi en pleine nuit. Pour me rendre dans le seul hôtel de la ville, je dois traverser dans l'obscurité un terrain vague aux allures de parfait coupe-gorge. Dans la chambre, il règne une chaleur moite. Les fenêtres sans rideaux laissent filtrer la lumière des lampadaires de la rue. Quant au bruit de la boîte de nuit voisine, il couvre largement celui d'un tuyau qui fuit. En somme, des conditions peu propices au sommeil, surtout pour une courte nuit de quelques heures.

À 4 heures du matin, je regagne péniblement la gare où des dizaines de voyageurs dorment à même le sol. Sur le quai stationnent deux convois : le rutilant express en provenance de Nairobi, long de vingt-quatre wagons, et le piteux train pour Voi, tout droit sorti de l'après-guerre avec ses cloisons en bois et ses fenêtres minuscules. La première classe est digne d'un roman d'Agatha Christie : banquettes capitonnées, panneaux mobiles en bois et inscriptions en lettres dorées. Je m'endors profondément avant même le départ du train.

Le contrôleur me réveille, vérifie mon billet et veut le conserver. J'insiste pour le garder. Il refuse. J'explique alors que je les collectionne. Éberlué, l'homme me dit qu'il doit le conserver pour des raisons comptables, mais me propose de le suivre au terminus, afin qu'on me délivre une attestation de voyage.

Le train traverse un plateau boisé, dominé par plusieurs montagnes. Dans les nuages, on devine la cime enneigée du Kilimandjaro, masse impressionnante sur la ligne d'horizon. La présence de cumulus rend son apparition encore plus mystérieuse. Voilà donc le plus haut sommet d'Afrique, la montagne dont j'envisage bientôt l'ascension.

À Taveta, terminus de la ligne et point-frontière pour la Tanzanie, la voie ferrée sépare deux univers diamétralement opposés. À gauche, la gare ferroviaire, héritée des Anglais et remarquablement entretenue : bâtiments peints en blanc, pelouses impeccables, massifs de fleurs, allées bordées de pierres blanches. À droite, la gare routière et le marché, aux allures résolument africaines : joyeux désordre de bus en partance, de carcasses de camionnettes abandonnées, d'étals de fruits, de vendeurs de vêtements, de déchets et de bananes pourries jonchant lc sol.

Comme convenu avec le contrôleur, je demande au guichet mon attestation de voyage. L'employé examine mon billet sous toutes ses coutures, remplit deux ou trois imprimés en ayant dûment placé des carbones pour les copies et rédige une longue lettre expliquant en détail mon voyage. Que de temps perdu en bureaucratie pour un billet qui ne vaut pas dix francs et finira sans doute au fond d'une poubelle le lendemain !

N'ayant pu obtenir de renseignements fiables à Nairobi, je m'enquiers de la possibilité de relier par rail Moshi en Tanzanie. Seul le chef de gare est capable de répondre à une question aussi pointue. Cet homme jeune et alerte m'explique que la liaison internationale jusqu'à Moshi doit être inaugurée la semaine prochaine. Après le démantèlement, il y a vingt ans, des East African Railway entre Kenya, Ouganda et

Tanzanie, la plupart des liaisons transfrontalières avaient été supprimées. Mais un accord récent entre Kenya et Tanzanie a permis la réouverture de cette ligne jusqu'à Moshi, où les voyageurs pourront obtenir une correspondance pour Dar es-Salaam. En attendant, il faut recourir à l'acheminement classique : 2 kilomètres à pied jusqu'à la douane kenyane, 5 kilomètres en bus sur la mauvaise piste qui mène à la frontière tanzanienne, puis un autre bus pour Moshi.

Comme je me retrouve debout dans le couloir, coincé entre une femme corpulente et deux écoliers, le chauffeur cherche à s'excuser, en me lançant : « Désolé, monsieur, c'est l'Afrique, ici ! »

Moshi, au pied du Kilimandjaro, dégage une impression de sérénité et de fraîcheur. Outre des jacarandas violets, plusieurs espèces d'arbres déploient des fleurs aux couleurs vives : rouge, rose, orange, jaune. Le soleil de fin d'après-midi accentue les contrastes entre l'herbe verte et la terre rouge.

En ce 14 janvier, je me renseigne auprès de plusieurs agences qui organisent le safari dans le cratère de Ngorongoro et l'ascension du Kilimandjaro. Dans les deux cas, il faut payer le prix fort : 350 à 500 francs par jour. Après avoir comparé les tarifs de plusieurs agences, je finis par opter pour celle de M. Victor, qui est la moins onéreuse.

Mais le lendemain, le safari n'a pas lieu, et M. Victor s'est évanoui dans la nature avec mes 200 dollars (1 000 francs). Victime d'une escroquerie, je le cherche en vain. Tout le monde le connaît, tout le monde sait qu'il est malhonnête, mais personne ne sait où il se cache. Excédé, je finis par « prendre d'assaut » l'agence qu'il dirige. Je deviens menaçant, frappe du poing, commence à renverser une armoire, sous les yeux ébahis des employés et de la foule qui s'agglutine. Soudain, M. Victor réapparaît et me rembourse mon argent.

Revenu dans le giron d'une agence plus sérieuse (dirigée par une respectable Indienne du nom de Mauly), je pars quelques jours pour un safari extraordinaire. Le cratère de Ngorongoro est un endroit unique. Pour des raisons mystérieuses, ce volcan éteint et difficile d'accès attire un grand nombre d'espèces animales. Dans cette véritable arche de Noé africaine, on peut observer sans difficultés éléphants, rhinocéros, lions, buffles, girafes, zèbres et autres hyènes.

Pour l'ascension du Kilimandjaro, je confie de nouveau mon sort à l'agence Mauly. Ils m'intégrent dans un groupe d'Allemands. Mais, comme ces derniers annulent la veille au soir, je me retrouve seul client, accompagné d'un guide, d'un porteur et d'un cuisinier !

Le guide doit m'accompagner jusqu'au sommet. Le cuisinier, lui, assurera les repas dans les refuges. Quant au porteur, il se charge de mon sac à dos rempli de vêtements chauds et d'équipement de montagne. Pour ma part, je ne porte qu'un petit sac, avec mon appareil photo et le nécessaire pour la route.

Je démarre l'ascension en sandales, car les innombrables piqûres de moustiques aux pieds m'empêchent de porter des chaussures de montagne. La marche commence sur une large piste qui traverse une forêt luxuriante. Au bout de deux heures, la forêt tropicale laisse la place à une végétation composée de fougères et de pins. La température ayant baissé, on se croirait presque en Bretagne par une belle journée d'été.

Le porteur se prénomme Augustin. À vingt-trois ans, marié et père de deux garçons, il conduit depuis deux ans des randonneurs au sommet du Kilimandjaro, à raison de deux ascensions par mois. Mal habillé, mal chaussé, il transpire à grosses gouttes sous la charge.

Le guide, Mambi, porte un sac à dos plus léger, et avance d'un pas beaucoup plus alerte. À vingt-cinq ans, il est toujours célibataire. Six années de Kilimandjaro lui ont permis de « grimper » dans la hiérarchie : trois ans comme porteur, deux ans cuisinier, un an assistant guide, puis chef guide. Quant au cuisinier, il brille par son absence. Je ne le verrai sans doute qu'au moment de la distribution des pourboires. Les guides maîtrisant mal l'anglais, la conversation s'épuise rapidement. Je sympathise alors avec d'autres randonneurs, venus de tous horizons : Grande-Bretagne, Japon, Pays-Bas, Australie... L'ascension se poursuit sur un chemin plutôt facile.

Le Kilimandjaro en point de mire paraît toujours près, sans pour autant se rapprocher vraiment. La végétation se raréfie avec l'altitude : arbres nains, buissons et fleurs de montagnes jaunes et bleues. Des rivières ont formé de petites gorges au fond desquelles poussent des arbres étranges, sortes de topinambours vert émeraude perchés au sommet de longs troncs. Les journées de marche se succèdent, les refuges aussi. Mindoro Hut (2 700 mètres), Horombo Hut (3 700 mètres), Kibo Hut (4 800 mètres).

Le dernier jour, l'ultime ascension commence à une heure du matin, par un froid de canard (c'est le comble à l'équateur !). Je n'ai pratiquement pas dormi et amorce d'un pas assuré cette montée de 1 000 mètres de dénivelé, sous un ciel constellé d'étoiles.

Désormais, la pente est raide, nous devons marcher dans la cendre de volcan sur laquelle on glisse en permanence. À partir de 5 300 mètres, je commence à sentir les effets du mal d'altitude. Une soudaine fatigue s'empare de moi. Je perds l'équilibre et le sommeil me gagne irrésistiblement. Sur le conseil de Mambi, je grimpe au ralenti. Si je n'ai mal nulle part, je ne sens plus mon corps. J'avance pas à pas, m'appuyant sur mon bâton, et m'arrêtant tous les cinquante mètres pour me reposer. Je progresse tel un vieillard, ou un automate aux piles usées. Pour couronner le tout, la torche de Mambi ne fonctionne plus et nous avançons dans le noir, sur un terrain de plus en plus accidenté.

À plusieurs reprises, je dois m'allonger par terre et je m'assoupis malgré le froid. Mambi me réveille aussitôt, car je risque de geler sur place. Effectivement, mes pieds commencent à s'engourdir et Mambi doit être, lui aussi, gagné par le froid. Les premières lueurs du soleil éclairent faiblement le chemin et nous aident à gravir le dernier tronçon, très rocheux.

Un groupe d'Américains nous rejoint et nous encourage. Cette famille de mormons de Salt Lake City nous indique que le sommet est tout près. À 6 h 30, j'atteins enfin le premier pic du Kilimandjaro, Gillian's Point, à 5 700 mètres d'altitude. Il fait froid, l'oxygène s'est raréfié. Mais quelle satisfaction de toucher le but, après un tel calvaire et trois journées d'ascension ! Le soleil vient de se lever derrière le mont Mawenzi et pare de ses couleurs magiques le Kilimandjaro, son cratère et ses glaciers.

Deux jours plus tard, je me présente à la gare de Moshi afin de prendre le train de 16 heures pour Dar es-Salaam. Hélas, les guichets sont fermés, les quais déserts. Un employé de la gare finit par me dire :

« Il n'y a pas de train aujourd'hui, revenez demain.

– Mais, j'ai une réservation pour aujourd'hui.

– Peut-être, mais il faudra l'échanger pour demain. Le train a été décalé d'un jour. L'information a paru dans la presse, Monsieur.

– Sans doute, mais j'étais sur le Kilimandjaro. Difficile de lire les journaux à cette altitude ! »

Le lendemain, je retourne donc à la gare de Moshi qui ressemble à une petite gare de province. Le bâtiment fraîchement repeint abrite un guichet pour les première et seconde classes, et un autre pour la troisième. Le vert et le blanc des murs contrastent avec le rouge du sol. Sur un panneau d'affichage, je repère mon compartiment en face duquel est inscrit mon nom (la réservation avait bien été effectuée !).

Le train démarre, à destination de Dar es-Salaam. Le trajet de 500 kilomètres se parcourt en près de seize heures, contre huit heures en bus. Mon voisin m'explique que cette lenteur est due au mauvais état de la voie, à la vétusté des locomotives, et aux nombreux arrêts. Peter travaille comme technicien dans les chemins de fer tanzaniens et rentre passer ses congés annuels chez ses parents près de Dar es-Salaam. Me promenant dans le train, je constate que les soufflets, entre les wagons, sont percés d'ouvertures béantes qu'il faut enjamber. En regardant vers le bas, on aperçoit les crochets qui relient les wagons, et les rails qui défilent inlassablement.

Le train arrive en gare de Dar es-Salaam avec à peine une heure de retard. Au loin, des carcasses de wagons de marchandises renversées, désossées, calcinées. Plus près, des rames abandonnées, laissées en pâture aux chèvres et aux clochards.

La gare de Dar es-Salaam est en piteux état : locaux vétustes, murs défoncés, palissades à moitié démolies, guichets bondés. La capitale de la Tanzanie ne présente aucun intérêt, mais je dois y prendre mon visa pour la Zambie, avant de gagner l'île de Zanzibar. Or, à l'ambassade de Zambie, l'émission du visa requiert plusieurs jours. En outre, les employés doivent garder mon passeport, dont j'ai également besoin pour me rendre aujourd'hui à Zanzibar.

Finalement, je laisse à regret mon précieux papier d'identité et pars pour Zanzibar muni de simples photocopies. Les côtes de l'île se composent de forêts et de plages de sable blanc, idéales pour un séjour balnéaire. La ville elle-même a un vieux port aux immeubles anciens et un port récent où les catamarans jouxtent les conteneurs maritimes. Zanzibar a longtemps constitué une plaque tournante pour le commerce en Afrique, notamment pour les épices, puis pour les esclaves. Ce fut donc une ville importante, tour à tour colonisée par les Arabes, les Portugais, les Allemands puis les Anglais. Le sultan d'Oman avait même décidé d'y transférer sa capitale pendant un temps. Rattachée à la Tanzanie depuis 1960, Zanzibar est dotée de son propre service de police et de douane à l'arrivée sur l'île.

Sur le front de mer, un alignement d'édifices imposants rappelle le passé prestigieux de la ville. Le « vieux dispensaire » est une magnifique maison indienne aux encorbellements de bois vert tendre. Le Café des Mille et Une nuits se trouve dans une belle propriété d'architecture arabe aux murs blancs. La grande bâtisse qui abrite le Palais des Merveilles fait plutôt penser à une maison de planteur en Louisiane avec ses hautes colonnes qui soutiennent de vastes balcons.

L'intérieur de la « ville de pierre » consiste, en revanche, en un labyrinthe de ruelles. Dans cet enchevêtrement inextricable de placettes, de *callades* et d'impasses, l'animation de Zanzibar bat son plein : commerces de grains et de tissus, hommes qui prient dans les mosquées, femmes voilées, enfants qui jouent aux billes avec des capsules de Coca-Cola.

La gare du Tazara *(tanzania-zambia railway)* ne ressemble en rien à ce que j'ai pu observer en Afrique. La ligne qui relie la Tanzanie à la Zambie a été construite par les Chinois dans les années 60. Inaugurée en 1970, elle est vaste, fonctionnelle, propre, bien entretenue, peu fréquentée. Plus grande que celle du Caire, elle ne reçoit pourtant que deux trains par semaine. Aussi les guichets, le hall principal ou les salles d'attente sont-ils pratiquement vides.

Devant la gare, un immense parking bordé d'espaces verts fleuris et de réverbères de style ancien. Une rampe d'accès permet même aux voitures d'arriver au niveau des quais – une infrastructure superflue, compte tenu du faible trafic. La zone des quais paraît également irréelle. En Afrique, ceux-ci sont généralement peuplés de vendeurs qui marchent pieds nus dans la poussière pour proposer bananes, cacahouètes et autres cigarettes. Ici, les quais sont larges, anormalement propres, réservés aux voyageurs, et le personnel du Tazara s'y déplace en 4 × 4 pour venir approvisionner le wagon-restaurant. Le train lui-même semble neuf, comme sorti d'une chaîne de montage : équipements en parfait état de fonctionnement, peintures impeccables, signalétique appropriée. Un voyageur allemand me confirme d'ailleurs que cette rame vient d'être achetée aux Chinois et livrée il y a seulement deux semaines.

Alors que je réalise quelques photos de l'extérieur, un coup de sifflet retentit et la locomotive se met en marche. Ne croyant pas tout d'abord au départ (les trains démarrent, il est vrai, rarement à l'heure en Afrique), je demande au conducteur :

« Vous partez ?

– Oui », me répond-il d'un air détaché.

Me rappelant que ce train ne circule que deux fois par semaine et que j'ai laissé une partie de mes affaires à l'intérieur, je range rapidement mon matériel et me hâte vers les wagons de tête, le convoi prenant de la vitesse. Malheureusement, la première porte est verrouillée. La seconde aussi. La troisième également. Et le train accélère de plus en plus. Je me décide alors à jeter mon sac à dos par une fenêtre ouverte, et saute les bras en avant par l'ouverture. Deux Tanzaniens me réceptionnent, me tirent à l'intérieur du wagon, sous les applaudissements de plusieurs voyageurs.

« Vous avez de la chance, me confie un employé du train, d'habitude, nous fermons toutes les portes et fenêtres par mesure de sécurité. »

Quelle surprise ! Dans la plupart des trains africains, les portes restent ouvertes même quand le convoi circule à pleine vitesse !

Le train serpente désormais entre des collines qui marquent la frontière avec la Zambie. Même dans les virages, la voie est remarquablement stable. Nous avons gagné de l'altitude (peut-être 1 000 ou 1 500 mètres) et échappé à la chaleur étouffante du littoral tanzanien.

XI

DÉRAILLEMENTS EN SÉRIE ET LOCOMOTIVES À VAPEUR

ZAMBIE – ZIMBABWE

À la gare-frontière de Tunduma, les quais sont hermétiquement fermés au public. Pourtant, à travers les grilles qui longent les quais, vendeurs de bananes et trafiquants de devises commercent avec les voyageurs. J'ai liquidé mes derniers shillings tanzaniens et je décide de changer 20 dollars contre la monnaie locale, le kwacha.

Des policiers zambiens font irruption dans notre compartiment qu'ils ont oublié de contrôler. Ils se rattrapent en tamponnant frénétiquement les passeports. Je dois toutefois calmer leur ardeur et leur désigner les rares espaces vierges de mon passeport (la plupart des pages sont déjà remplies de visas).

Parfois, dans les gares, circulent des Asiatiques au volant de 4 × 4 couverts d'idéogrammes. Ce sont les équipes d'assistance chinoises qui continuent d'assurer la maintenance de la ligne. L'inauguration de cette voie ferrée coïncida avec l'apogée du communisme en Afrique australe. Toutes ces gares aussi modernes que massives rendent d'ailleurs un hommage marqué à Mao et Marx.

Au wagon-restaurant, la carte se compose de deux plats : poulet-riz ou poisson-riz. Ayant aperçu un plat de frites, j'en passe la commande. Dix minutes plus tard, le serveur revient en déclarant :

« Pour les frites, il faut attendre trente minutes.

– Dans ce cas, j'en resterai au riz. Pouvez-vous me servir un Coca-Cola ?

– Désolé, monsieur, nous n'avons pas de Coca-Cola. Seulement du Pepsi-Cola.

– D'accord pour un Pepsi-Cola. Combien ça coûte ?

– 300 kwatchas. »

Il repart à la cuisine un moment, puis revient :

« Désolé, monsieur, il n'y a plus de Pepsi-Cola.

– Soit, je prendrai un Fanta.

– Il n'y a pas de Fanta.

– Bon, dites-moi donc ce que vous avez, ce sera plus facile.

– Nous avons de la Cintra.

– Qu'est-ce que c'est ?

– Je ne peux pas vous dire, Monsieur, je vous l'apporte. »

Il revient avec une bouteille en plastique verte contenant un liquide gazeux au goût citron. Je lui tends 300 kwatchas.

« Non, monsieur, ça coûte 400 kwatchas.

– Mais vous m'avez dit 300.

– Oui Monsieur, 300 pour le Pepsi-Cola. Mais la Cintra coûte 400. »

Le lendemain matin, le train arrive avec deux heures d'avance au terminus de New Kapiri Mposhi, gare gigantesque pour une ville minuscule. En face, se trouve une gare d'autobus, très moderne également.

Mais mon destin ferroviaire proscrit ce mode de transport, puisqu'il y a un train pour Lusaka. Malheureusement, les employés de la gare de New Kapiri Mposhi (compagnie Tazara) ignorent les horaires au départ de Kapiri Mposhi (compagnie Zambian Railways). Ils me conseillent même de relier Lusaka en bus, car les ZR ont une sécurité et des horaires fantaisistes. Apparemment, les cheminots des deux compagnies ne se serrent guère les coudes ! À environ 3 kilomètres de là, la gare des ZR fait effectivement piètre figure en comparaison de sa nouvelle rivale. Elle se compose de quelques baraquements de fortune posés au bord de la voie. Ni quai, ni salle d'attente, ni guichet de vente, ni panneau d'information. Dans une cabane en tôle, un employé des ZR finit par me renseigner. Mauvaise nouvelle, le dernier train pour Lusaka et Livingstone vient de dérailler, entraînant l'annulation provisoire du train suivant. Le préposé refuse d'ailleurs de me vendre le billet. « Vous comprenez, me dit-il, si on vend les billets à l'avance et que le train est en retard, les voyageurs préfèrent prendre le bus et exigent qu'on les rembourse. »

Pourquoi les voyageurs s'entêtent-ils à prendre le train ? À raison d'un passage par jour, à 2 heures du matin, avec quatre heures pour relier Lusaka, alors que les bus circulent presque toutes les heures et atteignent Lusaka en deux heures, on ne voit pas l'intérêt du rail.

Après quatre heures passées dans un bar à discuter avec des gens de passage, je retourne à la gare pour m'informer sur la situation. Un employé m'annonce dans un français approximatif que le train n'a pas encore quitté Kitwe. Il doit y subir quelques révisions et il faudra ensuite six heures jusqu'à Kapiri. Cette fois, l'homme accepte d'enregistrer ma réservation. Il m'accompagne dans un local technique où il communique par radio avec une autre gare. L'opération dure près d'une heure, pendant laquelle je parcours le journal qu'il m'a gentiment prêté.

Le *Daily Zambia* d'aujourd'hui ne relate que des catastrophes : cinq Allemands sont morts dans un accident d'avion à proximité des chutes Victoria, un navire a sombré au Nigeria avec ses passagers. Un peu plus loin, un article analyse les conséquences de la récente catastrophe ferroviaire qui a coûté la vie à plus de cent personnes dans le nord de la Zambie, à 50 kilomètres d'ici. Les ZR mettent en cause le conducteur, qui n'aurait pas suivi les instructions ; la commission de sécurité reproche à la compagnie l'absence de signalisation sur la voie ; et l'opposition accuse le gouvernement de délaisser les ZR. Mais aucune mesure concrète n'est prise pour le futur.

Un autre employé des ZR me confie son pessimisme. La compagnie souffre du vandalisme et du sabotage. On vole tout, des traverses de wagons aux boulons en passant par les câbles de téléphone.

Enfin des nouvelles du train tant attendu ! Il vient de quitter la gare de Ndola et devrait arriver à Kapiri vers 21 heures. J'ai deux heures d'attente et en profite pour retourner au bar en face. Tout ce que la ville compte d'hommes est rivé devant un écran de télévision. Les Africains sont passionnés de football et ce soir on joue les quarts de finale de la Coupe d'Afrique : Gabon-Tunisie au programme. Les spectateurs sont tellement absorbés par le match que certains manquent de rater le train quand celui-ci entre en gare à 21 h 30.

Un contrôleur m'escorte avec sa lampe de poche jusqu'à mon compartiment. Pour 10 000 kwachas (moins de 50 francs), j'ai droit à un wagon-lit de première classe jusqu'à Livingstone. À ma grande surprise je réalise que le compartiment n'a ni drap ni couverture, que l'électricité ne fonctionne pas, pas plus que l'eau, ou le verrou de la porte. En outre, le store métallique de la fenêtre est bloqué, et quelques cafards courent çà et là sur les cloisons. Le luxe du Tazara est révolu ! Ce train présente un profil plus africain, comme me le confirment les nombreuses secousses dont il est agité en roulant.

La gare de Kafue a une apparence très britannique avec ses bâtiments peints en blanc, ses parterres fleuris, ainsi que ses grilles noires et grises sagement disposées. Les chemins de fer d'Afrique australe ont été pour la plupart construits au début du siècle par Cecil Rhodes, puissant homme d'affaires londonien qui a légué son nom pour un temps à la Rhodésie du Nord (actuelle Zambie) et à la Rhodésie du Sud (actuel Zimbabwe). Son rêve était de relier Alexandrie au Cap par le rail. Dommage qu'il n'ait pu achever ce travail de titan, qui m'aurait simplifié la vie !

Parti du Cap, il n'a malheureusement pas pu construire la voie ferrée plus loin que le nord de la Zambie. Malgré l'adjonction du Tazara, il reste quelques trous importants dans cette « transafricaine ferroviaire », comme en témoigne mon périple de ces dernières semaines. Le contrôleur m'informe que le train arrivera en retard à Livingstone. Au fil des jours, cette notion de retard devient abstraite, presque irréelle. D'après lui, un train a déraillé (un de plus !) et on devra nous changer de convoi à l'endroit même de l'accident.

La voie ferrée porte les traces de nombreux déraillements : wagons renversés, bogies à l'abandon, traverses et rails tordus. Les ZR n'ayant pas les moyens de treuiller les wagons qui ont déraillé, ceux-ci sont vite squattés par des familles sans toit. Il s'agit essentiellement de convois de marchandises. Depuis leur première ligne destinée à l'acheminement du cuivre de Katanga, les chemins de fer zambiens ont toujours privilégié le fret. Dans les gares, des trains de marchandises attendent leur chargement : bétail, cuivre, charbon ou simples paquets.

À Livingstone, je me rends chez les Whitehead, mes hôtes. Ils possèdent une coquette maison dans un quartier calme et verdoyant à l'extérieur de la ville. Pasteur à la retraite, ancien missionnaire de l'église anglicane, Dennys vit en Zambie depuis près de quarante ans. En 1949, Dennys avait demandé à ses supérieurs la possibilité de venir dans ce pays par voie terrestre, en trois mois. Et le voilà parti pour un périple en bus, train, camion et bateau qui l'a mené à travers la Yougoslavie, la Turquie, la Syrie, Israël, l'Égypte, le Soudan, l'Ouganda, le Kenya et la Tanzanie. À l'époque, il était plus facile (ou moins difficile) de voyager dans cette partie de l'Afrique. La plupart de ces pays étaient encore des colonies britanniques, ce qui simplifiait les problèmes de visas aux frontières.

À la gare, je monte à bord du train pour Victoria Falls. Ce dernier ne parcourt que 12 kilomètres, mais présente trois particularités. Il s'agit d'un train international où les douaniers et policiers assurent les formalités en roulant. Le convoi est réduit à sa plus simple expression, une locomotive et un wagon aux sièges éventrés et aux portes manquantes. Il emprunte un viaduc vertigineux qui enjambe les gorges du Zambèze et offre une vue imprenable sur les chutes Victoria.

Côté Zimbabwe, le contraste est saisissant avec les autres pays africains. Pelouses arrosées, voitures neuves, hôtels de luxe, distributeurs de billets. La gare de Victoria Falls elle-même est un véritable joyau. Un joli bâtiment bleu pâle reposant sur de gracieuses colonnades. Des palmiers et espaces verts agrémentent les quais. On y propose tous les services d'une gare européenne : billets, réservations, expédition de colis, consigne, porteur.

À Bulawayo, le 2 février, j'aperçois – pour la deuxième fois seulement depuis mon départ de France – plusieurs locomotives à vapeur. Il est vrai que la traction vapeur a été détrônée dans le monde entier par le diesel et la traction électrique. Je ne me lasse pas de contempler ces machines d'origine anglaise, vieilles de plus d'un demi-siècle, et conservées en bon état grâce à des trésors de patience et de soins. Je suis toujours fasciné par le spectacle de ces monstres métalliques, ces « bêtes humaines » crachant la fumée et émettant des coups de sifflet stridents.

Un conducteur me laisse monter à bord de sa « Lison ». Il conduit ces engins à vapeur soit pour tirer des trains de marchandises, soit pour faire des manœuvres en gare, soit pour emmener les « safaris ferroviaires » pour touristes fortunés dans des trains de luxe. Il me confie pourtant qu'il préférerait abandonner la vapeur : « Trop bruyant, trop chaud, trop sale. »

Le jour même, je visite le musée des chemins de fer de Bulawayo. Il compte quelques beaux spécimens de locomotives à vapeur et un assortiment de machines diesel bleues, jaunes, rouges et vertes. Des cheminots à la retraite assurent les visites et l'entretien du patrimoine roulant.

Depuis Bulawayo, quelques heures de train suffisent pour rejoindre Harare, ex-Salisbury. De là, un bus m'emmène au lac Kariba.

Celui-ci est une véritable mer intérieure qui s'est formée après la construction d'un barrage sur le Zambèze. Depuis, c'est devenu un paradis pour les animaux qui s'abreuvent et se nourrissent sur ses berges. Pour découvrir toute cette faune, j'ai loué un guide et choisi un moyen de transport aussi original que risqué, le canoë. Glissant silencieusement sur l'eau entre les forêts d'arbres morts, nous apercevons de nombreux hippopotames se baignant tranquillement, puis deux crocodiles qui abandonnent le tronc d'arbre sur lequel ils profitaient du soleil. Toutes ces sympathiques créatures disparaissent sous l'eau à quelques mètres de notre embarcation. À ma question stupide : « Mais où est-il ? » le guide Floyd répond invariablement : « Sous l'eau. » Selon lui, les hippopotames n'attaquent les canoës qu'en cas d'agression ou pour assurer la protection de leur progéniture. Propos guère rassurants... Plus loin, nous repérons un troupeau d'éléphants sur la berge. Approchant avec d'infinies précautions, nous allons les observer à quinze mètres à peine, pendant plus d'une demi-heure. À tout moment, ces animaux paisibles peuvent nous attaquer et nous réduire en morceaux. Au nombre de onze, les éléphants broutent, ou se battent par taquinerie. Des oiseaux blancs se posent parfois sur leur dos, composant un tableau fort amusant. Tout en pagayant dans ce décor irréel de troncs morts qui hérissent la surface de l'eau, nous apercevons des buffles, des gnous, puis des impalas.

Sur la route de Harare, un semi-remorque me prend en stop. Je m'installe confortablement dans la cabine avant de ce monstre roulant qui avale les virages comme un ogre. Au loin, j'admire le coucher de soleil sur le lac Kariba. Puis, l'obscurité venue, les animaux sortent des taillis, et ce qui aurait pu être un banal trajet en camion se transforme en véritable safari : babouins, éléphants et antilopes au programme ! Après les traditionnelles questions : « D'où venez-vous ? Combien de temps passez-vous au Zimbabwe ? » Biggie s'enquiert du temps qu'il fait en France actuellement. Cette question est un grand classique de la part d'un Africain et j'ai appris à y répondre pour satisfaire mon interlocuteur. Inutile de chercher à expliquer que la France jouit d'un climat tempéré, qu'il y fait rarement très froid et que l'on peut se baigner l'été. Les Africains attendent une réponse bien différente. Il s'agit de ne pas les décevoir.

« C'est le plein hiver, maintenant, il fait froid, dis-je.

– Aaah !

– Moins de 0 °C par endroits.

– Oooh !

– Dans certaines régions (sans préciser lesquelles), il neige fréquemment.

– Aaah !

– On skie dans les montagnes. Et on fait du patin à glace.

– Ououh ! »

À ce stade du dialogue, mon interlocuteur est captivé. Il ne me reste plus qu'à évoquer les ours blancs ou les traîneaux à chiens pour qu'il applaudisse à deux mains. La conversation est maintenant lancée. On peut parler de choses sérieuses. La discussion s'engage sur le football. Mais ma compétence sur le sujet est réduite. L'homme connaît mieux les joueurs européens que moi. Vient le sujet des automobiles. Grands consommateurs de Peugeot, les Africains abondent en questions du style : « Vous avez des problèmes pour vous procurer les pièces détachées ? » Et moi de lui expliquer que les 404 ont disparu de la circulation depuis quinze ans en France. Puis il aborde les inévitables questions d'argent : « Combien ça coûte en France ? » « Et combien on gagne ? » Finalement, l'avantage quand on vous pose toujours les mêmes questions, c'est qu'on n'a pas à réfléchir pour répondre. Il suffit de convertir les sommes dans la monnaie locale.

Revenu à Harare, je pars seul à pied à la recherche d'un logement pour la nuit. Évidemment, de nombreuses personnes n'ont pas manqué de me mettre en garde. « À Harare, faites attention aux pickpockets et aux agressions. Ne circulez qu'en taxi la nuit. » Mais j'ai entendu le même refrain sur la capitale dans tous les pays que j'ai traversés. J'imagine que les Suédois disent la même chose de Stockholm, ou les Suisses de Zurich. Finalement, je trouve un hôtel sans qu'aucun malfrat ne m'ait approché. Mauvaise nouvelle : le train pour l'Afrique du Sud que je voulais prendre le lendemain ne circule que le dimanche.

Cette fois, c'est ma faute. J'avais mal regardé les horaires dans le *Cook*. Pour ne pas attendre une semaine, la seule solution est de rejoindre Bulawayo, où un train part après demain pour Johannesburg.

Je profite de deux jours libres, pour passer des coups de téléphone, écrire des cartes postales, réaliser quelques achats, laver mon linge, tenir mon journal et paresser à la terrasse d'un café en sirotant un jus de mangue. Harare constitue réellement une étape reposante après une traversée de l'Afrique : cafés à la mode, restaurants, cinémas, boîtes de nuit. Tout ce qu'on peut trouver en Europe, mais à des prix africains. Le cinéma coûte 6 francs, un repas 15 francs, une boisson 2 francs. De plus, à 1 500 mètres d'altitude, la ville jouit d'un climat très agréable. 25 °C le jour, 18 °C la nuit, une fraîcheur salutaire après les chaleurs tropicales de Mombasa ou Dar es-Salaam.

Le train qui relie Bulawayo à Johannesburg appartient aux Spoornet, les chemins de fer d'Afrique du Sud. Les wagons propres et fonctionnels ne possèdent pas le charme des trains zimbabwéens. La répartition des voyageurs dans les compartiments donne déjà une idée de la société multiraciale sud-africaine. En troisième classe, on ne trouve que des Noirs. En deuxième, quelques Blancs (pour l'essentiel des routards) côtoient des Noirs et des métis. En première enfin, ne voyagent quasiment que des Blancs.

À Beitbridge, gare frontière côté Zimbabwe, le train a une demi-heure d'avance. Les douaniers ne sont pas encore arrivés, ce qui me laisse le temps de me dégourdir les jambes sur le quai, et d'entamer une conversation avec un couple de Sud-Africains blancs de Durban. Ceux-ci ont passé deux semaines de vacances au Zimbabwe et ont trouvé le pays mal organisé, les habitants laxistes et les transports peu sûrs. Or, la traversée d'autres pays d'Afrique m'a donné une impression exactement inverse. Décidément, tout est toujours relatif. La France doit apparaître comme une machine bien huilée pour un Portugais et sans doute comme un vaste souk pour un Norvégien. Il en va de même, je suppose, du Zimbabwe.

XII

AGRESSION ET COUP DE FOUDRE

AFRIQUE DU SUD – LESOTHO

Au réveil, je découvre un pays très développé : des autoroutes, un trafic dense, des voies ferrées électrifiées où se croisent des trains de banlieue ressemblant à des rames de métro. Des tours au loin semblent matérialiser le centre de Pretoria. La capitale se présente comme une ville américaine, avec ses larges avenues, ses gratte-ciel et son organisation en damier. En outre, l'écrasante majorité de Blancs dans le centre-ville ferait presque oublier qu'on se trouve en Afrique. Les Noirs représentent pourtant 80 % de la population, mais la politique d'apartheid les a longtemps confinés dans des cités-dortoirs en périphérie des villes, les fameux *townships.*

Dès mon premier jour en Afrique du Sud, je ressens un malaise difficile à expliquer. Il y règne un climat lourd d'agressivité. Depuis la fin officielle de l'apartheid, aucun lieu public ou magasin ne peut plus interdire l'accès aux personnes de couleur. Mais les endroits jadis réservés aux Blancs continuent d'être fréquentés par des Blancs, car les Noirs n'ont pas les moyens financiers d'y aller et parce qu'ils s'y sentent généralement mal à l'aise. Ainsi, deux mondes se côtoient sans jamais se rencontrer.

Dans le complexe de « Sun City », un gigantesque lieu d'amusement et de luxe à la croisée entre Las Vegas et Disneyworld, un hôtel cinq étoiles digne d'un palais de maharadjah surplombe des cascades cristallines qui se perdent dans une végétation luxuriante. Ce temple du loisir et du jeu accueille une clientèle exclusivement blanche tandis que les Noirs restent pour la plupart dans leurs townships aux conditions précaires.

Il pleut des cordes depuis deux jours, et je quitte Pretoria sans regret. Je vais monter à bord du fameux « Blue Train », train de luxe qui relie Pretoria au Cap. Je n'ai pas les moyens de m'offrir le billet pour le Cap, mais j'ai décidé de prendre le train sur les 70 kilomètres qui mènent à Johannesburg. Malheureusement, une mauvaise surprise m'attend à la gare. Le « Blue Train » ne circule plus que deux fois par mois, car la plupart des wagons sont en cours de rénovation. Je dois donc me contenter d'un train de banlieue, le premier que j'emprunte depuis plusieurs mois.

Sous la pluie battante, les gares de banlieue ont un air sinistre avec leurs quais grisâtres et les fils de fer barbelés qui les isolent de la route. Dans le wagon, tous les regards se portent sur moi. Pour détendre l'atmosphère, je tente en vain de distribuer des sourires à la ronde.

La gare de Johannesburg est une horreur architecturale. On y procède à de grands travaux, mais il sera difficile d'embellir ce cube de béton noirâtre pourvu d'appendices hideux.

L'accès à Soweto, la banlieue noire de Johannesburg, est réputé difficile. Dans d'autres pays d'Afrique, il suffit de se promener dans la rue pour rencontrer des Africains (noirs !) Les contacts sont naturels, chaleureux et sans risques. Mais en Afrique du Sud, des années d'apartheid ont laissé de profondes cicatrices et les rapports interraciaux demeurent très tendus. Un Blanc qui se rend seul dans un township (banlieue réservée aux Noirs) a de fortes probabilités d'être soit dévalisé, soit abattu. La seule façon de visiter un township consiste dès lors à suivre un circuit organisé en bus, accompagné par un Noir.

Soweto signifie South West Township (banlieue sud-ouest). Construite dans les années 1940 pour loger provisoirement les ouvriers et mineurs noirs, la ville compte aujourd'hui quatre millions d'habitants, le double de la population de Johannesburg. Max, notre chauffeur, nous montre les trois parties du township qui est ordonné selon une hiérarchie sociale assez stricte. D'abord, la zone des « riches Noirs », professions libérales, commerçants ou chauffeurs de taxi. Maisons en brique avec pelouse, jardin et voiture particulière. Une partie de cette élite a déjà déménagé dans des banlieues pour Blancs, où elle a désormais le droit de résider. Ensuite, viennent les quartiers de classes moyennes. Ici, les maisons sont en béton et les jardins envahis de minuscules maisons où logent les jeunes couples. La troisième zone, la plus étendue, est celle des pauvres, qui vivent dans des cabanes en bois ou en tôle.

On m'a alerté sur les dangers que j'encours à Johannesburg. La ville posséderait le plus grand taux de criminalité au monde. On s'y fait dévaliser, agresser et violer de jour comme de nuit, l'infraction la plus fréquente demeurant le braquage de voiture à main armée. L'insécurité est telle que mon hôtel à Pretoria a décidé d'en faire son argument publicitaire principal : « Faites-vous agresser à Johannesburg, ou venez passer la nuit au *Word To Mouth* à Pretoria ».

Pourtant, je fais fi des conseils de prudence que tout le monde me prodigue et pars à pied avec mon appareil photo découvrir la première ville d'Afrique du Sud. On m'a recommandé de ne pas ressembler à un touriste. Évidemment, le short et le sac me trahissent d'emblée. Mais je ne vais tout de même pas me promener en bleu de travail avec une caisse à outils pour limiter les risques d'agression. Ou alors, autant faire une croix sur Johannesburg.

La capitale de l'or et des diamants a le même plan de rues en damier et les mêmes gratte-ciel qu'à Pretoria. Mais la ville paraît plus sale, plus peuplée, plus embouteillée. Et surtout, le centre-ville est fréquenté essentiellement par des Noirs, alors que Pretoria est le fief des Blancs.

À l'approche du Carlton Center, un vigile en uniforme vert et jaune, pistolet à la ceinture, s'adresse à moi en anglais :

« Vous êtes touriste ?

– Oui.

– Ne traversez pas la rue. De l'autre côté, il y a beaucoup d'agressions. Où allez-vous ?

– Je veux monter à la tour du Carlton Center.

– Venez avec moi, je vais vous escorter. »

En déclinant sa proposition, je réalise l'importance du dispositif policier dans la ville. Des patrouilles quadrillent la ville en permanence. Des vigiles armés gardent l'entrée des magasins et des bureaux. On se croirait dans un pays en état de guerre.

Au détour d'une rue plus calme, trois individus font irruption et m'agressent brutalement. L'un passe son bras autour de mon cou, m'étranglant à moitié, le deuxième tente d'arracher mon sac à dos pendant que le troisième me fait les poches. J'ai beau me débattre, ils me ceinturent en me bloquant les bras dans le dos. Une idée me traverse l'esprit. « Attendez une minute, j'ai quelque chose pour vous. » À ma grande surprise, mes agresseurs desserrent leur étreinte et tendent les mains comme si j'allais leur donner une liasse de billets de 100 dollars. Je défais alors ma montre (à 10 francs), mais ils la refusent. Je réitère ma proposition : « Attendez, j'ai autre chose », et je glisse ma main au fond d'une de mes poches pour en sortir deux cartes de téléphone (périmées !). L'un des hommes les prend, les regarde d'un air interloqué et les jette par terre rageusement. Par chance, ils avisent un policier qui passe au bout de la rue et détalent aussitôt.

Je l'ai échappé belle et en suis quitte pour une vive douleur au cou. Mais cette mésaventure me laisse un goût amer, un sentiment de trahison. Ma vie aurait pu basculer en une minute. Mes agresseurs auraient pu être armés, me poignarder ou m'abattre d'une balle. Certes on est toujours en danger, à la merci d'une agression, à Paris comme à Johannesburg. Mais ici, à l'autre bout du monde, je me sens plus fragile, plus vulnérable, et cet incident est vécu comme une injustice, un acte déloyal.

Je décide en toute logique de quitter rapidement Johannesburg. Un taxi me conduit directement à la gare, où je me fais escorter jusqu'au quai par un policier. Ce bâtiment en travaux est réellement sinistre. Des palissades partout, des ouvriers armés de chalumeaux, des quais couverts sombres et un déploiement de forces de police digne d'un sommet israélo-palestinien.

Ayant raté le « Blue Train » à Pretoria, je ne veux manquer sous aucun prétexte son passage à Johannesburg. Le convoi a fière allure avec ses wagons de livrée bleue arborant les blasons dorés « B » comme Blue. La clientèle qui en descend se caractérise par son élégance vestimentaire. Dans le wagon-restaurant tout en bois, vitres et chromes, des dizaines de ballons rouges ont été installés pour fêter la Saint-Valentin.

À bord de l'Anatola à destination de Bloemfontein, je regarde défiler les quais encombrés de voitures (sans doute un moyen de protéger les voyageurs en les laissant pénétrer dans la gare). Comme en Australie et en Nouvelle-Zélande, les trains sud-africains portent des noms

1

2

1 – Départ gare d'Annecy.

2 – Marché noir sur le Transsibérien.

3 – Locomotive à vapeur en Mandchourie.

4 – Viaduc ferroviaire dans les rizières chinoises.

5 – Quai de la gare de Tallinn, Estonie.

6 – Intérieur d'un wagon « couché dur » en Chine.

7 – Animaux vivants prêts à être embarqués sur le Train de la Réunification, Vietnam.

3

5

6

7

4

8

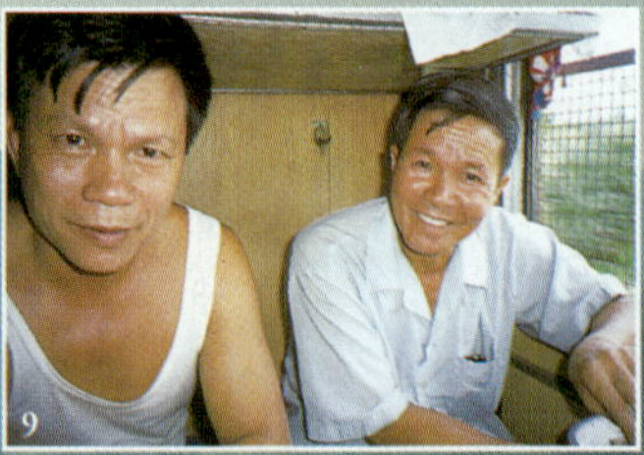

9

10

11

12

13

14

15

16

8 – À bord du Zig-Zag Railway.

9 – Compagnons de voyage au Vietnam. Celui de droite a 73 ans, malgré son air juvénile.

10 – Paysages de la région de Guilin, dans le sud de la Chine.

11– Passage de viaduc du train de Kuranda à Cairns, Australie.

12 – Horloges des trains au départ, gare de Melbourne.

13 – Locomotives accouplées sur le Coastal Pacific, Nouvelle-Zélande.

14 – « Zig Zag Railway » dans les Blue Mountains, Australie.

15 – Poste d'aiguillage de Louxor, Égypte.

16 – Vendeurs ambulants et voyageurs en partance, gare de Dire Dawa, Éthiopie.

17 – Rails dans le désert de Djibouti.

18 – L'armée escorte le train du Negus, souvent attaqué entre Djibouti et Addis Abeba.

18 – Sur le train du Négus, les enseignes sont bilingues français-amarhic.

20 – Système de réservation à l'éthiopienne : chacun pose son sac !

17

18

19

20

21

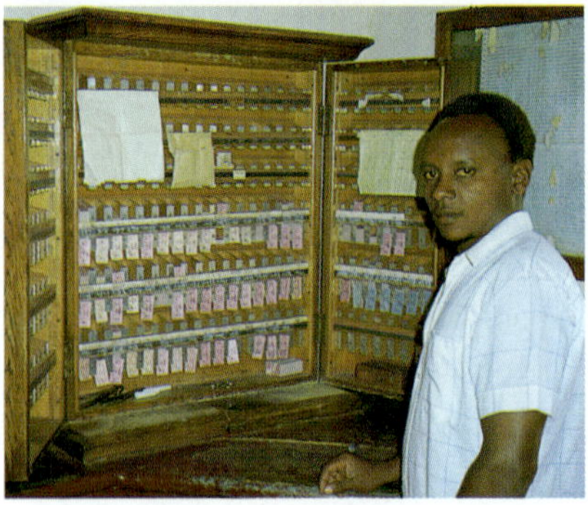

22

23

21 – Les gares et les voies ferrées sont un lieu public en Afrique.

22 – Chef de gare devant son casier à billets, Kenya.

23 – Derniers adieux avant le départ, Moshi, Tanzanie.

24 – Sur la locomotive du Tazara à Dar es-Salaam.

25 – Tenayne, éthiopienne musulmane.

26 – Chemin de terre au milieu de chemins de fer, Kenya.

24

25

26

27

28

29

30

27 – Locomotive à vapeur à Bulawayo, Zimbabwe.

28 – Wagon déraillé, scène commune en Zambie.

29 – Train des chutes Victoria en gare de Livingstone, Zambie.

30 – « Attention au train ».

31 – Train en Zambie.

32 – Voyageuse avec son bébé dans le dos.

33 – Train sur le viaduc qui enjambe les gorges du Zambèze.

34 – Voyageurs en gare de Victoria Falls.

35 – Chutes Victoria.

31

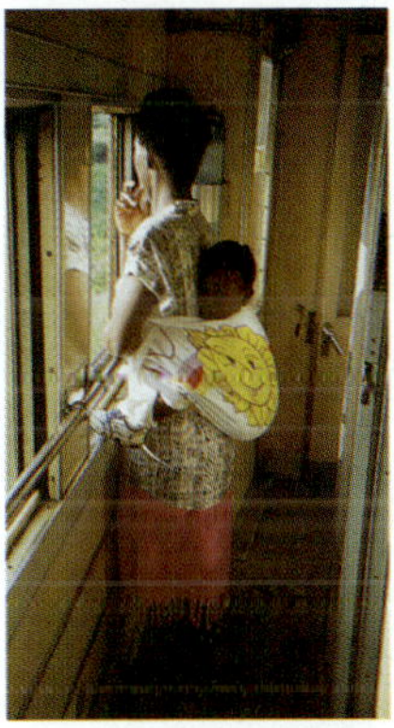

32

33

34

35

36

37

36 – Rencontre avec Elena en Afrique du Sud.

37 – Cavalières à pieds nus au Lesotho.

38 – Les trains servent de support publicitaire au Chili.

39 – Conducteur montant sur la machine du Tucumano, Argentine.

40 – Alfredo, conducteur du train le plus haut du monde, Bolivie.

41 – Locomotive à vapeur en Amérique du Sud

42 – Voie ferrée à Valparaiso, Chili.

43 – Train le plus haut du monde au col du Condor (4 883 m), Bolivie.

44 – Ferrobus (compromis d'autobus et de train) en Bolivie.

45 – Enfants sur une machine à vapeur à Potosi.

46 – Gare de Sucre, Bolivie.

38

39

40

41

43

42

44

45

46

47

47 – Marché indien de Pisac, Pérou.

48 – Voyageurs sur le toit du Nariz del Diablo, Équateur.

49 – Forteresse inca du Machu Picchu, Pérou.

50 – Vente d'artisanat en gare d'Ollantaytambo, Pérou.

51 – Le train est le meilleur moyen de transport pour rencontrer les populations locales.

48

49

50

51

52

52 – Train du Machu Picchu, Pérou.

53 – Cheminots équatoriens sur un wagon à traction manuelle.

54 – Locomotive à vapeur en Équateur.

55 – Passage de viaduc du Nariz del Diablo.

56 – Village Kogui dans la jungle colombienne.

53

54

55

56

57

57 – Croisement de train près du canal de Panama.

58 – Femmes indiennes sur le marché de Chichicastenango, Guatemala.

59 – Pont tournant et locomotives à l'abandon, gare de Ciudad Guatemala.

60 – Train près de Mexico.

61 – Site aztèque de Tehutihuacan, Mexique.

62 – Voies ferrées dans les Chiapas, Mexique.

63 – Train à deux niveaux d'AMTRAK, Californie.

64 – Le « Santa Fe » en gare de Sacramento, USA.

65 – Petit tabouret et hôtesse pour l'accueil des voyageurs du Coastal Starlight, USA.

66 – Le « Rocky Mountaineer » en gare de Vancouver, Canada.

58

59

60

61

62

63

64

65

66

67

67 – Elena dans le wagon-bar panoramique du Canadien.

68 – 1200 heures passées sur des rails...

69 – Arrivée gare du Nord.

70 – Traversée en train des Rocheuses, Canada.

Photos ©P. MELUL – sauf n°1 ©L. HUGUES

69

68

70

évocateurs comme le Transkaroo, le Southern Cross ou le Diamond Express.

Ces trains grandes lignes ne circulent qu'une fois par jour, ce qui illustre le déclin du rail dans un pays où les voyageurs préfèrent l'avion ou la voiture. Le coup de grâce a été porté dans les années 80 par le gouvernement qui a supprimé le monopole du transport des chemins de fer sud-africains. La concurrence des camions pour le fret et celle des minibus pour le trafic voyageur ont provoqué l'effondrement du rail. Le réseau, jadis très dense, s'est réduit comme une peau de chagrin. Il ne reste désormais que les grands axes, pour la plupart électrifiés, et le trafic banlieue autour de Pretoria, Johannesburg et Le Cap.

J'ai quitté la grande région industrielle de Johannesburg, le Witwatersrand, sous une pluie battante, et roule désormais à travers des étendues agricoles comparables au Midwest. Blé, maïs, orge et tournesol dominent les cultures et seuls quelques palmiers et cactus rappellent la proximité du tropique du Capricorne.

Des champs à perte de vue, quelques rares ovins et des fermes çà et là qui ressemblent plus à un entrepôt à grains qu'à un cottage anglais.

Arrivée à Bloemfontein. Sous un véritable orage tropical, je gagne le seul hôtel pour routards de la ville. En me déshabillant, je réalise que j'ai perdu la pochette qui contenait mon argent liquide et ma carte de crédit. Ironie du sort, après mon agression de Johannesburg, je m'étais enfin résolu à protéger mes valeurs, et j'avais glissé cette pochette avec 150 dollars et 300 rands (environ 1 000 francs pour le tout) dans mon slip. J'ai dû laisser tomber ladite pochette à mon premier séjour aux toilettes.

Il ne me reste qu'à annuler ma carte bleue et à changer de nouveaux chèques de voyage, que j'avais heureusement conservés à part.

Le lendemain, j'ai les pires difficultés pour trouver la gare routière où je dois prendre un bus pour le Lesotho. L'endroit ne figure pas sur les plans de la ville. Et les Blancs de Bloemfontein nient même son existence, avant que l'un d'eux m'avoue qu'il s'agit d'un lieu dangereux et peuplé de Noirs. Certes, l'endroit n'a pas le standing d'un aéroport, mais il n'a rien non plus du coupe-gorge que l'on m'a décrit. J'y retrouve l'ambiance rencontrée dans d'autres pays d'Afrique : vendeurs de fruits et cigarettes, voyageurs assis sur leurs ballots dans l'attente d'un bus en partance, véhicules bondés. Après avoir déjoué les pièges de l'achat de billet auprès d'une employée peu coopérative, je prends place à bord d'un minibus archi-comble. Coincé entre la cloison et d'autres voyageurs, mon sac à dos sur les genoux, je ne peux ni bouger ni voir à l'extérieur.

À Maseru Bridge, il faut franchir la frontière à pied pour entrer au Lesotho. Malgré mon absence de visa, le policier tamponne mon passeport et m'invite à aller régulariser ma situation au bureau d'immigration à Maseru.

Large d'à peine 200 kilomètres, le Lesotho est complètement enclavé en Afrique du Sud et se présente comme un haut plateau cerné de montagnes qui culminent à plus de 3 500 mètres. Ancien protectorat britannique, ce petit pays est gouverné par un roi. La mort de celui-ci, il y a trois semaines, a créé un imbroglio politique sans précédent.

Dès qu'on quitte Maseru, on découvre un pays authentique, mélange de culture africaine et montagnarde. L'habitat se compose de huttes en pierre couvertes de toits de paille. La population locale se déplace presque exclusivement à cheval, s'enveloppe dans de grandes couvertures, allant jusqu'à porter des passe-montagnes.

En gagnant de l'altitude, la température a fortement baissé. Nous roulons sur une mauvaise piste, rendue encore plus difficile par la pluie de ces derniers jours. Bien que le plafond nuageux soit très bas, le regard porte au loin sur des collines partiellement cultivées, des montagnes pelées, des rivières et des gorges. À l'entrée d'un village, trois hommes à cheval portent des cercueils de bois. Ils me saluent de la main et je réponds volontiers à ce geste de bienvenue, qui contraste avec la tension interraciale d'Afrique du Sud.

Miraculeusement pris en stop sur la route déserte de Semongkong, j'atteins ce petit village isolé. Il a fallu plus de quatre heures pour couvrir les 110 kilomètres depuis Maseru, et j'ai vraiment l'impression d'être arrivé au bout du monde. Ici, pas de voitures, pas de téléphone, pas de télévision. Je m'installe au Fraser Lodge, agréable ensemble de constructions en pierre au bord d'une rivière. Le dortoir aux allures de refuge se situe sur une colline, à 200 mètres de la cuisine et encore plus de la réception, ce qui me permet de m'entraîner à la marche en montagne avant d'entreprendre une randonnée.

Nous sommes seulement quatre occupants dans ce Lodge prévu pour en héberger une cinquantaine. Sur le registre, la signature du dernier arrivant remonte à une semaine. Aussi les six employés de l'hôtel, particulièrement désœuvrés, passent-ils l'essentiel de leurs journées à discuter, à jouer aux cartes ou au billard.

Pour regagner Maseru, je dois prendre le bus. Il n'y a pas de touristes et la quasi-absence de voitures rend l'auto-stop très aléatoire. À bord, quelques paysans qui se rendent dans des villages voisins et des femmes bien habillées qui vont travailler dans la capitale.

La pluie ruisselle sur les vitres embuées du bus. Pour éviter les cahots, le chauffeurs slalome entre les ornières et les flaques de boue. Mais la route devient de plus en plus boueuse et dans une descente, deux camions embourbés bloquent complètement la voie. Les passagers rassemblent alors leurs affaires et descendent du bus. L'un deux m'explique que nous devons marcher jusqu'au prochain village pour récupérer un autre bus. J'emboîte le pas de ce cortège insolite qui progresse dans dix centimètres de boue, sous une pluie battante et dans un épais brouillard. Certaines femmes, chaussées de talons hauts ou encombrées de volumineux bagages, traînent sur le chemin.

Au bout d'une heure de marche, nous atteignons un petit village au bord de la route. Commence alors, sous la pluie, la longue attente du bus en provenance de Maseru, qui devrait faire demi-tour ici. Un commerçant propose de nous abriter sous la cabane de toile qui lui sert de magasin. Les gens ne parlent pas anglais, mais un coopérant américain qui comprend un peu le sotho assure la traduction. En quelques minutes, nous plaisantons comme de vieux amis, échangeant cacahouètes, bonbons et cigarettes.

Le bus de Maseru arrive enfin et dépose ses passagers. Le chauffeur, après s'être enquis de l'état de la route, décide de rebrousser chemin. Les cinquante voyageurs en attente montent alors dans le bus, créant un véritable champ de boue à l'intérieur du véhicule. Une heure plus tard, nous retrouvons le soleil et traversons une région magnifique où une roche de couleur rosâtre affleure partout, créant un contraste agréable avec le vert tendre de l'herbe.

À Maseru, je devrais logiquement regagner Bloemfontein, mais une force aussi irrationnelle qu'absurde me pousse à effectuer un crochet de 500 kilomètres pour retourner à Johannesburg, dont je garde pourtant un mauvais souvenir.

Je me retrouve au Rockey Street Backpackers, le même hôtel qu'à mon précédent passage dans la ville. Après une grasse matinée, je me prépare à partir à la gare. Je compte attraper le train de 12 h 30 pour Le Cap, loin de l'ambiance malsaine de Johannesburg.

Mais dans le bureau de la réception où je dois appeler un taxi, je fais la connaissance d'Elena. Cette rencontre fortuite va bouleverser tous mes plans. Elena est une jolie Argentine aux yeux noisette, qui vient passer trois semaines de vacances en Afrique du Sud. Lorsqu'elle m'adresse la parole, je tombe aussitôt sous le charme de sa voix délicate et de son ravissant accent espagnol.

« De quel pays viens-tu ? me demande-t-elle.

– De France.

– J'adore la France.

– Et toi, d'où viens-tu ?

– D'Argentine.

– J'adore l'Argentine. »

C'est le coup de foudre ! En l'espace de quelques minutes, je suis tombé amoureux. Je lui propose de m'accompagner au Cap. D'un ton sincèrement désolé, Elena m'explique que c'est impossible. Elle doit rester deux jours à Johannesburg, puis a réservé sur un circuit de trois semaines à travers l'Afrique du Sud. Qu'importe, c'est moi qui resterai ici. Tant pis si Johannesburg me déplaît, tant pis si Le Cap est une ville magnifique !

Quand je lui annonce ma décision, Elena semble à la fois surprise et ravie. L'après-midi, je l'accompagne à Soweto, ce qui me vaut une deuxième visite du township.

Le soir, nous dînons au restaurant, avant d'aller voir un film au cinéma : *Never talk to a stranger* (Ne jamais parler avec un inconnu) avec Antonio Banderas et Rebecca de Mornay. Nous buvons ensuite un verre au Hard Rock Café, bar branché à la réputation internationale où se retrouve la jeune bourgeoisie blanche de Johannesburg. Nous finissons la soirée dans une boîte de nuit à clientèle exclusivement noire. Étonnés de voir des Blancs se mêler à eux, ils nous intègrent rapidement et dansent avec nous. L'endroit n'est cependant pas des plus sûrs. Malgré une fouille corporelle à l'entrée, un homme a réussi à pénétrer avec un pistolet. Pour une raison inconnue, il tire deux coups de feu en l'air. Pris de panique, certains clients se couchent à plat ventre pendant que d'autres, y compris nous, quittent précipitamment les lieux. Johannesburg n'est décidément pas une ville de tout repos !

Je ne quitte plus Elena d'une semelle. Elle me raconte sa vie en détails. Fille d'émigrés espagnols, elle a toujours vécu à Buenos Aires où elle a suivi des études d'assistante sociale. Elle travaille maintenant dans un hôpital pour handicapés. Elle évoque sa vie sentimentale à la manière d'Andie MacDowell dans *Quatre mariages et un enterrement* : « Numéro 1 s'appelait... numéro 2 faisait ci... numéro 3 était comme ça... »

Le soir venu, le guide du circuit qu'elle doit suivre pendant trois semaines refuse de me prendre sur le minibus, et lance à Elena : « Si tu es amoureuse, tu n'as qu'à rester avec lui, et rejoindre le circuit plus tard. » En quelques minutes, notre décision est prise. Nous louerons une voiture demain et irons passer quatre jours dans le Transvaal, où Elena rejoindra le groupe. Quant à moi, je me rendrai en train au Cap, où je dois prendre un avion à la fin de la semaine.

Mon budget moyen m'interdisant généralement la location de voiture, cela fait huit mois que je n'ai pas conduit et le levier de vitesse à gauche (les Sud-Africains roulent à gauche comme les Anglais) me pose quelques problèmes. De plus, la sortie de Johannesburg s'effectue sous une pluie diluvienne, qui contraint les véhicules à ralentir.

Ces quatre jours avec Elena se déroulent comme dans un rêve. Le Transvaal me paraît resplendissant avec ses collines verdoyantes, ses champs de maïs et ses forêts de pins. La cascade de Mac Mac est un véritable bain de jouvence où l'on peut plonger à loisir, et le canyon de Blyde River offre le panorama magnifique d'une gorge profonde hérissée de mamelons et de collines boisées.

Mais, surtout, c'est la découverte d'un être exquis. Une complicité de chaque instant. Elena est délicieuse, féminine, câline, toujours de bonne humeur. Nous passons des heures à parler en anglais de nos vies, de nos pays, de notre vision du monde, de nos voyages.

Je ressens un gros pincement au cœur lorsque nous devons nous séparer quatre jours plus tard. Elle rejoint son groupe à Berg en Dal, à l'entrée du parc Kruger. Courte (mais poignante) cérémonie d'adieu, après ces quelques jours d'amour passionné. Heureusement, je dois partir bientôt en Amérique du Sud et promets de lui rendre visite à Buenos Aires.

Je dois maintenant me hâter pour rejoindre Johannesburg avant 12 h 30. Si je manquais le train pour Le Cap, je raterais mon avion. Hélas, avec les travaux, la circulation et deux accidents, je ne parcours pas plus de 40 kilomètres en une heure. Dès que le trafic redevient fluide, j'appuie sur l'accélérateur, et roule à plus de 150 km/h, ce qui arrive rarement.

À la sortie d'un virage, une voiture de police me somme de m'arrêter et l'homme qui en sort s'apprête à me dresser un procès-verbal. Je tente alors de lui expliquer ma situation. Curieusement, le policier me fait une proposition : « Si vous payez immédiatement 100 rands (140 francs) en espèces, vous pouvez repartir tout de suite. » Bien que son offre ressemble fortement à de la corruption, je n'hésite pas un instant. Je lui glisse les 100 rands dans la main et reprends le volant sans tarder.

La deuxième partie du trajet est moins embouteillée et j'arrive à la gare de Johannesburg une demi-heure avant le départ du train.

Le Transkaroo démarre bientôt à destination du Cap. Un voyage de 1 600 kilomètres qui doit durer 26 heures.

Sous un soleil radieux, nous traversons une région de vignobles. Des hectares de vignes sont plantés de manière espacée pour permettre une exploitation mécanisée et intensive. Les deux locomotives accouplées des Spoornet tirent sans peine la rame de quinze wagons à la livrée grise et le train file à bonne allure dans cette vaste plaine.

Plus loin, la voie ferrée se fraie un chemin le long d'une rivière, entre des montagnes aux roches rouges, avant d'emprunter une série de tunnels interminables.

L'arrivée à la gare centrale du Cap marque la fin de mon périple africain. Je me trouve à la pointe sud du continent, à la jonction entre l'océan Atlantique et l'océan Indien, un port considéré comme stratégique par les Hollandais puis les Anglais. Pourtant, j'ai l'impression d'avoir quitté l'Afrique depuis longtemps. Les constructions modernes, la forte minorité blanche, les Noirs eux-mêmes qui ont adopté un mode de vie plus proche de la communauté noire américaine que de leurs voisins africains, le climat frais et pluvieux, ce train fonctionnel et aseptisé, tout m'incite à penser que j'ai quitté le continent africain depuis ma sortie du Zimbabwe.

Une vieille dame aux cheveux blancs vient s'asseoir à mes côtés et commence à me raconter sa vie. Âgée de soixante-seize ans, elle a passé sa vie à voyager et à changer d'hommes. Elle a épuisé quatre maris, ne peut se souvenir du nombre de ses amants, soupirants et autres prétendants. Elle parle le français (trois mots), allemand (deux mots) et italien (à peine un mot). La vieille dame un peu farfelue devient plus entreprenante. Elle me trouve beau, prétend posséder beaucoup d'argent et s'enquiert de mes projets pour l'après-midi. Mais je n'ai pas l'intention de jouer à ce jeu-là et ne tarde pas à m'éclipser.

Il me reste deux heures pour visiter Le Cap, avant mon départ à l'aéroport. La « ville la plus belle du monde » (d'après les brochures de l'office de tourisme) présente un visage plutôt lugubre sous cette pluie battante. Pourtant, malgré le mauvais temps, on imagine une cité agréable à vivre, comparable à Wellington en Nouvelle-Zélande : un site superbe en bord de mer encadré par des montagnes, un centre-ville mêlant immeubles du début du siècle et gratte-ciel modernes, un vieux port réaménagé en centre commercial.

Je flâne un moment sur les quais, le quartier touristique du Cap. On n'a pas lésiné sur les moyens pour rendre ce site attrayant : galeries commerciales, restaurants, bars, rues piétonnes, terrasses. Un endroit luxueux qui, naturellement, n'est fréquenté que par des Blancs.

XIII

LE RAIL EN PERDITION
CHILI-ARGENTINE

L'absence de vol direct entre l'Afrique du Sud et le Chili me contraint, encore une fois, à transiter par Londres. En outre, le passage par l'Europe me permet de réaliser quelques économies. C'est à n'y rien comprendre des tarifications aériennes !

À Santiago, je m'installe dans un *residencial*, sorte de pension de famille pour voyageurs. L'endroit dégage un parfum d'Espagne et la tenancière est une vraie matrone. Nonobstant une clientèle très internationale, elle ne parle pas un mot d'anglais, comme nombre de Sud-Américains. Durant les mois à venir, il me faudra améliorer les rudiments d'espagnol appris il y a dix ans en cours du soir. Heureusement, la langue de Cervantès m'a toujours fasciné et son apprentissage me procure un réel plaisir malgré des débuts chaotiques et laborieux.

En cette fin d'été austral, le 10 mars 1996, le ciel affiche un bleu méditerranéen et le soleil me caresse doucement le visage. Le beau temps incite les Chiliennes à revêtir des tenues sexy : minijupes, décolletés avantageux, talons aiguilles. Partout flotte un air de séduction, qui ne laisse pas les hommes indifférents.

À Santiago, on pourrait se croire à Barcelone, à Paris ou à Berlin. Dans les larges avenues bordées d'arbres circulent des voitures récentes de fabrication européenne. Les immeubles présentent d'élégantes façades bourgeoises du début du siècle. Les zones piétonnes ressemblent à celles de beaucoup de villes allemandes.

Trois faits attirent pourtant mon attention : la concentration impressionnante de téléphones publics rouges ou verts, le nombre étonnant de cinémas et la multitude de couples qui s'embrassent. La moindre parcelle de pelouse de la capitale est en effet envahie de « latin lovers » entrelacés.

Sur les bords de la rivière Mapocho, se trouve la gare du même nom, à la magnifique façade ocre. Mais plus aucun train ne la dessert depuis des années et le bâtiment abrite désormais un musée d'Art moderne. Il n'existe plus de train entre Santiago et Valparaiso, les deux principales villes du pays, distantes de 140 kilomètres. La politique ultra-libérale du général Pinochet a entraîné un véritable démantèlement des chemins de fer chiliens. Sacrifiée sur l'autel de la rentabilité, la compagnie ferroviaire a supprimé des trains et fermé des milliers de kilomètres de lignes.

Le train a perdu une grande partie de sa compétitivité avec le développement des sociétés d'autobus qui, mues par une concurrence aiguisée, offre des services toujours plus rapides, plus confortables et moins chers. Ainsi, sur le trajet Santiago-Valparaiso, les bus mettent deux heures, avec plus de quarante fréquences par jour, alors que le même trajet en train excédait les quatre heures, avec seulement trois fréquences par jour. La suprématie des bus entraîna donc la fermeture de la ligne il y a quatre ans – celle qui franchissait la cordillère des Andes connut le même sort.

Forte du succès de l'autobus, la gare routière de Santiago allie modernisme, propreté et fonctionnalité : marbre, verre, lumières tamisées, hôtesses en uniforme, galeries commerciales, écrans de télévision.

À l'heure précise, le bus démarre pour Valparaiso. Place réservée, section non-fumeurs, air conditionné, toilettes, café à disposition. On se mettrait presque à aimer les bus... Dès qu'on quitte Santiago, on franchit plusieurs chaînes de montagnes entrecoupées de vallées aux riches vignobles et vergers, dont la production s'exporte dans le monde entier. La route très passante est bordée de panneaux publicitaires racoleurs qui détonnent dans le paysage environnant.

Valparaiso a tout d'une ville portuaire. D'un côté, le port marchand avec ses cargos et ses conteneurs ; de l'autre, le port militaire avec ses navires de guerre et son Académie navale. Le centre-ville se résume en quelques rues très commerçantes qui longent le bord de mer. Mais le reste de la cité est bâti sur une série de collines escarpées qui forment un amphithéâtre. On y accède en empruntant l'« ascenseur », un de ces quinze funiculaires vieux de cent ans.

Rescapé du « massacre du ferroviaire », un service de trains couvre les quelques kilomètres qui séparent Valparaiso de Vina Del Mar, la station balnéaire la plus connue du Chili. Sur les quais envahis de mauvaises herbes de la gare Puerto, une simple horloge en bois avec des aiguilles en plastique indique l'heure de départ du prochain train. Des rames couvertes de publicités composent l'*automotor* à destination de Vina Del Mar et Limache. Après avoir traversé la zone portuaire encombrée d'entrepôts et de conteneurs, le train longe la mer, offrant de belles vues sur la baie de Valparaiso.

À Vina Del Mar, d'opulentes villas de style californien rivalisent de beauté. La concentration de banques et d'hôtels de luxe doit satisfaire la bourgeoisie de Santiago qui migre pendant l'été. Pourtant, le littoral est plutôt décevant, disparaissant sous le béton d'immeubles de vingt étages. Comble du ridicule sur une côte qui compte des milliers de kilomètres de plages désertes, il est interdit de se baigner dans la mer pour cause de pollution. Mais ce qui compte, à Vina Del Mar, est de voir et d'être vu !

Téléphonant sans relâche à Buenos Aires, je finis par joindre Elena, tout juste rentrée de son voyage en Afrique du Sud. Elle me donne rendez-vous le samedi suivant à Bariloche, ville argentine située dans les Andes, à la frontière avec le Chili.

Même si Elena me manque chaque jour davantage, je m'interroge sur le sort d'une aventure de voyage comme la nôtre. Notre histoire ne donne pas dans la simplicité. Que peut-il advenir d'une Argentine et d'un Français se rencontrant en Afrique du Sud lors d'un tour du monde ?

La gare centrale de Santiago est un monument classé historique. Malgré sa grande marquise métallisée et ses imposantes grilles en fer forgé, le bâtiment a perdu de son lustre d'antan. Avec un seul train de grandes lignes par jour et une dizaine pour la banlieue, la gare ferroviaire fait pâle figure par rapport à la gare routière.

Le train démarre à destination de Puerto Varas. D'aspect vieillot, la rame comporte trois classes : *dormitorio*, avec des cabines-couchettes, *salon* pour les assises de deuxième classe, et *turista* pour la troisième classe. Mon budget de routard me conduit tout naturellement vers la troisième option. Je monte à bord d'un wagon d'au moins trente ans, qui nécessiterait une sérieuse rénovation. Mais les chemins de fer chiliens ne paraissent pas en état d'investir.

Bien que voyageant en place assise, j'ai dormi profondément cette nuit. Au réveil, plusieurs surprises m'attendent. D'abord, il fait froid, à peine 15 °C. Je m'empresse d'enfiler un pantalon et une laine polaire. À 500 kilomètres au sud de Santiago, le climat méditerranéen s'est mû en climat tempéré, et le ciel bleu d'azur d'hier a cédé la place à une pluie battante. La végétation, elle aussi, s'est radicalement transformée. Au lieu des montagnes pelées, des cactus et des vignobles, on voit maintenant des vertes collines, des pâturages, des rivières et des maisons de bois.

À côté de moi, un jeune homme somnole dans son sac de couchage. Il s'appelle Cristobal, habite La Serena au nord de Valparaiso et poursuit des études de vétérinaire à Valdivia, près d'Osorno. Il m'avoue sa passion des trains et me raconte avec nostalgie le voyage qui l'a conduit il y a deux ans en Europe, de Barcelone à Stockholm. Vivement intéressé par mon tour du monde en train, il me pose une multitude de questions.

À Temuco, le train marque un arrêt de plus d'une heure et Cristobal me commente toutes les manœuvres. On coupe d'abord la locomotive, puis on retire les wagons-couchettes, le wagon-restaurant, le wagon-porte-autos, et quelques wagons de première. En fait, il ne reste que deux wagons à destination de Puerto Varas et ils sont loin d'être complets.

Dans le hall de la gare, une exposition tente d'expliquer les restructurations des chemins de fer chiliens. Passant sous silence le démantèlement du réseau, on y explique les structures juridiques de la nouvelle société et sa volonté d'investir dans du matériel neuf et des voies nouvelles. Une sorte de TGV futuriste semble sceller l'avenir serein des *Ferrocarril del Sur*...

Lorsque le train redémarre, la réalité dément totalement ce portrait idyllique. La voie ferrée, déjà mauvaise avant Temuco, devient exécrable. Outre le «roulis» incessant qui empêche d'écrire ou même de lire, le train décrit des mouvements d'avant en arrière qui me rappellent le chemin de fer en Éthiopie. Un véritable parcours de montagnes russes, où emprunter la passerelle entre les wagons se révèle périlleux, tant le train subit de secousses. D'ailleurs, si le terminus a été reporté de Puerto Montt à Puerto Varas, vingt kilomètres plus au nord, c'est que la voie a été déclarée impraticable. Je n'ose en imaginer l'état !

Le train se vide peu à peu de ses passagers. Les gares paraissent tristes en comparaison avec l'Afrique ou l'Asie, ou même l'Europe. Au Chili, le chemin de fer se meurt. Il est même difficile de se restaurer. Le wagon-restaurant et la vente ambulante ont été retirés à Temuco. Les buffets des gares ont mis la clé sous la porte et il n'y a même pas un vendeur de cacahouètes ou de biscuits. Il faut attendre l'arrivée à Osorno, vers 16 heures, pour trouver une cafétéria.

Soudain, notre train s'arrête sans raison en rase campagne. Les contrôleurs (au nombre de quatre) se précipitent à l'avant. Très vite, la nouvelle invraisemblable se propage : « On a perdu la locomotive. » Cinq minutes plus tard, la machine fait marche arrière et s'immobilise. Un contrôleur m'explique que le crochet s'est défait en marche. Fort heureusement, les wagons sont munis d'un système de frein automatique qui entraîne l'arrêt du train en quelques minutes. Un autre contrôleur enfile alors une paire de gants graisseux, descend sous la locomotive et refixe le crochet et les câbles, comme si de rien n'était. Heureusement que cet incident nous est arrivé sur terrain plat !

Au terme d'un voyage plutôt épique, le train arrive à Puerto Varas, avec plus de deux heures de retard. Il ne reste plus que six voyageurs à bord : un vieux couple de Chiliens, deux Israéliennes, Cristobal et moi. La gare de Puerto Varas est la plus au sud du continent américain, depuis que Puerto Montt a cessé d'être desservi. Mais, comme à Invercargill, la gare la plus au sud du monde (en Nouvelle-Zélande), la direction des chemins de fer n'a pas obéi à des exigences architecturales particulières. La gare est un horrible bâtiment en béton armé, que je m'empresse de quitter sous une pluie battante.

Situé au bord du lac Llanquihue, face au volcan enneigé Osorno, Puerto Varas est une ville touristique : hôtels, restaurants, boutiques de souvenirs, maisons en bois, sapins, lac, montagnes. Si les enseignes n'étaient pas en espagnol, on se croirait volontiers au Canada ou en Norvège.

Pour rejoindre l'Argentine, je traverse la cordillère des Andes par une combinaison originale de moyens de transport : en minibus, en bateau, à pied.

Au bord du lac Frias, un chalet en bois fleuri abrite la douane et la police argentine. À raison d'une cinquantaine de touristes par jour à contrôler, le policier local mène une vie paisible, dans un décor de rêve. Du moins risque-t-il plus l'ennui que le stress. Le lac Frias a tout d'un fjord, avec ses eaux vert émeraude entourées de montagnes à pic.

Ce trajet de 140 kilomètres sur pistes et lacs me conduit jusqu'à Bariloche en Argentine. La « Suisse argentine » mérite bien son nom. Chalets en pierre et bois, boutiques de luxe, propreté irréprochable, restaurants de fondues et spécialités de chocolat.

Avant mon départ de France, j'avais pris quelques renseignements. Je savais que le train avait connu, en Argentine comme au Chili, des restructurations drastiques ces dernières années, depuis la privatisation générale. Tous les trains internationaux au départ d'Argentine avaient été supprimés (Buenos Aires à Santiago, Antofagasta, La Paz, Asunción). Je savais également que la liaison jadis fréquentée de Bariloche à Buenos Aires était passée d'une fréquence journalière à hebdomadaire. Mais la situation se révèle encore pire que ce que j'imaginais. À l'office de tourisme, on m'annonce que la liaison directe avec la capitale argentine n'existe plus. Suite à un transfert des chemins de fer de l'État aux provinces, le train s'arrête désormais à Viedma (600 kilomètres) d'où il faut prendre un bus pour Bahia Blanca (300 kilomètres), et attendre deux jours le train pour Buenos Aires (600 kilomètres). En outre, l'hôtesse de l'office du tourisme ne peut m'assurer que les trains circulent et me conseille vivement de prendre l'autobus ou l'avion.

À l'écart du centre-ville, la gare de Bariloche abrite à la fois les trains et les bus. D'un côté, les quais : façades décrépies, marquises rouillées, voies envahies de mauvaises herbes, une rame à l'abandon, et quelques vieux wagons en bois qui servent d'abri à des familles démunies. De l'autre côté, la cour de la gare : autocars de grand confort aux couleurs vives, groupes de voyageurs en partance, colis sur le point d'être chargés.

Dans le hall sombre, tous les guichets sont fermés et un simple papier écrit à la main indique : « Le service des trains est suspendu jusqu'à nouvel ordre » !

Les chauffeurs de bus prétendent ne rien savoir, mais un employé des SEFEPA (Servicio de Ferrocarril de Patagonia) finit par m'expliquer la situation. Après la privatisation et la reprise des chemins de fer par la province de Patagonie, la direction a découvert un énorme déficit dans les comptes et a décidé d'arrêter de payer les salaires. Au bout de six mois sans solde, les employés ont déclenché une grève générale. Aucun train ne circule en Patagonie depuis trois semaines, et la reprise prochaine du trafic semble improbable. D'autres cheminots viennent se confier à moi. Oui, la situation du rail en Argentine est désastreuse. Le gouvernement a réellement « cassé » le chemin de fer, affichant une préférence marquée pour le transport routier.

À l'aéroport, je retrouve Elena, venue me rejoindre pour le week-end. Je n'ai cessé de penser à elle depuis notre rencontre en Afrique du Sud, et je retrouve son sourire, sa bonne humeur et sa distraction légendaire.

Après une longue nuit au sympathique hôtel Moiras, nous effectuons l'ascension du Cerro Catedral. Là-haut, nous distinguons au loin les sommets de la cordillère des Andes et les nombreux lacs que comporte la région.

Le lendemain, Elena et moi prenons le bus à destination de Bahia Blanca. En Espagne, on dit *autobus*. Mais les Argentins l'appellent au choix micro, *collectivo*, ou *omnibus*. Comme au Chili, la concurrence effrénée entre de nombreux opérateurs profite au client. Véhicule moderne, sièges confortables et inclinables, toilettes, télévision, musique d'ambiance, service gratuit de sandwiches et de café, hôtesse en uniforme dont les talons sont aussi hauts que la minijupe est courte.

La ville de Bahia Blanca n'a vraiment rien d'une halte touristique. Cette agglomération de 600 000 habitants doit sa prospérité à ses activités portuaires et militaires. De tristes avenues bordées d'immeubles en béton quadrillent cette ville sans charme. Le seul bâtiment pittoresque se trouve être la gare. Derrière de grande grilles en fer forgé rehaussées de lampadaires XIXe, une grande cour pavée permet d'admirer la belle façade de ce bâtiment bien proportionné. Malheureusement, la gare est fermée. Avec deux trains par semaine au lieu de trois par jour jadis, les horaires des guichets et la consigne à bagages frisent le ridicule : « Ouvert les mercredis et dimanches de 17 heures à 20 heures ».

Le seul cheminot de faction, oisif et heureux de rencontrer un adepte des trains, nous fait visiter la gare, les voies et l'atelier. Au bout d'un quai, il nous montre deux wagons sédentaires. Le premier tout en bois, sert de dortoir au personnel roulant. Le second abrite une maquette géante de circuit ferroviaire, entretenue par un « fou du rail ». Le « senor Juan-Felipe » me présente avec fierté sa création. Il lui a fallu plus de quarante-deux ans pour réaliser ce circuit sur lequel circulent des répliques miniatures de tous les matériels ferroviaires argentins.

Le train pour Buenos Aires part avec trois quarts d'heure de retard. Elena espère qu'il rattrapera une partie du temps perdu, car elle doit impérativement être à son travail, demain, à 10 heures.

Ce train est le dernier en Argentine à posséder des wagons-lits et un wagon-restaurant. Nous nous offrons ce luxe, rarissime en Amérique du Sud. Le décor est plutôt luxueux, mais les terribles secousses suffisent à rappeler le mauvais état de la voie. Sous l'effet des cahots, la plupart des carreaux se brisent.

Le lendemain, au réveil, on nous apprend que le train a plusieurs heures de retard. Effectivement, nous sommes arrêtés dans la gare de Flores, située à près de 200 kilomètres de Buenos Aires. D'après le contrôleur, la locomotive est tombée en panne cette nuit.

Le train devrait donc arriver à Buenos Aires avec près de cinq heures de retard, soit vers 13 heures. De Flores, il n'y a pas de bus pour Buenos Aires, la gare n'a pas le téléphone (Elena ne peut prévenir de son retard) et le contrôleur nous assure qu'il n'y aura aucun remboursement, même partiel. Elena regrette amèrement d'avoir pris le train, alors que de nombreux voyageurs promettent, la prochaine fois, de prendre le bus !

À 13 heures, nous arrivons à Buenos Aires, gare de Constitucion. Nous nous engouffrons dans un taxi, une Renault 12 noir et jaune, et filons vers le lieu de travail d'Elena. Elle descend en hâte, en me laissant les clés de son appartement.

À l'instar de la majorité des villes américaines, Buenos Aires est construite selon un plan en damier très strict. Les pâtés de maisons *(cuadras)* sont tous numérotés et les rues en sens unique, afin d'éviter les accidents dans une ville où plus d'un conducteur se prend pour Fangio (le célèbre pilote de course était argentin !).

L'appartement d'Elena est situé avenida Diaz Velez, une large avenue proche du centre-ville, à *Capital Federal*. Buenos Aires est le nom de l'agglomération et de la province. Elle partage un quatre-pièces avec sa sœur Andrea, également célibataire, et ses deux chats, Misha et Mumi. Andrea et Elena ont deux points communs. Ce ne sont pas des maniaques du rangement (surtout Elena) et elles adorent la France. Des souvenirs de Paris (parfums, photographies de Montmartre, tours Eiffel miniatures), rapportés d'un récent voyage en Europe, traînent un peu partout dans leur appartement.

Bien décidé à rester plusieurs semaines auprès d'Elena à Buenos Aires, j'en profite pour me procurer quelques visas. J'en avais obtenu certains à Paris avant mon départ, mais la plupart n'ont une validité que de trois mois, et il me faut désormais courir d'ambassade en consulat pour demander les coups de tampon nécessaires à la suite de mon voyage. Panama, Équateur, Nicaragua, Salvador... Je dois jongler entre les horaires d'ouverture fantaisistes, l'humeur des fonctionnaires et la liste de papiers toujours manquants. Ainsi me réclame-t-on presque systématiquement un billet d'avion, que je n'ai pas puisque je voyage en train !

Prévenues de mon passage, toutes les collègues d'Elena à l'hôpital défilent dans son bureau pour me voir, curieuses de rencontrer le « petit ami » venu de France. Claudia, Rita, Irma, Felicia, Mirta, Sandra, Christina... je ne sais plus où donner de la tête. Contrairement à l'Australie et à la Nouvelle-Zélande où il valait mieux éviter de préciser qu'on était français, notre pays bénéficie en Argentine d'une bonne image de marque, et un Français se trouve couronné d'une auréole de préjugés favorables avant même d'avoir ouvert la bouche.

Comme Santiago, Buenos Aires n'a rien d'exotique pour un Européen. Elle ressemble autant à Madrid qu'à Paris, avec ses larges avenues, ses immeubles bourgeois, ses hôtels et boutiques de luxe, ses femmes et hommes élégants buvant un café sur une terrasse de Recoleta. Buenos Aires est une ville aux influences cosmopolites : restaurants italiens, architecture espagnole, publicités américaines, voitures françaises. Les rues sont encombrées de Renault 12 et de Peugeot 504. Les piétons ont des visages très européens, croisés d'Italiens, d'Espagnols et d'Allemands. Seule une petite minorité (5 %) d'Argentins a du sang indien. Ces derniers, peu nombreux à l'arrivée des conquistadores espagnols, furent pour la plupart exterminés dans les premiers temps de la colonisation, et les survivants se réfugièrent dans les montagnes du nord-ouest.

Espérant obtenir un billet gratuit ou des informations sur les trains, je me rends au siège de « feu les chemins de fer argentins ». Le bâtiment ne semble pas avoir changé depuis trente ans. M. Sevilla, responsable des relations publiques, me reçoit cordialement, mais ne peut accéder à aucune de mes demandes.

« Non, il n'y a plus de trains voyageurs au-delà de Tucuman. »

« Non, il n'existe pas de train de fret de Tucuman à la Bolivie. »

« Non, il est interdit de monter avec le conducteur à bord des trains. »

Ce week-end, nous partons à Mar del Plata, célèbre station balnéaire argentine... et toujours desservie par train.

L'express de 17 h 25 ne comporte que des premières Pullman, et nous préférons attendre celui de 18 h 20, trois fois moins cher. Cette ligne est celle qui a le mieux résisté aux coupes sombres de ces dernières années, puisqu'elle offre encore trois trains par jour. Cependant, la voie est passablement abîmée et les secousses si fréquentes que les serveurs du wagon-restaurant doivent jongler avec les plats et les verres pour assurer leur service.

Mar Del Plata ne m'enchante guère. Avec ses tours de vingt étages en bord de mer, elle a rejoint Malaga, Vina del Mar ou Nice, ces stations balnéaires transformées en agglomérations polluées d'un demi-million d'habitants. Depuis des générations, la société huppée de Buenos Aires vient y passer ses vacances, au bord de l'Atlantique. Mais sa notoriété a rapidement entraîné une urbanisation excessive.

Ce soir, je prends le train pour Tucuman et le nord-ouest, où Elena doit me rejoindre pour le prochain week-end. Après deux semaines passées à Buenos Aires, je réalise que je n'ai presque rien visité. Mais qu'importe. J'ai passé des moments délicieux en compagnie d'Elena et j'ai vu la capitale de l'intérieur, loin des monuments et des musées peuplés de touristes.

Elena m'accompagne à la gare Retiro, un magnifique édifice aux colonnes et plafonds imposants. À l'heure dite (ou presque), le Tucumano démarre. Elena court après le train en m'envoyant des baisers. Pourtant, nous nous retrouvons demain soir à Salta.

Les wagons sont pratiquement vides. Avec deux fréquences par semaine en train, et vingt heures de parcours, les voyageurs ont dû se rabattre depuis longtemps sur le bus qui offre cinq fréquences par jour pour une durée de quinze heures. Les rares voyageurs présentent des visages légèrement métissés qui contrastent avec le type résolument européen de Buenos Aires. Après avoir quitté les quartiers chics et les banlieues résidentielles, le train traverse des bidonvilles aux cabanes de bois et tôle, qui jurent avec la richesse du centre-ville.

Sous une lumière éblouissante, nous traversons la fameuse pampa, interminables pâturages où paissent vaches, bœufs et chevaux (la qualité de la viande argentine est sans doute due à l'immensité de l'espace disponible). Une quantité impressionnante de poussière entre par les vitres brisées, recouvre les sièges, les habits, les sacs et les visages – si bien que l'on éprouve, au bout de quelques minutes, du mal à respirer.

Un serveur me propose d'aller dîner au wagon-restaurant. Il m'invite à emporter tous mes bagages par crainte des pickpockets, très nombreux sur cette ligne. Je suis ses recommandations et me retrouve au *comedor*, assis devant une table crasseuse où l'on ne me propose que des sandwiches et de la bière. Je suis l'unique client de la soirée, et ne tarde pas à engager la conversation avec les serveurs et le contrôleur, plutôt oisifs. Ils me font part de leur inquiétude pour l'avenir. Depuis la privatisation, les licenciements se succèdent, les salaires ont baissé, la plupart des trains ont été supprimés, le matériel et la voie ne reçoivent plus la maintenance nécessaire.

Au beau milieu de la nuit, je me réveille et ne retrouve plus mes sandales. Suivant les conseils du contrôleur, j'ai dormi sur mes sacs en les attachant solidement. Mais je n'aurais jamais cru qu'on puisse me voler les vulgaires sandales que j'avais déposées à quelques centimètres de mes pieds. Un autre voyageur m'en explique la technique. À chaque gare montent des soi-disant vendeurs ambulants qui proposent thé ou biscuits. Dès qu'ils aperçoivent un voyageur assoupi, ils raflent tout ce qui se trouve à portée de la main et redescendent du train en un clin d'œil. Si j'ai perdu ou oublié beaucoup de choses pendant mon voyage, c'est la première fois que je suis victime d'un vol.

À Tucuman, les trains arrivent désormais dans la gare excentrée de Mitre, alors que Belgrano, l'ancienne gare centrale, est en cours de démolition. Semblant faire fi des splendeurs passées du ferroviaire qui ont permis le développement de Tucuman, des grues arrachent les rails et détruisent les bâtiments, en vue d'une grosse opération immobilière.

En revanche, le nouveau terminal de bus semble garant d'un avenir prometteur. Par une double allée de palmiers, on accède au bâtiment flambant neuf avant de trouver les soixante guichets des compagnies qui offrent des services à destination de toute l'Argentine.

En quatre heures de bus, nous atteignons Salta, située à 1 200 mètres, au pied de la cordillère des Andes. Comme à Bariloche, je file à l'aéroport chercher Elena qui arrive de Buenos Aires. Dans l'avion, elle a sympathisé avec Sylvia, une Argentine de Salta sur le point d'épouser un Français de la région d'Annecy. Le monde est bien petit ! Avec une voiture de location, nous partons découvrir la région de Salta, réputée très belle. Après avoir traversé quelques villages pittoresques, nous suivons une large vallée où l'on peut voir des gauchos garder le bétail. Ces « cow-boys » argentins continuent de vivre de manière traditionnelle avec leur grand chapeau, leur poncho, leur protège-pantalon en cuir et leur lasso. Après un hameau au nom bizarre de Alemania, on entre dans la Quebrada de Cafayate, un canyon à la géologie extrêmement variée. Sous un ciel bleu profond apparaissent des roches de toutes les couleurs : rouge, verte, grise, marron, noire. Le travail de l'eau a créé des formes aussi impressionnantes qu'originales : la Gorge du Diable, l'Amphithéâtre, le Crapaud, les Fenêtres, les Châteaux.

Le lendemain, nous partons visiter les ruines de Quilmes. Bien qu'il s'agisse du plus grand site inca d'Argentine, nous nous retrouvons seuls sur les terrasses précolombiennes. Nimbé de mystère, cet endroit correspond bien aux images qu'on peut avoir de l'Amérique du Sud : une montagne escarpée, un soleil de plomb, des vestiges incas, des cactus par centaines et, pour compléter le tableau, cinq ou six lamas qui broutent paisiblement.

Dans les rares villages, la population indienne vit pauvrement. Ici, pas de voitures, de téléphone ni éclairage public. Mais des églises aux murs blancs, des cimetières aux tombes colorées, des cochons et des chèvres. En chemin, nous aidons un véhicule en panne d'essence, qui attendait depuis deux heures sur cette route déserte.

Nous admirons, sous le soleil levant, la cime enneigée du Nevado de Cachi qui culmine à 6 700 mètres. Dans un désert uniquement planté de cactus, la ligne droite de Tin Tin déroule un ruban poussiéreux de quinze kilomètres. Commence alors un parcours en lacets jusqu'au point le plus élevé du parcours, un col à 3 400 mètres. Un camion s'est arrêté et deux chauffeurs routiers font une prière dans la petite chapelle fleurie érigée là. En redescendant, nous prenons un Indien en auto-stop. Ruperto patientait depuis quatre heures au bord de la route. Venu de son village à pied, il a dormi à la belle étoile, et se rend maintenant dans le bourg voisin faire quelques courses pour le week-end de Pâques. Toute la famille doit se réunir à cette occasion, même ses fils qui étudient à Salta et Mendoza. Déformation professionnelle d'assistante sociale ou altruisme naturel, Elena fait preuve d'une gentillesse extrême à l'égard de cet homme simple et pauvre. Elle lui pose doucement des questions, reformule ses réponses, acquiesce en souriant, le met en valeur. L'Indien, mis en confiance, se dégèle petit à petit, et nous raconte sa vie.

À l'aéroport de Salta, la séparation est douloureuse. Le moment est venu de se quitter et j'ignore quand nous allons nous revoir. Certes, je pourrais rester en Argentine. Mais je devrais alors abandonner ce tour du monde en train, renoncer à ma famille, bouleverser ma carrière professionnelle. Ayant du mal à me projeter dans l'avenir, je lui ai simplement proposé de poursuivre le voyage en ma compagnie. Or, à mon grand plaisir, Elena me déclare aujourd'hui qu'elle a l'intention de demander un congé sabbatique pour me rejoindre sur mon parcours en Amérique, ou plus tard en France...

XIV

LE TRAIN LE PLUS HAUT DU MONDE
BOLIVIE

En ce 1er avril, le passage de la frontière entre Argentine et Bolivie s'effectue facilement, tout au moins pour un voyageur européen. La comparaison entre les postes de police suffit à évaluer le fossé qui sépare les deux pays. Côté argentin, des policiers en uniforme dans un local moderne et propre, pianotant sur leur ordinateur. Côté bolivien, des hommes en civil dans des bureaux délabrés et surchargés de paperasse.

Sur le chemin qui mène à la gare, j'observe la petite ville-frontière de Villazon se réveiller. Le dépaysement est total. La Bolivie a su garder ses traditions, car sa population se compose essentiellement d'Indiens, qui vivent sur un territoire pauvre et enclavé. Ce sont surtout les femmes qui perpétuent les traditions. Vêtues de jupes bouffantes et de ponchos en laine multicolore, elles se coiffent avec de très longues tresses, et portent toutes un chapeau melon noir parfois agrémenté d'un ruban de couleur. Les rues mal entretenues, les vendeurs ambulants, les publicités maladroites et le désœuvrement de ses habitants sont autant d'indices d'une nation en voie de développement, moins pauvre toutefois que nombre de pays d'Afrique.

Une patrouille militaire avance d'un pas sûr, hurlant des chants patriotiques. Les deux officiers qui les accompagnent ont des mines patibulaires sous leurs lunettes noires. Ils me rappellent que la Bolivie est un pays instable politiquement, où les coups d'État militaires sont monnaie courante.

À la gare, je retrouve aussi l'atmosphère propre aux pays du tiers-monde : file d'attente qui n'avance pas, absence d'informations écrites, guichet opaque. À ma demande d'informations sur les trains pour Potosi, la guichetière me renvoie sur le chef de gare. Celui-ci me débite une rengaine déjà connue : les chemins de fer boliviens sont en cours de privatisation, on a licencié à tour de bras, des services ont été supprimés et les gares ne sont plus reliées entre elles. Ici, on ne peut me renseigner que sur les trains pour Oruro. Pour Potosi, il faut sans doute descendre à Uyuni et prendre un bus, le service ferroviaire depuis Oruro étant plus qu'improbable. Si je souhaite en savoir davantage, le chef de gare m'invite à téléphoner moi-même à la gare de Potosi, dont il n'a pas le numéro. Je me décide finalement à acheter un billet pour Oruro (qui ne coûte que 25 francs), espérant me renseigner à bord du train.

À la gare, le conducteur du train accepte, après quelques hésitations, que je monte dans la cabine à ses côtés. Il s'appelle Edgar et son acolyte mécanicien (chargé des réparations légères) se nomme Ernesto. Tous deux habitent à Tupiza, où doit avoir lieu le changement d'équipe vers 19 heures. Ils se montrent très attentionnés à mon égard. Pour me rendre à Potosi, Edgar me conseille de descendre à Rio Mulatos, et d'emprunter un des nombreux trains de minerai qui circulent vers Potosi. De surcroît, il m'offre son livret des horaires de trains en Bolivie (si, ça existe !). Il m'explique le fonctionnement de sa machine, une locomotive diesel Mitsubishi datant de 1978. Mécanicien depuis vingt-cinq ans, Edgar a connu la vapeur et admet que les conditions de travail se sont améliorées avec l'apparition du diesel, même s'il évoque ses premières années avec nostalgie.

À peine sortis de Villazon, nous traversons un vaste plateau désertique où ne poussent guère que des cactus et des herbes sèches. C'est le fameux Altiplano, qui couvre près de la moitié de la Bolivie et en fait un des pays les plus hauts du monde, puisque la plupart de la population vit entre 3 000 et 4 000 mètres d'altitude.

Nous traversons une région magnifique, comparable à la Quebrada de Cafayate : montagnes escarpées, canyons profonds, roches rouges et vertes dont certaines ont la forme de gros doigts surmontés d'un rocher en équilibre précaire. Si le fond de la vallée est très verdoyant, les flancs des montagnes sont secs, plantés de rares cactus. Par moments, des chèvres ou des ânes traversent la voie ferrée, un chien court devant la locomotive, un ou deux enfants indiens, pauvrement vêtus, saluent le passage du train.

Le train va arriver à Tupiza, où vivent Edgar et son acolyte. Ils me demandent de regagner ma place pour la nuit. Je grimpe dans le wagon n° 4166 d'un train qui n'en comporte que trois. Je dois jouer des coudes pour me trouver une place. La plupart des voyageurs sont assis à même le sol, dans les couloirs, sur la plate-forme. Certains sont déjà couchés par terre, en train de dormir. Les porte-bagages sont pleins à craquer, et je dois prendre mes deux sacs à dos sur mes genoux, sur une place déjà étroite. Les banquettes sont couvertes de skaï, mais d'une raideur extrême. Je me retrouve coincé entre deux femmes aux larges hanches et à la physionomie peu engageante. L'une d'elles tient à ses pieds un petit cochon et une cage en bois contenant deux coqs. Ma nuit risque d'être inconfortable...

À 2 heures, je me réveille grelottant, avec un torticolis et des fourmis dans les jambes. La température a dû chuter de plus de 20 °C en quelques heures et je dois me couvrir davantage. Autour de moi, les voyageurs, assurément rompus à ces brusques variations de température, ont déjà enfilé des vêtements chauds et se sont enveloppés dans une ou plusieurs couvertures.

Je n'ai donc quasiment pas dormi quand le train s'arrête vers 5 heures. Un voyageur sur le quai me confirme que nous sommes à Rio Mulatos, car rien n'indique le nom de la gare. Il fait un froid glacial sur le quai de cette gare minuscule, faiblement éclairé par deux lanternes. Auprès d'un employé des chemins de fer, je m'enquiers de la possibilité d'emprunter un train de marchandises pour Potosi. Un convoi devrait partir vers 9 heures. Le buffet n'ouvre qu'à 7 h 30 et en attendant, il ne me reste que la salle d'attente pour patienter. Il s'agit d'une pièce d'environ trente mètres carrés, aux vitres cassées, sans éclairage, sans bancs ni chauffage, où s'entassent une vingtaine de voyageurs emmitouflés dans plusieurs couvertures. L'endroit ne me plaît guère, mais, vaincu par la fatigue, je finis par m'endormir à même le sol crasseux, la tête posée sur mon sac à dos.

À l'aube, je suis le premier client du buffet de la gare. Le lieu ressemble plutôt à une gargote miteuse, mais la patronne est fort aimable, et j'apprécie grandement le café et le pain beurré qu'elle me sert. Sa fille de douze ans fait le ménage, pendant que la mère discute avec les autres clients, apparemment des cheminots de la gare.

À la radio, les nouvelles annoncent de grandes manifestations dans tout le pays. Malgré mon espagnol encore approximatif, je crois comprendre que les manifestants protestent contre la hausse du prix de l'essence et les privatisations d'entreprises publiques, notamment dans le secteur des transports. Les grèves paralysent La Paz, Potosi et Sucre pour au moins vingt-quatre heures, ce qui ne présage rien de bon pour la suite de mon périple.

Le chef de gare m'informe qu'un problème technique est survenu sur la locomotive et que le train de marchandises ne partira pas avant 11 heures. J'en profite pour visiter la gare et ses alentours. À la jonction de la ligne La Paz/Villazon et Uyuni/Sucre, la moitié de la population de ce village de 500 habitants doit être composée de cheminots. Sur un éperon rocheux, une rangée de maisons en terre cuite dominent les installations ferroviaires : un faisceau de cinq voies, la gare, quelques entrepôts, un pont tournant et l'atelier de réparation. Le long des voies, des enfants jettent des pierres sur des cochons. Une locomotive effectue des manœuvres guère rationnelles avec des wagons vides.

Enfin, le train est prêt. Une dizaine de voyageurs clandestins montent à bord d'un des wagons de marchandises, encombrés de lourds paquets. Cette fois-ci, je partage la cabine d'Alfredo, et de son aide-mécanicien Jesus (prononcer Ré-sousse). Tous deux habitent Potosi et ont l'habitude de conduire les trains de fret jusque Rio Mulatos.

Le parcours commence par une ligne droite de 15 kilomètres, où le train parvient péniblement à atteindre les 30 km/h. Nous traversons une plaine désertique ponctuée de quelques cactus. Au loin se profile la cime enneigée d'un sommet qui doit culminer à plus de 5 000 mètres. Dans la montée, la locomotive ne dépasse plus les 15 km/h. Nous croisons alors des ânes, puis des troupeaux de lamas blancs. Ces animaux andins résistant aussi bien à la chaleur qu'au froid évoluent apparemment en liberté. Mais des rubans rouges accrochés à leurs oreilles marquent leur appartenance à un propriétaire. Prisés pour leur laine et leur viande, les lamas assurent également le transport de marchandises dans ces zones escarpées et hostiles. Certains n'hésitent pas à traverser les voies et Alfredo me confie qu'il en a percuté trois la semaine dernière.

En grimpant, nous atteignons une zone plus verdoyante, où, me dit-on, rivières et lacs regorgent de truites. Au kilomètre 50, le train doit attendre une demi-heure un convoi en sens inverse. Après une montée interminable, nous atteignons le kilomètre 79 qui marque le col du Condor à 4 874 mètres. Si nous nous trouvons à l'altitude du mont Blanc, l'endroit n'a pourtant rien de montagneux. Nul sommet, nul piton rocheux, nulle neige. Seulement quelques touffes d'herbe brûlée par le soleil et une vague colline qui doit s'élever à près de 6 000 mètres. Il ne fait même pas vraiment froid, environ 10 °C. Ce train est assurément le plus haut du monde. Au Pérou, le train Lima/Oroya passe normalement à 4 881 mètres, battant celui-ci de sept mètres. Mais aux dernières nouvelles, il aurait cessé son activité, laissant la palme du plus haut chemin de fer du monde à la Bolivie. Je profite pendant quelques minutes de ce moment mémorable, conscient des difficultés respiratoires liées à cette altitude.

Au village d'Aguas Castillas, une colline entaillée domine les toits des maisons. Ici, tout appartient à la mine: maisons, école, hôpital, transport. Et la mine est la propriété de Gonzalo Sanchez de Losada, richissime homme d'affaires et président de la République depuis 1994.

Alfredo doit procéder à quelques manœuvres et me propose de l'attendre dans la gare. Épuisé par trois mauvaises nuits de sommeil, et six heures passées debout dans la locomotive, je m'assois sur une pierre et regarde distraitement la ville qui s'anime, des enfants jouant dans une flaque, deux cochons qui passent.

Sur ordre de leur direction, Alfredo et Jesus doivent laisser les wagons sur place, et revenir à Rio Mulatos. Ils m'invitent à prendre un bus ou un camion pour gagner Potosi, à 80 kilomètres de là. Pour cela, il faut grimper à pied jusqu'à la route principale, un peu à l'écart du village. Il n'y a pas plus de deux cents mètres de dénivelé, mais la fatigue et l'altitude me rendent très pénible cette ascension et je maudis les trains de marchandises aux horaires chaotiques. Il va falloir que je passe du « train-stop » à l'« auto-stop ».

Après une heure d'attente, un camion s'arrête et propose de m'emmener à Potosi pour cinq bolivianos. La cabine est déjà pleine d'auto-stoppeurs (un bon moyen pour un routier d'arrondir ses fins de mois), et je m'installe sur la couchette à l'arrière. Dans cette position confortable, je ne tarde pas à m'écrouler de sommeil après un quart d'heure de conversation.

À Potosi, l'hôtel Ferrocarril n'a rien d'un palace : chambres rudimentaires, toilettes sales, douche payante actionnée de l'extérieur par la patronne. En revanche, la gare est l'une des plus belles de mon tour du monde. Cet édifice de style espagnol se compose d'un bâtiment principal flanqué de deux ailes harmonieusement symétriques. Construit en pierre de taille, il est rehaussé par de belles grilles en fer forgé et d'élégants lampadaires de même facture. À l'intérieur, une grande cheminée de pierre fait face à d'antiques guichets en bois, malheureusement fermés. En raison des manifestations d'hier à La Paz, le train de ce soir est, hélas, annulé et le prochain ne passera que dans une semaine. Évidemment, je pourrais prendre demain un train de marchandises à horaire indéterminé, passer la nuit à Rio Mulatos dans l'horrible salle d'attente, reprendre un omnibus pour Oruro vendredi, y rester la journée du samedi, et terminer le voyage par l'express de nuit qui arrive à La Paz le dimanche matin. Mais ce parcours du combattant ne me convient guère et je préfère séjourner la semaine à Potosi en attendant le ferrobus (bus sur rails) de dimanche.

Le centre-ville de Potosi est un chef-d'œuvre d'architecture coloniale espagnole : murs blancs, toits en tuiles roses, portes et balcons sculptés en bois, grilles et lanternes en fer forgé, rues pavées, églises aux clochers en arceaux et aux portails richement décorés.

Alors que les Espagnols s'implantaient progressivement en Amérique du Sud, la découverte d'un immense gisement d'argent décida les colons à s'installer sur place, et à créer la ville de Potosi. L'exploitation du *Cerro Rico* (montagne riche) fut assurée par des esclaves indiens, qui moururent par centaines de milliers dans ces mines. La quantité hallucinante d'argent extrait du gisement décida Charles Quint à élever Potosi au rang de « cité impériale ». Des architectes réputés vinrent d'Espagne et y érigèrent églises, palais et maisons de maîtres qui devaient faire de Potosi l'une des villes les plus peuplées et les plus riches du monde entier.

Depuis, les gisements se sont peu à peu épuisés, et il a fallu la récente intervention de l'Unesco et le classement de Potosi au patrimoine mondial pour aider à la préservation de ces superbes édifices coloniaux.

À 4 000 mètres d'altitude, Potosi est également la ville la plus haute du monde. Si les natifs de la région ne souffrent pas du froid et du manque d'air, les étrangers sont souvent victimes du *sorocho*, le mal d'altitude.

Pour visiter la mine, j'ai recours à une guide charmante et compétente, Sandra. Équipés de bottes, d'une veste et d'un casque, nous prenons un bus jusqu'au pied du Cerro Rico, qui domine Potosi de ses 4 800 mètres. Autrefois la montagne mesurait 5 100 mètres, mais les premières années d'exploitation à ciel ouvert par les Espagnols lui en ont fait perdre 300. Ensuite, l'extraction devint souterraine au moyen de centaine de galeries qui transformèrent le Cerro Rico en un vrai gruyère. Après deux siècles d'exploitation, l'argent se raréfia, et on commença à extraire d'autre minéraux comme le zinc et l'étain. Mais aujourd'hui, les bons filons sont presque tous épuisés, l'exploitation n'est plus rentable. L'État se désengage peu à peu, licenciant massivement les mineurs. Ces derniers, plutôt que de se reconvertir, ont décidé de créer des coopératives et de continuer l'exploitation. Faute de matériel, les mineurs travaillent dans des conditions épouvantables, proches de celles que connurent leurs ancêtres.

Si certains travaillent huit heures par jour, six jours par semaine, la plupart doivent doubler la mise, à raison de seize heures quotidiennes dans la mine, sans congé. N'ayant pas les moyens de manger, ils mâchent de la feuille de coca à longueur de journée. Cette plante permet de lutter contre le sommeil, d'atténuer la faim et la soif. Sandra m'avait conseillé d'acheter du coca et des cigarettes pour en offrir aux mineurs que nous croiserions. Longeant des galeries basses (1,20 à 1,60 mètre), boueuses et non éclairées, nous atteignons des boyaux où un mineur installe une charge de dynamite. Nous assistons à l'explosion, assez impressionnante vu la proximité et l'obscurité. Les mineurs doivent théoriquement attendre quatre heures avant de revenir sur les lieux de l'explosion, mais la plupart du temps ils y retournent au bout d'une demi-heure. Le Cerro Rico est le théâtre quotidien de nombreux accidents mortels. Ceux qui demeurent infirmes sont généralement condamnés à la mendicité.

Les mineurs creusent la roche au moyen d'un pieu et d'une masse, transportent le minerai à dos d'hommes dans des sacs lourds d'une soixantaine de kilos et le vendent à des prix dérisoires aux magasins d'État. Les enfants commencent à travailler dès l'âge de dix ans (parfois plus tôt) et les mineurs atteignent rarement plus de quarante-cinq ans en raison des accidents et de la silicose.

Pour accéder à certains boyaux, Sandra et moi devons escalader la roche, très glissante par endroits. Emprunter cette voie avec une charge de cinquante kilos sur le dos me paraît inconcevable. Pourtant, les mineurs travaillent sans relâche, acceptant ce lourd fardeau comme une fatalité. Pour se donner du courage, ils adorent le *tio*, une divinité des mines à laquelle ils apportent régulièrement des offrandes. Et puis, ils rêvent tous de découvrir un filon d'argent géant, qui serait enfoui quelque part dans le Cerro...

Ce soir, il y a une éclipse de lune, phénomène assez rare. Malgré le froid ambiant, des milliers de gens défilent, flambeau à la main, dans les rues de Potosi. Je crois d'abord à une procession de la semaine sainte. Mais les affiches n'ont pas de caractère religieux et je finis par comprendre qu'il s'agit d'une manifestation antigouvernementale. Un projet de privatisation générale devrait faire tomber beaucoup d'anciennes entreprises d'État dans les mains de sociétés chiliennes et cette perspective effraie les ouvriers.

Le vendredi saint, toutes les églises de Potosi sont ouvertes au public et Sandra m'a proposé de les visiter avec elle. Douze églises au total, aux portes et autels merveilleusement sculptés, qui témoignent de la ferveur chrétienne des Boliviens. Après avoir été convertis de force par les Espagnols, les Indiens pratiquent le catholicisme avec piété et dévotion.

Les processions du vendredi saint mobilisent toutes les forces vives de Potosi. On y voit parader tous les corps de métiers de la province : soldats, policiers, employés municipaux, collégiens, etc. Viennent ensuite les enfants de chœur portant des petites croix de bois, puis un cercueil renfermant une statue du Christ, porté par des hommes en noir. Curés, nonnes et évêques priant à haute voix sur fond de chant funèbre ferment la marche.

1 000 mètres plus bas que Potosi se trouve la ville de Sucre. Capitale officielle de la Bolivie, Sucre a perdu la plupart de ses ministères et de ses ambassades qui ont déménagé à La Paz. Mais cette petite ville de 100 000 habitants a gardé son caractère administratif et le niveau de vie y est plus élevé que dans le reste du pays. Les façades des maisons sont mieux entretenues, les rues plus propres, les voitures plus nombreuses et la jeunesse plus occidentalisée.

Pourtant, Sucre a conservé nombre de maisons coloniales et de belles églises aux façades blanches. Dans certaines rues, les alignements de balcons en bois ou de lanternes de même facture donnent une unité architecturale remarquable à la ville.

Je me présente à la gare de Sucre une heure avant le départ théorique du ferrobus. On me vend mon billet sans problème, on m'enregistre même mon bagage. Le ferrobus est déjà là, prêt à partir en faisant tourner son moteur. Pour le reste, la gare semble à l'abandon, comme si ce voyage était le dernier avant sa fermeture. Devant le bâtiment massif en pierres rouges, de hautes herbes ont envahi les voies, et la rouille a sérieusement attaqué des wagons-citernes garés là. Sur le quai, des familles sont venues saluer les voyageurs. Pour la plupart, il s'agit de gens aisés, comme en témoignent leurs tenues occidentales.

Le ferrobus démarre, direction le col du Condor et La Paz. En Équateur, j'avais déjà pris l'autoferro, un véritable bus antique monté sur des bogies qui lui permettent de rouler sur des rails. Le ferrobus présente des similitudes avec l'autoferro, mais il a été conçu dès l'origine pour le chemin de fer. Construit en Allemagne dans les années 50 ou 60, il a sans doute d'abord gravi les pentes des Alpes, avant de poursuivre sa carrière sur l'Altiplano. De la taille d'un gros bus, son allée centrale est très large et ses sièges inclinables. Au fond du véhicule, un petit WC et une cuisine minuscule où s'affairent deux serveurs en uniforme. Le conducteur porte également uniforme et cravate, ce qui confère un semblant de luxe au voyage. En revanche, le ferrobus affiche déjà complet au départ de Sucre et, à chaque arrêt, plusieurs voyageurs encombrés de paquets se bousculent pour monter et envahissent l'allée centrale, ce qui redonne au train un air plus bolivien.

Le conducteur se trouve à l'avant du véhicule, comme dans un bus, sans séparation. Il accepte volontiers que je reste à ses côtés, mais tenir debout relève de la performance, tant le ferrobus bouge de gauche à droite. Le conducteur, après avoir desserré une grande roue métallique qui sert de frein, scrute la voie en permanence pour repérer d'éventuels rochers ou obstacles et ralentir le cas échéant. Traversant des canyons, longeant des précipices, empruntant des viaducs rouillés à l'équilibre précaire, ce ferrobus vaut bien le « petit train de la mine » de Disneyland.

Un couple de Français s'assied derrière moi. Nathalie et Guenaël vivent depuis quelques années en Guyane et en profitent pour visiter l'Amérique du Sud. Fait rare, ils voyagent avec Marie, leur bébé d'un an. Fait encore plus exceptionnel pour des voyageurs individuels dans un pays comme la Bolivie, Nathalie est enceinte de cinq mois ! Ils multiplient les records : premier bébé blanc dans les mines de Potosi, premier bébé blanc dans le Salar d'Uyuni... Quel courage de voyager ainsi en Bolivie, en altitude, dans le froid et l'inconfort ! Mais Nathalie et Guenaël ont le virus du voyage. Ils économisent actuellement pour acheter un voilier et envisagent d'effectuer le tour du monde avec leur petite famille.

Le ferrobus poursuit son interminable ascension dans la nuit noire. La température a chuté fortement et les voyageurs sont heureux de s'enrouler dans les couvertures mises à disposition sur le siège du fond. Éclairée par les phares du ferrobus, la voie est recouverte d'une fine pellicule de neige. Au col du Condor, à 4 874 mètres, il y a même une couche de près de dix centimètres. Mais les voyageurs ensommeillés ne remarquent ni la neige ni le col ferroviaire le plus haut du monde.

À Oruro, quelques voyageurs descendent sur le quai glacial, dont le jeune couple de Français et leur bébé. Ils doivent reprendre un autre train à 9 heures, à destination de Cochabamba. À moitié assoupi, je les observe s'activer sur le quai. Ayant posé leurs nombreux sacs sur un banc, ils s'habillent chaudement. Guenaël s'adresse à un employé de la gare, puis ils rassemblent à la hâte leurs affaires et reviennent dans le ferrobus, qui ne tarde pas à partir. Le train pour Cochabamba ne circule plus depuis trois mois. Comme ils n'ont plus de siège vide pour leur fille, je propose de la prendre sur mes genoux pour la nuit.

Une fois dans les faubourgs de La Paz, il faut encore plus d'une heure au ferrobus pour atteindre la gare centrale. Le site de La Paz est unique en son genre. Une grande cuvette s'étage de 3 200 à 4 100 mètres d'altitude. Au fond, le centre-ville et les quartiers huppés ; sur les pentes, les faubourgs populaires ; au sommet des falaises, les bidonvilles balayés par des vents glaciaux. Plus on est pauvre, plus on vit haut et plus on a froid. Le ferrobus suit un moment les bords de la cuvette, puis décrit de grands lacets avant d'atteindre le centre-ville. Au loin, on devine les cimes enneigées de l'Illampu, qui culmine à 6 300 mètres d'altitude et sur les pentes duquel les riches Boliviens s'adonnent au ski ou à « l'andinisme ».

La gare de La Paz est un bâtiment de belle facture et ses guichets en bois de vraies antiquités. Mais une fois de plus, le local paraît désaffecté. Le ferrobus est d'ailleurs le seul train à quai. Et le trafic ferroviaire de cette capitale de plusieurs millions d'habitants semble comparable à celui d'une petite ville européenne.

Aujourd'hui, je réalise un nouveau tronçon sans train pour me rendre au Pérou. Mon périple en Amérique du Sud devra s'effectuer en bonne partie en autobus. La présence de la cordillère des Andes a rendu difficile la construction de voies ferrées. Par ailleurs, à l'inverse de l'Afrique où les Anglais ont déroulé le rail dans leurs colonies au XIXe siècle et au début du XXe siècle, la plupart des pays d'Amérique du Sud avaient déjà acquis leur indépendance à cette époque. Aussi la construction de lignes internationales entre pays qui n'entretenaient pas toujours d'excellentes relations s'avéra délicate.

Après une heure de route apparaissent les eaux bleutées du Titicaca. Situé à 3 800 mètres d'altitude, ce lac qui mesure près de 150 kilomètres est le plus grand lac d'altitude du monde. Bolivie et Pérou se partagent ses rives propices à la culture.

Nous atteignons un ravissant petit port d'où un bac relie l'autre rive du lac, où se trouve l'enclave bolivienne de Copacabana (à ne pas confondre, bien sûr, avec la célèbre plage de Rio). Sous le ciel lumineux de la mi-journée, les voiles des bateaux étincellent de blancheur sur la surface bleu profond du lac. À cet endroit, les rives sont très escarpées et on n'y voit guère que des rochers et des herbes rases.

Copacabana occupe un site enchanteur, dans une baie abritée, en face des îles de la Lune et du Soleil. Du haut du Calvario, le pain de sucre qui domine la ville, on jouit d'une vue plongeante sur Copacabana, les batcaux amarrés dans son petit port aux eaux claires, et le lac Titicaca saupoudré d'îlots rocheux et de presqu'îles aux formes biscornues.

XV

INCAS, LAMAS ET OMNIBUS ANDINS
PÉROU

De Puno, on peut gagner en bateau les îles du lac Titicaca. Première halte aux îles flottantes, un ensemble d'une trentaine d'îles artificielles conçues par les Indiens Uros à l'aide de plusieurs épaisseurs de roseaux. Leurs descendants ont conservé le même cadre de vie, mais leurs ressources proviennent davantage du tourisme que de la pêche. Chaque jour, des bateaux conduisent des centaines de curieux sur ces îles, dont les occupants vendent tissages et souvenirs divers. Les femmes portent encore le costume traditionnel, mais les hommes ont définitivement opté pour le jean et la casquette de base-ball. L'endroit est certes surprenant, mais l'exploitation touristique a malheureusement dénaturé ces îles...

Après deux heures de bateau sur les eaux calmes du lac Titicaca, nous atteignons l'île de Taquile, la plus importante. On se croirait en Irlande : collines verdoyantes parsemées de genêts, maisons aux toits de chaume, murets et arches de pierre, troupeaux de moutons. Pour accéder au village, il faut gravir 530 marches de taille respectable. À 3 800 mètres d'altitude, l'entreprise se révèle malaisée. La population locale vit du tissage, de la culture en terrasse et d'élevage.

Aujourd'hui, femmes et hommes portent leur tenue d'apparat. Il y a fête au village et une atmosphère de liesse se perçoit partout. Un homme au masque crochu et un enfant déguisé en lapin blanc ouvrent le bal, suivis de femmes aux costumes de couleurs vives, puis d'hommes aux chemises blanches et aux bonnets tricolores.

Ce soir, dans un bar de la calle Lima à Puno, je goûte une spécialité péruvienne, la *ternillera con pollo*, en regardant d'un œil distrait les feuilletons à l'eau de rose dont sont très friands les Sud-Américains. Quatre Péruviennes s'approchent de moi pour m'interroger sur mes origines, mon voyage. Elles me demandent si j'aime le Pérou, avant de critiquer violemment les Argentins et les Chiliens. « Ce ne sont pas des vrais Sud-Américains. » « Ils sont snobs, hautains. » « Les femmes font beaucoup de bla-bla. » Apprenant que mon amie est originaire de Buenos Aires, elles ne cachent pas leur étonnement, puis me souhaitent bonne chance. De toute façon, en Amérique du Sud comme ailleurs, chaque pays déteste son voisin. Les Argentins n'aiment pas les Chiliens. Les Boliviens n'apprécient guère les Argentins. Les Péruviens ne supportent pas les Boliviens. Les Équatoriens haïssent les Péruviens, etc. Est-ce la conséquence de vieilles guerres, de conflits frontaliers, ou de simples jalousies de voisinage ? Toujours est-il que pour satisfaire son auditoire en Amérique du Sud, il vaut mieux encenser le pays visité et vitupérer les pays limitrophes.

À la gare de Puno, pour une fois, j'ai choisi la classe *Inka*, la plus chère, car le Pérou est réputé pour ses nombreux vols et agressions et ceux-ci se produisent surtout en seconde. Le train démarre, franchit les grilles qui délimitent le secteur de la gare et quitte doucement Puno en lâchant des coups de sifflet et des nuages de fumée noire dignes d'une locomotive à vapeur.

La classe *Inka*, qui accueille principalement des touristes occidentaux, est relativement luxueuse : sièges confortables et espacés, tables pour lire ou manger, toilettes propres, service de restauration à la place.

Le paysage est très caractéristique de l'Altiplano. Sur un vaste plateau encadré au loin de chaînes montagneuses, serpentent des rivières qui forment de petits canyons. Aux zones de hautes herbes succèdent des pâturages où paissent vaches, moutons, lamas, ânes et chevaux. Les maisons aux toits de paille ou de tôle ont des murs en torchis qui contrastent avec les constructions en pierre du lac Titicaca.

Nous avons sans doute gagné de l'altitude, car une fine pellicule de neige recouvre les pentes des montagnes alentour et la pluie qui tombait depuis plus d'une heure s'est transformée en giboulées.

Nous arrivons à Cuzco, avec près de trois heures de retard. Cette ancienne capitale des Incas est aussi connue comme un des hauts lieux mondiaux du vol à la tire et je redouble de surveillance pour mes bagages.

Lever matinal pour une longue journée à la découverte du Machu Picchu, le plus célèbre site inca. Pour parcourir les 120 kilomètres qui le séparent de Cuzco, le train est l'unique moyen de transport et le voyage dure huit heures aller et retour. La gare de San Pedro, circonscrite par une clôture de fils de fer barbelés, fait l'objet d'une surveillance étroite de la police. L'insécurité a fait chuter le tourisme et incité le gouvernement à prendre des mesures draconiennes pour assurer la protection des étrangers.

Le train se compose de quatre classes : *inka* pour les touristes aisés, *turista* pour les moins fortunés, *primera* pour les routards et les touristes péruviens, et *segunda* pour les locaux. Quelle discrimination ! Il existe même un train spécial, baptisé « auto-wagon », réservé aux touristes fortunés, au prix de 70 dollars.

Le train s'ébranle, en direction du Machu Picchu. À peine sorti de la gare, il effectue des manœuvres incompréhensibles, avance, recule, avance à nouveau, rebrousse chemin. Soudain, je constate que nous surplombons la ville. En réalité, le train utilise la technique ferroviaire andine du « zigzag », qui permet de monter des pentes raides grâce à des tronçons de voies ferrées doublés en épingle à cheveux que les convois gravissent en alternant marches avant et arrière.

Nous traversons un plateau à près de 4 000 mètres, encadré de sommets enneigés, avant de redescendre dans une vallée fertile où se succèdent cultures et villages. Au kilomètre 88, quelques voyageurs chargés de gros sacs à dos quittent le train pour aller affronter le « chemin des Incas », une randonnée de quatre jours qui mène au Machu Picchu. La voie ferrée longe désormais une rivière tumultueuse qui coule au fond d'un profond canyon. Au fur et à mesure de notre descente, la température augmente et la végétation devient plus tropicale.

Arrivée à la gare de Machu Picchu. Plusieurs centaines de touristes se dirigent vers les bus qui conduisent au site. À mes côtés, une corpulente femme de couleur noire à la tenue soignée engage la conversation. Elle vient de Tanzanie. Comme j'ai visité ce pays trois mois auparavant, je lui fais part de mes impressions. Ravie de cette rencontre, elle s'anime et m'explique qu'elle est invitée par le président du Pérou pour participer à un sommet international. Elle me confie être ministre du Tourisme en Tanzanie.

Perché à 2 700 mètres d'altitude, le site du Machu Picchu domine la vallée, encaissée entre des parois à pic. La cité elle-même n'est pas visible d'en bas, car elle est protégée par deux sommets qui la dissimulent – d'où sa découverte tardive, en 1911, par avion.

On est surpris par la grandeur de la cité, la taille imposante des pierres et des murs. Je chemine à travers le quartier des industries, celui des comptables, puis traverse la place principale où paissent quelques lamas avant d'atteindre l'observatoire, d'où les Incas effectuaient leurs calculs astronomiques au moyen d'un cadran solaire. On imagine volontiers la cité au temps de sa splendeur, avec ses prêtres, ses commerçants et ses agriculteurs.

Laissant la gare fraîchement repeinte, puis un cimetière de locomotives, le train pour Puno grimpe doucement les montagnes qui entourent Cuzco jusqu'au point le plus haut du parcours à 4 500 mètres. Il s'arrête sans raison apparente en face d'une petite chapelle. Le conducteur du train y entre un moment pour s'y recueillir, puis redémarre comme si de rien n'était. Ici, comme au col du Condor en Bolivie, on a plus l'impression d'être dans une vallée entourée de collines que sur un plateau à 4 500 mètres cerné de sommets à plus de 5 000 mètres. Pourtant, une soudaine averse de neige se charge de me rappeler l'altitude.

Pour ma part, je descendrai à Juliaca où m'attend une correspondance pour Arequipa. De Cuzco à Lima, il n'y a plus de train. Le trajet en bus sur de mauvaises pistes dure plus d'une semaine dans une région occupée par le « Sentier lumineux », organisation terroriste en lutte contre le pouvoir péruvien depuis plus de dix ans. J'ai donc préféré rebrousser chemin, ce qui me permet de monter à bord du Juliaca-Arequipa, et d'admirer les fameuses « lignes de Nazca », mystère archéologique au même titre que les statues de l'île de Pâques.

Peu avant l'arrivée à Arequipa, le jour se lève et révèle un paysage surprenant quand on vient de l'Altiplano et ses étendues verdoyantes. C'est le désert : du sable et de la rocaille à perte de vue, des camions qui laissent des nuages de poussière après leur passage, une voie ferrée qui semble disparaître derrière une dune... et pas un brin de végétation. Pourtant, on peut apercevoir quelques sommets enneigés, dont le cône parfait du volcan El Misti, qui culmine à 5 800 mètres.

Les rails péruviens s'arrêtent à Arequipa, dans cette belle gare aux murs roses et aux grilles en fer forgé. J'ignore quand je reprendrai le train sur ce continent où le transport ferroviaire connaît un déclin sans égal.

À 2 300 mètres d'altitude, la « Cité Blanche » se caractérise par des façades claires dues à la pierre volcanique qui a longtemps servi pour la construction. La température plus tropicale et la faible pluviosité permettent de grandes ouvertures, des toits plats, de larges patios remplis de plantes vertes. Quelques maisons coloniales ont aussi des façades colorées qui font ressortir leurs balcons en bois. En outre, la ville possède de belles églises aux cloîtres rafraîchissants.

Le canyon de Colca est une véritable faille dans l'Altiplano. Les autochtones prétendent même qu'il est le plus profond du monde. La rivière a découpé les montagnes et modèle le relief pour former une succession de pitons rocheux et de mini-défilés. Sur les pentes de ce canyon, les Indiens ont depuis longtemps tiré parti de la terre fertile pour façonner des terrasses où ils cultivent maïs, pommes de terre, coca et arbres fruitiers.

Au lieudit « Cruz del Condor », le canyon atteint sa profondeur maximale, et le torrent puissant qui l'a creusé paraît bien petit au fond de l'abîme. Mais le spectacle se déroule dans les airs. Il s'agit d'un des rares endroits au monde où l'on peut voir voler en liberté des condors. On ne se lasse pas d'observer ces grands rapaces de près de deux mètres d'envergure, qui chassent leurs proies en planant silencieusement. Une cruelle coutume de la région consiste à attacher un condor (représentant les Indiens du Pérou) à un taureau (symbolisant l'envahisseur espagnol) et à les laisser s'entretuer. Le condor sort généralement vainqueur de ce combat sanglant qui peut durer plusieurs heures. Sa victoire redonne alors un peu de fierté à ce peuple longtemps soumis.

Nazca est une petite ville de 40 000 habitants vivant de la culture du coton, de l'extraction des minéraux et du tourisme. Ici se trouvent les fameuses « lignes de Nazca », dessins géants creusés dans le désert il y a plus de 1 000 ans et qui ne peuvent se voir que d'avion.

Après avoir âprement discuté les prix, je monte à bord d'un minuscule appareil, ballotté par le moindre coup de vent. De là-haut, on prend la mesure de cette vaste étendue désertique. Les « lignes » ne se distinguent pas facilement au début, car le désert est strié de chemins, traces et autres ravines qui brouillent la vision. Mais quand les figures apparaissent, c'est l'émerveillement : des trapézoïdes, un condor, des mains, un singe à la queue en tire-bouchon, et même un astronaute. Comment ces hommes ont-ils pu dessiner ces lignes qui ne sont visibles que du ciel, sans que leur tracé en soit affecté ? Comment ont-ils pu creuser dans le sol du désert ces formes géométriques plutôt abstraites qui ont traversé les siècles ? Est-ce un calendrier astronomique ? Le mystère reste entier et ne fait que renforcer la beauté du site.

À 20 kilomètres de Nazca, se trouve une autre curiosité, le singulier cimetière de Chauchilla qui abrite des corps momifiés d'indiens préincas, datant de plus de 1 000 ans. Les sépultures se trouvaient sous plus d'un mètre de sable, mais des pilleurs de tombes les ont ouvertes, ont volé tous les objets de valeur avant de laisser les momies se dessécher sous le soleil de plomb. Une ambiance pour le moins macabre règne dans ce cimetière, où l'on marche parmi les squelettes et les os blancs étincelants, auxquels sont encore accrochés des lambeaux de chair desséchée et quelques pièces de tissu. Une momie de femme porte des cheveux de deux mètres de long, ce qui était jadis l'apanage des nobles.

J'ai fait la connaissance de deux Israéliens, Penny et Yahuda. Penny, âgée de vingt-deux ans, vient d'achever son service militaire. Elle était même officier, malgré son petit gabarit et son sourire charmeur. Elle m'explique que le « tour du monde après l'armée » est devenu une véritable institution en Israël. La plupart des « libérés » partent au Brésil en février pour participer au carnaval de Rio, puis voyagent en Amérique du Sud au gré de leurs envies. L'armée israélienne accorde en effet deux ans de « liberté » après le service, à l'issue desquels tout citoyen doit accomplir un mois de période militaire chaque année pendant vingt-cinq ans.

Après vingt heures de bus, je rejoins Lima. Fondée il y a plus de quatre siècles par Pizarro, la capitale du Pérou compte aujourd'hui plus de sept millions d'habitants et tous les maux propres à une grande agglomération : circulation, pollution, bruit, délinquance urbaine. Les rues sont peuplées de mendiants, de cireurs de chaussures et autres vendeurs ambulants. Heureusement, Lima possède encore de belles maisons coloniales, dotées de magnifiques balcons fermés en bois. Ces demeures, le plus souvent coincées entre deux immeubles modernes, sont cachées par des affiches publicitaires ou une débauche de fils électriques.

La gare de Desemparados occupe un superbe édifice fin XIXe. De là, partait le train le « plus haut du monde », à destination de Oroya et Huancayo sur l'Altiplano. Mais l'employé de faction me confirme que le train de voyageurs ne circule plus depuis quatre ans, nonobstant les publicités – mensongères – accrochées à l'entrée de la gare.

En quinze heures de bus le long d'une côte désertique, je relie Trujillo, dans le nord du Pérou, loin des concentrations touristiques de Cuzco. Je suis d'ailleurs le seul étranger à bord du bus. Ma voisine, Anna-Maria, se rend à Chimbote, où vit sa famille. Elle étudie la nutrition dans une université de Lima et espère trouver prochainement un travail.

Je prends un minibus pour me rendre à Chan Chan, site archéologique à 5 kilomètres de Trujillo. Comme dans la plupart des pays du tiers-monde, ces minuscules minibus peuvent transporter quinze personnes au maximum. Un « receveur », âgé de dix à dix-huit ans, crie la destination à la ronde en haranguant les passants, tape sur la carrosserie pour demander l'arrêt au conducteur dès qu'un passager veut monter ou descendre et encaisse le prix du trajet en répartissant habilement entre ses doigts les divers types de pièces et de billets.

Le site de Chan Chan se trouve en plein désert. Sous ce nom aux fausses consonances asiatiques se cache la plus grande cité Chimu, une civilisation précolombienne antérieure aux Incas. Les Chimu ont eu l'idée étrange de construire les murs en argile et les rares pluies qui tombent dans cette région désertique ont fait fondre les murailles comme neige au soleil. Les vestiges ressemblent à de vastes châteaux de sable que la marée aurait attaqués.

Encore une journée entière de bus pour se rendre jusqu'à Tumbes, à la frontière avec l'Équateur. Au bout de quelques kilomètres, je comprends pourquoi les places du fond sont désespérément vides. Celles-ci se trouvent en effet soit sur le moteur – bruit et chaleur garantis – soit sur les roues – le moindre trou sur la route se fait alors ressentir. De surcroît, les sièges ne sont pas inclinables...

XVI

SUR LE TOIT DU NARIZ DEL DIABLO
ÉQUATEUR-COLOMBIE

Côté équatorien, la ville-frontière s'appelle Huaquillas et ressemble fort à une plaque tournante de la drogue. Une longue procession de carrioles chargées de ballots de feuilles de coca attend à la frontière l'aide bienveillante de quelque douanier corrompu. La rue principale n'est qu'un vaste bazar, où s'entassent trafiquants de devises, buvettes de fortune et étals de vêtements et de chaussures. On se rapproche de la ligne de l'Équateur (qui a donné son nom au pays) comme en témoigne la température matinale déjà élevée, les hommes aux torses nus et les femmes en robe courte.

Dans le bus qui me conduit à Guayaquil, l'inévitable vidéo de Schwarzenegger m'empêche de fermer l'œil. Au programme : *Terminator II*. Difficile de s'endormir sous les tirs de mitraillettes et les explosions de bombes !

Je m'arrête à Duran, gare de Guayaquil, pour aller me renseigner sur les horaires du train, qui risque d'être le seul sur la route du Mexique. Je finis par déranger un employé en pleine sieste, dans une des salles de cette gare apparemment désaffectée. Bonne nouvelle, la ligne est en activité. Par chance, le train roule jusque Riobamba, car le tronçon de voie après Alausi a été réparé. En revanche, il ne circule que trois fois par semaine, à 6 heures. Je devrai donc renoncer à la visite de Guayaquil et partir demain.

Au petit matin à la gare de Guayaquil, il y a peu de clients dans le bâtiment petit et vétuste. Avec l'Orient-Express, le Turku-Helsinki et le Transsibérien, ce train est le quatrième que je vais prendre à nouveau dans ce tour du monde. J'avais déjà emprunté ce fameux *Nariz del Diablo* (Nez du Diable) lors de mon séjour en Équateur en 1994, mais seulement sur la partie d'Alausi à Huygra.

Il y a quatre classes bien distinctes sur ce train qui n'est pourtant pas très long. La première classe est un vieux wagon rouge en bois doté d'une plate-forme arrière, tout droit sorti d'un western ou d'un épisode des *Mystères de l'Ouest*. La seconde classe est un wagon plus récent, aux sièges confortables, également rouge. La troisième classe consiste en plusieurs wagons de marchandises dans lesquels on a fixé de sommaires bancs de bois. Enfin, la quatrième classe, réservée aux intrépides, se situe sur le toit des wagons. On y accède par des échelles métalliques rouillées, on s'assoit à même la tôle, et on tente de garder son équilibre sur le parapet de cinq centimètres de large qui délimite le toit. Contrairement aux trains en Afrique, ce sont les touristes qui apprécient de monter sur le toit, alors que les autochtones préfèrent le calme et la sécurité de l'intérieur des wagons.

La plaine côtière aux alentours de Guayaquil est très cultivée. Hormis les bananeraies et les champs de canne à sucre, le chemin de fer traverse des rizières où les maisons ont été construites sur pilotis.

Sur le toit du wagon précédent, deux contrôleurs s'amusent à rester debout. Malgré ma position assise, j'ai l'impression que je vais tomber à tout moment, tant le train nous secoue. Mais pour eux, c'est un jeu. Il s'agit de garder l'équilibre, de baisser la tête pour éviter les fils électriques ou les branches des arbres. Les contrôleurs ont aussi une fonction de « sécurité ». Ils sont chargés de signaler au conducteur les problèmes éventuels : aiguillage, voyageur qui monte ou descend, manœuvre. Pour cela, ils utilisent un langage codé avec les mains, palliant ainsi l'absence de moyen de communication plus moderne.

À Bucay, la locomotive se décroche du train et va effectuer quelques manœuvres au dépôt non loin de là. Intrigué par de bizarres coups de sifflet, je me rapproche et découvre cinq locomotives à vapeur, dont une en action, une en état de marche, et trois à l'abandon. Le conducteur m'explique qu'en 1992, tout le parc à traction vapeur a été remplacé par des machines diesel Alsthom, importées de France et que la locomotive à vapeur ne sert plus qu'à tirer des trains spéciaux.

La halte dure plus d'une demi-heure et la plupart des passagers du toit n'en peuvent plus de supporter la chaleur et un soleil de plomb. Ils vont se réfugier à l'ombre, ou boivent des litres d'eau, en attendant que le train redémarre.

Dans cette végétation toujours tropicale et sous un soleil brûlant, se profile au loin la cordillère des Andes, telle une muraille prise dans les nuages. Son altitude me laisse espérer un peu de fraîcheur à venir.

À Huygra, nous marquons une nouvelle pause très longue. Cette fois, il ne s'agit pas de charger du fret ou d'effectuer des manœuvres, mais simplement de permettre aux conducteurs de se restaurer ! J'en profite pour engager la conversation avec eux. Ils connaissent un peu la France, car un instructeur SNCF d'Avignon est venu sur place, plusieurs mois durant, afin de les former aux locomotives Alsthom.

Les conducteurs m'accueillent dans leur cabine, où ils ont déjà de la compagnie. Luis a emmené son fils de quatre ans pour l'initier au métier. Edgar, lui, voyage avec une poule que lui ont offerte des amis de Guayaquil.

En dehors de cette touche de fantaisie, le pupitre moderne et l'ambiance feutrée me déçoivent quelque peu. Nous allons emprunter une série de tunnels et je voudrais filmer sur le toit du wagon. Edgar accepte d'immobiliser le train en pleine voie. Il redémarre aussitôt, me laissant à peine le temps de monter sur le wagon à fond plat. De là, il faut faire le grand écart au-dessus du vide pour atteindre l'échelle qui conduit au toit. Je marque un temps d'hésitation, puis, tel Tintin dans *le Temple du Soleil*, je me hisse par cette échelle rouillée sur le toit du wagon, cinglé au passage par quelques branchages.

À Sibambe, on peut enfin apercevoir le « Nez du Diable », une haute montagne en forme d'appendice nasal. Cette gare minuscule est aussi la bifurcation avec l'ancienne ligne de Cuenca, aujourd'hui inutilisée. Quelques paysannes indiennes aux habits colorés y écoulent leur production (maïs et pommes de terre). Mais l'arrêt de cinq minutes à peine ne leur permet pas de réaliser beaucoup d'affaires.

Dès lors, le train va utiliser la technique du « zigzag » avec plusieurs mouvements d'avant en arrière, orchestrés par les contrôleurs qui manient aussi les aiguillages. En moins d'un quart d'heure, le train parcourt 500 mètres de dénivelé. À plus de 2 000 mètres d'altitude, nous commençons à sentir la fraîcheur. La végétation, moins exubérante, est désormais dominée par les cactus.

Je suis retourné dans la locomotive, pour la dernière partie du trajet. L'Altiplano, plus vert et plus humide, semble pris sous une épaisse chape de nuages. Dans les champs, des Indiens en tenue colorée labourent la terre, parfois sur des pentes très raides.

À l'approche de Riobamba, le ciel se dégage et la silhouette majestueuse du Chimborazo apparaît devant nous. Ce sommet le plus élevé d'Équateur domine de ses 6 300 mètres un massif dont la neige étincelle sous le soleil couchant.

Nous arrivons avec une heure de retard à Riobamba. Edgar m'avoue que le week-end, il faut compter en général cinq à six heures de retard en raison du plus grand nombre de passagers et de l'importance du fret.

Quito est une des plus belles capitales d'Amérique du Sud. D'un côté, le Quito moderne aux larges avenues, grands hôtels et sièges d'entreprises. De l'autre, le Quito colonial qui a gardé ses vieilles églises, ses petites rues, ses maisons blanches à balcon en fer forgé – autant d'attributs qui ont valu à la ville d'être classée au patrimoine mondial de l'Unesco, comme Potosi ou le Machu Picchu.

À la gare routière de Quito, la concurrence bat son plein. Une quarantaine de compagnies de bus avec autant de vendeurs qui hurlent le nom des destinations des véhicules en partance ! Je ne tarde donc pas à trouver un bus pour Tulcan, à la frontière avec la Colombie.

Au départ, le véhicule est à moitié vide. Mais c'est oublier les bases du transport par bus dans les pays du tiers-monde. Le receveur crie à la ronde « Tulcan, Tulcan », et le chauffeur s'arrête dès qu'un passant fait mine de vouloir monter. En quelques minutes, le bus affiche complet. Par un miracle mathématique que je ne parviens jamais à m'expliquer, le bus conserve toujours le même nombre de passagers, dont quatre à cinq debout !

Sur les hauteurs de Quito, on peut admirer le site dans une cuvette encerclée de montagnes. La pluie d'hier a donné de la neige en altitude qui recouvre de nombreux sommets d'une fine pellicule blanche. Parmi eux, le Pichincha qui domine la capitale, et au loin, la silhouette parfaitement conique du Cotopaxi à 5 900 mètres.

Nous roulons maintenant en pleine nature, longeant les gorges d'une rivière qui a modelé le paysage. Il est pourtant difficile d'oublier la ville et ses contradictions. Le moindre mur, le moindre abribus, la moindre cabane reprend les slogans des candidats à la présidence, sur fond de couleurs criardes.

Le passage de la frontière en Colombie requiert un enchaînement de transports et de formalités assez complexe. Bus urbain jusqu'aux faubourgs de Tulcan, *collectivo* (taxi collectif) jusqu'à la frontière, premier tampon sur mon passeport au poste de police équatorien ; 300 mètres à pied sur le pont qui enjambe la rivière frontière, deuxième tampon du passeport en Colombie (plus quelques imprimés à remplir), change au noir de quelques billets verts (ouf ! 1 dollar équivaut juste à 1 000 pesos colombiens, ce qui m'évitera des calculs compliqués comme en Équateur ou j'ignore toujours s'il faut diviser par 2,3 ou 3,2 pour convertir les sucres en francs français), re-collectivo pour relier Ipiales, la ville la plus proche, où j'arrive à 12 h 15, juste un quart d'heure avant le prochain départ de bus pour Bogota.

De Tulcan à Ipiales, il m'a fallu en tout une heure et quart. Au début de ce tour du monde, la même expédition m'aurait pris au moins trois heures. En ce 25 avril 1996, j'ai l'impression d'être devenu un expert en passage de frontière par voie terrestre !

Le trajet en bus jusque Bogota couvre 950 kilomètres et dure pratiquement une journée entière. Sur les pentes fortement escarpées et rocheuses d'un canyon, les paysans ont tiré parti du moindre lopin de terre à l'inclinaison à peu près acceptable pour cultiver maïs, pommes de terre ou coca. Perdus entre deux falaises à pic, agrémentés de quelques palmiers ou cactus, ces champs inaccessibles apparaissent comme des petits coins de paradis façonnés par ces paysans de l'extrême.

Nous arrivons en vue de Bogota, située sur un plateau au pied d'une petite chaîne de montagnes. Il faut près de deux heures pour pénétrer dans cette agglomération de 6 millions d'habitants. Les rues numérotées à l'américaine se succèdent sans fin : calle 75, calle 74, calle 73... Bogota paraît un peu plus prospère et américanisée que ses rivales andines, à en juger par le nombre de publicités, d'entreprises de haute technologie et d'immeubles avec piscine. Mais les bidonvilles doivent sûrement se trouver en périphérie.

En quelques minutes, Bogota révèle son vrai visage : celui d'une ville ravagée par la violence. Les bus et taxis manquent de m'écraser dès que je traverse une rue. L'un d'entre eux percute de plein fouet une carriole qui déverse ses fruits sur la chaussée, mais poursuit aussitôt sa route. À un croisement, cinq policiers tabassent un mendiant à grands coups de matraque. Ce dernier avait apparemment menacé l'un d'entre eux avec une brique, mais rien ne justifie cette violence gratuite. Les policiers s'éloignent, l'air satisfait, et laissent le mendiant gisant sur le trottoir, dans sa crasse et son sang.

Je me livre à de vaines recherches pour trouver un train en Colombie. Le trafic voyageur par rail a complètement disparu du pays. Il ne reste que quelques trains de marchandises sporadiques, aléatoires, sur de courtes distances. Le train à vapeur colombien de la célèbre publicité pour Nescafé n'est qu'une supercherie !

Je prends donc un bus pour Santa Marta, sur la côte Caraïbe. Comme dans le reste de l'Amérique du Sud, les compagnies de bus fleurissent sur le cadavre des chemins de fer. La gare routière de Bogota occupe un vaste complexe qui n'a rien à envier à l'aéroport d'Heathrow ou à la gare Montparnasse : 3 halls, 65 quais de départ, 80 guichets, 5 galeries marchandes, 1 bus par heure pour Santa Marta. Les adeptes du rail ne doivent pas être nombreux dans le coin !

Je dors bien dans les sièges moelleux de cet autobus moderne et confortable. Mais espace et confort ne riment pas avec convivialité et les autres voyageurs me paraissent bien distants... par rapport à ceux des trains !

Dehors, les paysages sont devenus très tropicaux. Ayant quitté les hauts plateaux de Bogota et son éternel printemps, nous traversons des zones de rizières et de vergers agrémentées de palmiers et de bougainvillées.

Depuis plus d'un mois, je communique avec Elena par fax ou téléphone. Aujourd'hui, elle m'annonce qu'elle a enfin réussi à obtenir un congé sabbatique et promet de me rejoindre à Cartagena dans cinq jours.

Ce délai me laisse le temps de réaliser le trekking à la *Ciudad Perdida*, ancienne capitale des indiens Taironas, enfouie dans la jungle sur les pentes de la sierra de Santa Marta. Le trekking dure normalement cinq à six jours, mais le guide Omar m'assure qu'un bon marcheur peut l'effectuer en quatre jours. Le groupe se compose de deux Français, David et Thierry, et d'un Hollandais, Paul.

Après un réveil à l'aube, Omar nous emmène chercher notre permis des parcs nationaux, faire le plein d'essence, acheter quelques provisions, embrasser sa famille. À chaque fois, il nous demande de rester sagement dans la Jeep. Et nous voilà prêts à partir à 11 heures. Pourquoi ne pas nous avoir donné rendez-vous à 11 heures à l'hôtel ? Poser la question, c'est faire preuve d'une rationalité à l'européenne.

Entassés à l'arrière du véhicule comme dans une boîte à sardines, nous roulons une heure sur la route qui serpente au pied de la sierra de Santa Marta. Quand la Jeep commence à s'enfoncer sur une mauvaise piste de montagne, nous comprenons le calvaire qui nous attend. Deux heures à traverser des ornières, des pierriers, des rivières à gué, secoués, ballottés, mal assis sur des banquettes dures, coincés entre sacs à dos et caisses à provisions... et recouverts d'une couche de poussière qui s'épaissit au fil des minutes.

Enfin, nous arrivons au point de départ du trekking, un hameau du nom de Mamey. Deux à trois familles tiennent le magasin et le restaurant pour les quelques randonneurs de passage. Omar nous annonce que nous attendons le porteur. Or, nul porteur ne vient. Puis il prétend que nous attendons une mule, qui doit porter les provisions. Épuisés par le voyage et la chaleur, Thierry et David se sont assoupis sur une chaise. Paul regarde dans le vide. Quant à moi, j'observe la vie de cette étrange communauté, qui vit au ralenti. Une grand-mère dorlote son petit-fils, deux femmes comparent leurs vernis à ongles, un homme se cure les dents, deux enfants jouent sur leur vélo.

Finalement, le porteur n'arrive pas, pas plus que la mule, ni le deuxième guide avec qui je devais réaliser ce trekking en quatre jours. La marche commence sur un chemin de terre qui ondule sur les collines couvertes de végétation tropicale. Puis nous devons affronter une pente plus raide où le chemin déroule un tapis sablonneux entre deux grands talus en terre rougeâtre.

Omar ne passe pas inaperçu avec son 1,50 mètre, ses cheveux frisés et ses deux incisives manquantes. Métissé d'Indien et de Noir, il connaît bien les tribus locales et la vie de la forêt, pour avoir travaillé trois ans comme porteur et deux ans comme guide.

Après des heures d'ascension pénibles, nous parvenons au refuge de Adan, un simple toit de bois avec six hamacs accrochés aux piliers. Nous nous jetons avec délices dans la rivière toute proche. Une cascade de quatre mètres se déverse dans un grand bassin naturel, où l'on peut plonger à souhait. La seule difficulté est de remonter, car les parois sont à pic, et le tronc d'arbre qui a été placé là comme échelle de bain demande quelques acrobaties pour sortir de l'eau.

Omar nous avoue que les porteurs ne viendront pas, mais qu'il a trouvé un troisième homme. Pedro est le fils aîné de la famille qui tient le refuge. Il n'a que quinze ans, mais connaît bien la région et assure pouvoir m'accompagner seul jusqu'à la Ciudad Perdida et retourner à la base de départ. Les mensonges et les promesses d'Omar finissent par me lasser, mais je ne veux pas rater mon rendez-vous avec Elena à Cartagena. En outre, ce petit Pedro m'inspire confiance.

Ce soir, je dors pour la première fois de ma vie dans un hamac. En fait, la position est plutôt confortable, à condition de savoir dormir sur le dos (ce qui n'est pas mon cas). Bercé par le bruit de la rivière et les cris des oiseaux, je finis par succomber au sommeil.

Le parcours s'effectue toujours dans la forêt luxuriante, où arbres et plantes semblent jouer du coude à coude pour atteindre la lumière du soleil. Le plafond de végétation est parfois si dense qu'il en devient oppressant, avec les lianes qui pendent partout, et les cris d'animaux qui déchirent le silence par intervalles.

Après deux heures de marche, nous atteignons un village d'indigènes. Ces indiens Kogui vivent d'agriculture, cultivant maïs, yucca et coca en l'échangeant contre de la viande de singe ou d'autres denrées avec les villages voisins. Selon Omar, ils ne pratiquent que le troc et ont conservé leur dialecte et leurs coutumes. Pourtant, à notre arrivée, deux hommes sortent de la première case du village pour nous vendre du Pepsi-Cola. Malgré le prix, nous acceptons de bon cœur en songeant aux kilomètres qu'ils ont dû parcourir à dos de mule pour rapporter quelques bouteilles. Alors que je m'apprête à prendre quelques photos, les Indiens me réclament encore de l'argent. Je range alors mon appareil et m'éloigne. Mais ils nous poursuivent encore pour exiger quelques milliers de pesos.

À l'aube, je pars d'un bon pas avec Pedro. Nous longeons le cours de la rivière Buritaka qui déverse ses eaux torrentueuses sur de gros rochers lisses. Pour la traverser, nous devons emprunter un pont suspendu digne des *Aventuriers de l'Arche Perdue* ou de *À la poursuite du diamant vert* (tourné d'ailleurs en Colombie). Sur les quelques planches de bois maintenues par deux cordes qui se balancent au-dessus du vide, on s'imagine facilement traqué par la police ou fuyant de méchants trafiquants de drogue.

La végétation est tellement dense que Pedro doit nous frayer un chemin à coups de machette. Dans une partie boueuse du chemin, il repère une empreinte qu'il identifie comme celle d'un tigre. Ignorant totalement la présence de ces félins en Colombie, je lui signifie mon étonnement. Mais Pedro me montre l'empreinte, semblable à celle d'un très gros chat. Il estime pourtant que nous ne courons aucun danger, les tigres ne se montrant que la nuit et s'attaquant essentiellement aux chiens et aux cochons.

Plus loin, Pedro repère un serpent-corail qui avance dans les racines d'un arbre. Il s'avance d'un pas assuré et lui tranche la tête d'un coup de machette. Mais le serpent continue à onduler et s'approche de moi, à ma plus grande frayeur. Heureusement, il s'agit d'un réflexe nerveux du reptile étêté. Sur le chemin, Pedro en tuera plus de cinq, plus venimeux les uns que les autres.

L'arrivée sur la Ciudad Perdida est magnifique. Plusieurs escaliers de pierres accèdent à de grandes terrasses circulaires plantées d'arbres. Le tout est recouvert de mousse et la lumière du soleil qui filtre à travers les feuillages donne au site un air mystérieux, voire irréel.

Dans une cabane sur pilotis, je rencontre l'archéologue qui est responsable du site. Sa mission n'a rien de scientifique, l'homme étant chargé par le gouvernement colombien de recevoir les hôtes de marque (ministres et autres ambassadeurs, venus par hélicoptère et non à pied à travers la jungle !) et de leur faire découvrir les ruines. Il me propose une visite des lieux et je suis très flatté de recevoir le même traitement que Fidel Castro ou la reine Sophie d'Espagne. Mais Enrique a l'air également ravi de pouvoir s'entretenir avec un amateur de civilisations précolombiennes, car les visites sont plutôt rares dans cet endroit perdu.

La cité, découverte en 1975 par des pilleurs de tombes, n'avait jamais pu être atteinte par les conquistadores. Elle comporte 140 terrasses, reliées entre elles par un réseau d'escaliers très complexe et a abrité jusqu'à 3 000 habitants. Tous les bijoux et objets funéraires ont été transférés au musée de l'Or de Bogota et il ne reste que deux rochers sculptés. L'un représente le crapaud, symbole de la fertilité de la femme, et l'autre une carte de la cité.

Au terme d'un véritable marathon, nous atteignons Mayme. Mais le seul camion journalier est déjà reparti et il me faut marcher jusqu'au village suivant. Un camion me prend en stop dans sa benne. Il faut se tenir debout, les mains agrippées aux barres supérieures. Après une heure d'ornières et de poussière, je retrouve heureusement l'asphalte. Mais, en descendant une côte, un grand bruit sous le capot oblige le chauffeur à s'arrêter. Il sort ses outils et commence à démonter le moteur. Après de multiples péripéties, j'arrive enfin à Cartagena. Au téléphone, Elena m'annonce qu'elle n'a pas pu obtenir de vol pour la Colombie. Elle devrait me rejoindre à San José, au Costa Rica, le 12 mai, c'est-à-dire dans une semaine.

J'en profite pour visiter Cartagena, une des cités coloniales espagnoles les mieux conservées d'Amérique. La ville moderne a eu l'heureuse idée de se développer hors des remparts, et les rues de la cité intra-muros ont gardé la splendeur de l'époque des Conquistadores. Façades colorées, grosses portes cloutées, lanternes et grilles en fer forgé, balcons en bois, maisons à colonnades.

La colonisation espagnole n'a pas apporté que des bienfaits. Dans le Palais de l'Inquisition, on emprisonnait au nom de la foi chrétienne, on torturait sans relâche et on exécutait quiconque était soupçonné d'hérésie, de sorcellerie ou de paganisme. Près de là se trouve le couvent de San Pedro Clavier, où le célèbre abbé soigna et convertit des centaines d'esclaves noirs venus d'Afrique et victimes de mauvais traitements. Mais cet exemple louable ne doit pas masquer que trop longtemps l'Église et la Papauté ont hélas soutenu, voire encouragé, l'esclavagisme des Noirs et le massacre des Indiens en Amérique.

XVII

OÙ SONT LES TRAINS ?
AMÉRIQUE CENTRALE

Pour se rendre de Colombie au Panama, il n'y a pas de route. La célèbre Panaméricaine s'interrompt sur près de 300 kilomètres, laissant la place à une jungle inextricable. Il faut pas moins de dix jours pour la traverser à coups de machette.

Impatient de retrouver Elena, je renonce à l'option « Indiana Jones ». Écartant toujours la solution aérienne, je finis par trouver un bateau qui m'emmène à Colon sur la côte Caraïbe du Panama.

À la douane, mon sac à dos semble éveiller les soupçons. Cherchant sans doute de la drogue, des douaniers panaméens zélés fouillent minutieusement mes affaires, jusqu'à démonter mon rasoir électrique et vider mon tube de dentifrice.

Ayant décidé de passer quelques jours sur la côte Caraïbe, Jesus (un globe-trotter mexicain de vingt-six ans) et moi prenons un bus en direction de Portobelo. À bord, des dizaines de collégiens en uniforme bleu marine, en grande majorité des Noirs. Le bus circule fenêtres grandes ouvertes. Mais dès que la pluie se met à tomber, tous se précipitent pour calfeutrer le véhicule. En ce début de saison humide, les orages sont particulièrement violents.

À Portobelo, des lanchas au confort sommaire mènent à la belle île de Isla Grande. Il n'y a pas d'eau courante. On dort sur des matelas posés à même le sol. Mais on a le plaisir de se réveiller avec le bruit des vagues. Et les gens nous reçoivent très aimablement. L'un nous apporte de l'eau, un autre nous offre du poisson, un troisième nous propose d'utiliser sa cuisine. À Isla Grande, la population mène une vie paisible. Les enfants jouent dans l'eau entre les barques de pêche. Les femmes passent la journée en bigoudis, sans se soucier de leur apparence. Mais ce havre de paix présente un défaut majeur : il n'y a pas de téléphone. Devant absolument contacter Elena pour vérifier le lieu et la date de son arrivée, je quitte ce paradis pour aller trouver un téléphone à Colon.

Pirogue à moteur jusqu'à La Guaria, auto-stop en pick-up jusqu'à Portobelo, puis bus pour arriver à Colon à la tombée de la nuit. Il y règne une atmosphère glauque, presque terrifiante. Terrains vagues, façades miteuses, bordels, mendiants et marginaux en tout genre. Et partout, le même conseil : « Faites attention à vous et à vos affaires ! »

À l'hôtel qu'on m'a indiqué, le réceptionniste me demande :

« Combien de temps restes-tu ?

– Une nuit.

– C'est trop long. »

C'est bien la première fois qu'on me rétorque cela dans un hôtel. Voyant mon étonnement, le réceptionniste se fait plus explicite :

« Ici, c'est un hôtel de passe. Tu peux prendre une chambre une heure ou deux heures avec une fille. Mais, pour une nuit, ça va te coûter une fortune ! »

Et de m'indiquer une autre adresse, plus classique.

Elena, que je finis par joindre au téléphone, me confirme son arrivée dimanche après-midi à San José. Il me reste donc trois jours pour rallier le Costa Rica.

Au bureau des chemins de fer, le chef de gare m'informe qu'aucun train de voyageurs ne circule plus dans le pays. Ce septuagénaire évoque avec nostalgie l'époque où il y avait quatorze trains de voyageurs par jour, et où on effectuait le parcours Colon/Panama en une heure et demie. Après l'invasion de Panama par les États-Unis, les Américains ont décidé – sans raison apparente – de supprimer le service voyageurs. Depuis, la voie se détériore, le fret se raréfie. Actuellement, il y a à peine un train de marchandises par jour, qui effectue les 47 kilomètres de trajet en près de quatre heures, ce qui constitue presque un record de lenteur à moins de 12 kilomètres. Ce train part vers 10 heures, mais il est strictement interdit d'y monter.

À l'heure dite, le train pour Panama est à quai, dans la vieille gare désaffectée de Colon. Une locomotive diesel, neuf wagons porte-conteneurs, un wagon à fond plat et un wagon de voyageurs aux carreaux cassés. Bravant l'interdiction du chef de gare (je me suis nettement enhardi depuis le début de mon périple), je grimpe dans le wagon de queue, rejoignant huit autres passagers clandestins : retraités des chemins de fer ou employés du canal.

Dès la sortie de Colon, la voie ferrée s'éloigne de la route, puis emprunte un itinéraire très pittoresque, qui offre des vues imprenables sur le canal. Le chemin de fer traverse de hautes herbes qui cinglent les wagons et s'enfonce dans la forêt tropicale. On atteint ensuite un lac, puis un autre. La voie ferrée a été construite sur un terre-plein au milieu du plan d'eau. Ces lacs font partie du système complexe du canal qui permet aux bateaux de passer d'un océan à l'autre grâce à un savant jeu d'écluses. Ainsi peut-on voir au premier plan des bateaux de pêcheurs, et au loin, des cargos, pétroliers, et autres porte-conteneurs en route vers le Pacifique.

Après avoir longé plusieurs écluses où le moindre cargo a la taille d'un paquebot, nous entrons dans une zone plus urbanisée, parsemée de quelques collines : Balboa, le siège de la Compagnie qui gère le Canal de Panama, et le quartier américain par excellence. Noms de rues en anglais, larges avenues bordées de pelouse, immeubles blancs. Comme beaucoup de colonies d'expatriés, les Américains y ont construit une réplique de leur pays, avec des écoles, des dispensaires et des supermarchés. Depuis l'invasion américaine de 1989 (pour protéger le canal et chasser l'indésirable Noriega), la petite colonie doit se sentir encore plus puissante, encadrée par deux bases militaires et avec le dollar comme monnaie officielle.

Je ne m'attarde pas à Panama. Trop impatient de retrouver Elena, je prends le premier bus de la compagnie Tica à destination de San José, au Costa Rica. Contrastant avec la fournaise extérieure, l'air conditionné oblige certains voyageurs à se couvrir. Le véhicule franchit le colossal pont des Amériques qui domine le canal, avant de filer à vive allure sur la fameuse Panaméricaine qui traverse toute l'Amérique centrale jusqu'aux États-Unis.

À la frontière costaricienne, les fonctionnaires séparent les voyageurs avec valises de ceux avec sacs à dos et me font subir une fouille en règle, encore plus minutieuse qu'en Colombie. Pour la première fois de ma vie (en dehors d'une visite médicale), on me demande de me déshabiller complètement, de poser mes vêtements sur la table, et d'écarter les jambes pour voir si je n'y cache pas quelques sachets de cocaïne. Le douanier s'apprête même à effectuer une fouille anale. Mais devant mes vives protestations, il se ravise.

Le 12 mai à 14 heures, je fais les cent pas dans l'aéroport de San José, me demandant si Elena va bien arriver, si tout cela n'est pas un rêve. Enfin, je retrouve son sourire angélique. Nous nous embrassons longuement. Puis elle m'explique que son bagage a été oublié à Rio et n'arrivera à San José que dans quelques jours. On ne peut vraiment pas se fier au transport aérien !

Le soir, nous retrouvons Jesus pour dîner. Cote et Nacho, un couple d'Argentins, s'est joint au groupe, avec leurs amis Gabi et Diego, de Buenos Aires. Avec Elena qui vient d'arriver et le président Carlos Menem en tournée officielle en Amérique centrale, j'ai l'impression que toute l'Argentine s'est donné rendez-vous ici.

J'écoute avec amusement les critiques réciproques et autres attaques en règle que se lancent Argentins et Mexicains, habitant les deux pays d'Amérique latine qui font office de leaders, mais qui s'ignorent la plupart du temps, préférant tourner leur regard vers le protecteur nord-américain.

À la gare de l'Atlantico, des grilles solidement fermées empêchent d'accéder aux quais envahis d'herbes où stationnent quelques wagons rouillés. Pas un employé pour savoir si des trains circulent ou non. Au bar en face, le patron est formel. Plus aucun train ne fonctionne au Costa Rica. La ligne pour Puerto Limon n'a jamais été réparée depuis le tremblement de terre de 1991. Celle pour Puntarenas a été fermée l'année suivante, sans raison apparente. Quant aux derniers trains de banlieue pour Heredia et Cartago, ils ont cessé de circuler depuis douze mois. Cet arrêt a d'ailleurs coïncidé avec la suppression du trafic marchandises. L'ex-gare de l'Atlantico, jadis si animée, a été reconvertie en musée des Chemins de fer. Triste fin qui risque d'être le sort d'un grand nombre de chemins de fer en Amérique latine.

À l'aéroport, nulle trace du bagage d'Elena. L'employée de Lacsa nous assure avoir envoyé un fax à Rio de Janeiro, resté sans réponse. Elle prétend que la compagnie n'est pas responsable de la perte du bagage et dit effectuer ces recherches par pure « courtoisie ». Quel culot !

Nous prenons un bus pour Manuel Antonio, parc naturel réputé sur la côte Pacifique. Demain, Elena va fêter ses trente ans et je voulais lui offrir un séjour dans un endroit de rêve. La côte Pacifique se compose d'une alternance de plages abritées et de falaises où se brisent les vagues de l'océan. Des collines couvertes de forêts tropicales surplombent l'ensemble. L'hôtel La Quinta est situé dans un cadre très romantique, avec ses bungalows disséminés dans la verdure, sa piscine entourée de bougainvillées et de palmiers et ses vues imprenables sur le rocher de la Cathédrale et les lames du Pacifique.

Malheureusement, une pluie torrentielle s'abat sur la région et nous contraint à rester dans la chambre d'hôtel pendant trois jours.

En allant décrocher mon linge qui sèche, j'entends un bruit de feuillage et un choc sourd derrière moi, comme si un chien ou un petit enfant venait de sauter. En me retournant, je me trouve nez à nez avec un serpent long de cinq mètres (le plus grand que j'aie jamais vu). Mes muscles se tétanisent, mon sang se glace dans mes veines. Heureusement, le reptile se détourne, jugeant sans doute que je serais trop difficile à digérer. Son corps vert et jaune se met à onduler dans l'herbe jusqu'à une haie voisine. Ouf !

À l'aéroport de San José, toujours pas de trace de sac à dos. La compagnie est incapable de nous donner la moindre information depuis plus d'une semaine. En attendant, Elena doit porter mes T-shirts et shorts. Bien qu'elle soit d'un naturel doux et conciliant, elle commence à s'énerver et leur promet le pire si son bagage n'est pas expédié à Managua dans trois jours.

Granada nous séduit d'emblée. Cette ville si riche aux premiers temps de la colonisation espagnole s'est doucement endormie sur les rives du lac Nicaragua. Dans les maisons aux façades colorées et aux charmants patios, les gens se balancent nonchalamment sur des rocking-chairs en regardant les passants dans la rue. Partout, des saints, des cierges et des images pieuses témoignent de la foi catholique du pays.

À l'ancienne gare de chemins de fer, nous ne pouvons que constater l'empressement avec lequel on a éradiqué le transport ferroviaire au Nicaragua. Les rails ont été enlevés, les terrains vendus aux particuliers, l'élégante gare couleur ocre transformée en école. Seuls deux wagons rouillés abandonnés dans un terrain vague rappellent que des trains circulaient encore il y a deux ans.

La chaleur d'étuve qui régne à Granada nous incite à aller nous baigner. Au loin, on distingue les îles volcaniques qui parsèment le lac Nicaragua. Dans l'eau, des enfants jouent au ballon, pendant que leur mère se baigne pudiquement en short et T-shirt. Le lac Nicaragua est le plus vaste d'Amérique centrale et le seul au monde à abriter des requins d'eau douce. Mais cela ne nous empêche pas d'apprécier un bain délicieux dans une eau à 30 °C.

Le bus pour Managua nous ramène à une triste réalité : sièges en bois dur, portes ouvertes, suspension inexistante, voyageurs entassés, conduite exécrable et klaxon tonitruant.

À l'arrivée à Managua, nous éprouvons un choc. La gare routière est immonde. D'horribles gargotes ont poussé comme autant de verrues sur une façade déjà hideuse. Des détritus jonchent le sol, où dorment de nombreux mendiants. La pauvreté est omniprésente. Nous souhaitons prendre un bus, mais l'obscurité, les mines patibulaires des passants, les odeurs nauséabondes et le fait que les gens portent leur sac sur le ventre (symptôme d'une insécurité extrême) nous engagent à prendre un taxi. Le chauffeur confirme qu'il est dangereux de s'aventurer à pied la nuit, surtout pour un étranger chargé d'un sac à dos.

Après cette recommandation, le chauffeur de taxi tente de nous arnaquer et comme je conteste le prix de la course, l'homme s'énerve et déverse sur nous un torrent d'insultes avant de nous déposer au beau milieu de la rue. Nous nous dirigeons vers le premier hôtel venu. L'établissement est glauque et pullule de cafards gros comme des souris. Impossible de trouver un téléphone. Plusieurs personnes à qui nous demandons des informations nous répondent sèchement ou impoliment. Le personnel même de l'hôtel nous paraît douteux.

Bref, en quelques heures, Managua nous apparaît comme l'enfer sur Terre. Heureusement, à l'aéroport, la compagnie Lacsa a enfin retrouvé le sac à dos d'Elena. Certes, il nous faut parlementer avec quatre personnes différentes, marcher à pied 500 mètres, aller tout au fond d'un hangar réservé au fret pour le dénicher, attendre une demi-heure un douanier. Mais Elena finit par récupérer le sac à dos et tout son contenu, après plus d'une semaine passée à utiliser mes vêtements.

Nous quittons sans regrets Managua, en direction de Tegucigalpa au Honduras. Toutes les capitales d'Amérique centrale sont accessibles en cinq à dix heures, pour des distances de 200 à 400 kilomètres. Nous nous familiarisons avec les « Tica » bus, qui relient tous les États, du

Panama au Guatemala. Même température glaciale due à l'air conditionné, même sièges inclinables, même film de kung-fu à la télévision, même chauffeur qui ne décroche pas un mot excepté au passage de frontière pour demander aux voyageurs de descendre du bus.

Tegucigalpa, capitale au nom imprononçable, apparaît au fond d'une cuvette entourée de montagnes aux pentes douces, de champs de maïs et de forêts de pin. À 1 500 mètres d'altitude, la ville connaît une température douce en comparaison avec la chaleur pesante de Managua. Mais la capitale du Honduras ne possède pas beaucoup plus de charme que son homologue nicaraguayenne, ce qui nous donne une vision assez terne de l'Amérique centrale.

Dans le bus en partance pour San Salvador, on nous réveille pour le passage de la frontière. En la matière, une certaine routine s'est installée en changeant de pays tous les deux ou trois jours. Contrôle des passeports côté Honduras, paiement d'une taxe de sortie, fouille rapide des bagages, change au noir (la devise locale est le colon, comme au Costa Rica), trajet à pied jusqu'à la frontière salvadorienne, et nouveau contrôle des passeports. Les formalités douanières s'effectuent avec une relative facilité, mais durent tout de même près de deux heures.

San Salvador rivalise de laideur avec Managua. Une ville sale, polluée, congestionnée, qui respire la misère et la tristesse. Le pays n'a pas été épargné par les catastrophes naturelles et humaines : tremblements de terre, inondations, glissements de terrain, éruptions volcaniques, des décennies de dictature et de terreur (les fameux « escadrons de la mort ») et une guerre civile de dix ans.

Voyager avec Elena est un véritable régal. Toujours de bonne humeur, enthousiaste, facile à vivre, communicative. Et puis, séduction argentine oblige, c'est la première routarde que je vois avec des talons aiguilles et une minijupe dans son sac à dos.

Après quatre pays aussi déprimants, le Guatemala ressemble à un vrai paradis. D'emblée, Guatemala City paraît plus prospère que les autres capitales d'Amérique centrale. Larges avenues, gratte-ciel, restaurants de chaîne, voitures neuves.

Je m'enquiers ici aussi de la possibilité de prendre un train. J'obtiens des réponses aussi variées que contradictoires. « Si, si, il y a un train pour aller à Puerto Barrios. » « Non, il n'y a plus de trafic voyageurs, mais il y a encore des trains de marchandises. » « Non, il n'existe plus aucun train en circulation au Guatemala. »

Il est en outre impossible de trouver le téléphone de la société des chemins de fer. Et, comme d'habitude, nous devons nous déplacer physiquement jusqu'à la gare centrale pour obtenir des informations.

En bordure d'une grande place envahie par les bus et taxis, l'édifice de la gare paraît abandonné. Une partie du bâtiment porte les traces d'un incendie, le reste est hermétiquement fermé par de grandes portes grillagées. Nous finissons par trouver un local ouvert, apparemment un service administratif où ne règne pas une folle activité. Un employé se borne à nous annoncer qu'il n'y a aucun train en circulation au Guatemala, que ce soit en voyageurs ou marchandises. Au bout d'un moment, il finit par nous expliquer la situation, comparable à celle de la plupart des pays d'Amérique latine. Des tarifs dérisoirement bas, une entreprise déficitaire, un gouvernement qui supprime progressivement les subventions, des voies et du matériel qui se dégradent faute d'entretien, des bus de plus en plus performants, des clients qui renoncent au chemin de fer, un déficit qui s'accroît... Puis la solution miracle du gouvernement : on privatise. Mais personne ne veut ni ne peut acheter une compagnie des chemins de fer en banqueroute. Faute d'argent pour faire circuler les trains ou payer le personnel, on ferme tout et on conserve un effectif minimum de « mise en veille » (à Guatemala City, 300 au lieu des 7 000 employés d'antan) en attendant un acheteur providentiel.

Aujourd'hui d'ailleurs, une délégation de Japonais est venue discuter avec le directeur de ce « chemin de fer en sursis ». On peut voir les 4 × 4 Suzuki garés devant un des bureaux.

Parmi les grilles, nous découvrons le triste spectacle d'une entreprise ferroviaire à l'abandon. Il semble que le trafic se soit arrêté subitement, comme par un mauvais sort. Des wagons rouillent le long des quais, les herbes envahissent la voie. Le pont tournant ne tourne plus. Locomotives à vapeur et diesel sont sagement rangées sur les faisceaux ou dans le dépôt, en attendant des jours meilleurs.

Ne pouvant attendre un rachat plus qu'hypothétique par des financiers nippons, je dois me résoudre à achever ce périple en Amérique centrale en bus, en espérant retrouver le train à la frontière mexicaine.

Occupant un site remarquable dans une vallée encerclée de hauts volcans, la ville d'Antigua a connu de nombreux tremblements de terre qui ont conduit les Espagnols à transférer la capitale à Guatemala City à 70 kilomètres de là. La cité s'est un peu assoupie, mais la richesse et la diversité de ses édifices coloniaux en font une véritable « ville musée ». De belles façades aux couleurs pastel et aux grilles en fer forgé bordent les rues pavées. Des murs qui ceignent les jardins privés s'échappent des bougainvillées et autres fleurs exotiques. La ville regorge d'églises, certaines épargnées par les tremblements de terre, d'autres fraîchement rénovées, sans compter celles complètement détruites et entourées de hauts grillages de protection.

Antigua doit son actuelle renommée à l'apprentissage de l'espagnol. Beaucoup de routards traversant l'Amérique latine commencent leur voyage dans cette ville, séjournant une ou plusieurs semaines dans une famille et apprenant de manière intensive la langue de Cervantès, à raison de quatre à sept heures par jour. Cet engouement touristique pour Antigua a engendré l'apparition de nombreux hôtels, restaurants, bars à la mode et autres boutiques de souvenirs, et l'anglais est devenu la deuxième langue d'une grande partie de la population. Mais Antigua a su garder son caractère colonial, ses habitants en tenue traditionnelle, son charme discret de petite ville de province. Les nuits y sont fraîches, les journées printanières, les gens courtois, la sécurité totale. Un vrai paradis pour voyageurs au long cours !

Après un séjour au bord du merveilleux lac Atitlan et l'ascension du volcan San Pedro, nous visitons quelques marchés indiens, dont celui, réputé, de Chichicastenango. Puis, nous reprenons un bus à destination du Mexique. À l'approche de Quetzaltenango, le chauffeur nous réveille car il vient de croiser le bus en partance pour la frontière mexicaine que nous voulions atteindre aujourd'hui. En une minute, nos sacs à dos passent d'un toit de bus à l'autre et nous repartons sans avoir même eu le temps de déjeuner ou d'aller aux toilettes.

Au poste d'immigration guatémaltèque, les policiers s'étonnent que je sois rentré dans le pays sans visa d'entrée, redevenu obligatoire pour les Français. Un moment, ils envisagent de me jeter en prison. Je leur explique alors que je quitte définitivement le territoire guatémaltèque et qu'ils ne me verront plus jamais. Finalement, après une heure de pourparlers, les douaniers me laissent passer.

XVIII

DROGUE ET CLANDESTINS DANS L'EXPRESS POUR VERACRUZ

MEXIQUE

Ville-champignon vivant en bonne partie du trafic frontalier, Tapachula ne mérite pas une halte prolongée. Mais, en ce début juin, elle marque pour moi le retour sur les rails après un mois de voyages en bus. Après avoir troqué nos quetzals guatémaltèques contre des pesos, nous nous dirigeons vers la gare. Nous devrions désormais pouvoir traverser en train le Mexique, les États-Unis et le Canada jusqu'à Montréal.

Le train pour Veracruz est un petit convoi de trois wagons de voyageurs et un de marchandises, tracté par une grosse locomotive aux formes anguleuses de type américain. Sans atteindre les standards européens, cc train offre beaucoup plus de confort que la plupart de ses homologues d'Amérique latine. De grandes baies vitrées (mais couvertes d'une poussière épaisse), des sièges spacieux et inclinables (mais cassés) et surtout une voie ferrée en excellent état et quasiment rectiligne. On peut se déplacer sans se cramponner à tous les sièges, boire son café sans en renverser la moitié par terre, lire sans s'abîmer les yeux et même écrire !

La clientèle du train s'apparente beaucoup à celle qui emprunte les trains boliviens ou argentins. Des couples venus visiter leur famille, des paysans qui se rendent au marché de la ville la plus proche et des vendeurs et trafiquants en tout genre. Pas de voyageurs d'affaires ni de touristes. On se déplace en train parce qu'on est pauvre et qu'on ne possède pas de voiture. Pour la plupart, il s'agit d'Indiens ou de métis. Les femmes sont habillées de vêtements chauds, de châles colorés et réunissent leurs longs cheveux noirs en deux grosses tresses qu'elles se nouent sur la tête. Elles passent l'essentiel de leur temps à allaiter leur bébé, avachi sur leur poitrine généreuse. Les maris, souvent plus âgés, portent un chapeau blanc au large bord qui cache l'essentiel de leur visage, buriné par les années ou les travaux des champs.

Le nombre de contrôles policiers est impressionnant. En six heures, nous avons dû présenter cinq fois nos passeports. Les policiers, équipés de 4 × 4 flambant neufs et de superbes chiens de race arrêtent le train en pleine voie, puis montent à bord des wagons, avec pistolets, matraques et chiens. À la recherche de drogue, de contrebande, de criminels ou d'immigrés clandestins, ils se livrent à une inspection en règle, exigeant les papiers sur un ton sec, leur mine patibulaire cachée derrière des lunettes noires opaques. En général, ils ne repartent pas bredouille, trouvant toujours quelques voyageurs sans papiers ou des petits trafiquants dans cette région frontalière du Chiapas à la mauvaise réputation.

Lors d'un de ces contrôles, les policiers s'approchent de nous, scrutent le plafond avec leurs torches électriques et sondent la grille métallique à l'aide de tiges en fer. Puis ils se dirigent vers les toilettes, repèrent un trou dans la bouche d'aération et débusquent trois immigrés guatémaltèques dissimulés dans le faux plafond. Les policiers les embarquent pour un destin inconnu.

Une fois de plus, je me sens impuissant. Ce n'est pas la première fois que je suis le témoin d'une scène d'injustice. Mais que peut un routard, muni de son seul sac à dos, contre un bataillon de policiers armés jusqu'aux dents ?

Veracruz n'est qu'à quelques kilomètres, mais il faut près de deux heures pour l'atteindre. L'activité ferroviaire est intense et notre train doit s'arrêter à plusieurs reprises pour laisser passer d'interminables convois de marchandises. Puis nous traversons des bidonvilles construits à proximité des voies. Des enfants en haillons sortent de cabanes de tôle pour saluer le train ou essayent de s'y accrocher sur une courte distance. Peu à peu, les bidonvilles se transforment en quartiers populaires, en de petits immeubles reliés par des routes en terre battue. Apparaissent ensuite les premières villas, les jolies demeures entourées de jardins. Avant d'arriver à la gare principale, nous passons près d'installations ferroviaires plutôt rares en Amérique du Sud et centrale : dépôt de locomotives, faisceau de voie de triage, poste d'aiguillage, atelier d'entretien de wagons. Le Mexique n'a visiblement pas renié son chemin de fer.

La gare de Veracruz est d'ailleurs un magnifique bâtiment fin XIXe dont le vaste hall est soutenu par des colonnes massives. L'intérieur vient d'être récemment rénové – services, boutiques et signalétique – et la propreté est remarquable. Mais derrière cette façade moderne et attrayante, nous retrouvons vite les aléas du tiers-monde : consigne à bagages fermés, point informations et guichets clos. Interrogeant les employés présents sur les heures d'ouverture de ces différents services, nous obtenons des réponses aussi vagues que fantaisistes. La plus commune est *« ahorita »*, ce qui signifie aussi bien « maintenant » que « bientôt », « tout à l'heure », voire « dans quelques heures ». Finalement, personne ne peut nous renseigner précisément. Bien que nous reprenions le train le soir même pour Mexico, nous devons effectuer la visite de Veracruz avec nos lourds sacs à dos.

L'envoi d'un paquet à la poste centrale devient, comme dans tout autre pays, un parcours du combattant. Pour les colis supérieurs à deux kilos, il faut se rendre à une autre poste. Pour les expéditions par voie maritime, il faut encore aller ailleurs. Pour acheter le paquet, il faut se débrouiller dans des magasins. Après deux heures de pérégrinations, j'arrive avec mes paquets ficelés et scotchés, devant un guichet où l'on m'annonce que le service maritime a été supprimé depuis plus de deux ans !

De l'ancienne ville espagnole de Veracruz, il ne reste que le fort San Felipe dressant fièrement ses murailles équipées de lourds canons de bronze. La ville moderne a grandi de manière tentaculaire autour d'un port prospère.

En approchant du port, nous croisons des dizaines de marins et d'officiers, impeccables dans leur tenue blanche. Le complexe portuaire se divise en trois grandes parties : le port militaire où croiseurs et destroyers attendent de partir en mission, le port marchand où petits bateaux de pêche côtoient cargos et pétroliers géants et le port de plaisance transformé en marina pour satisfaire l'afflux croissant de touristes américains. Sur l'esplanade entre les hôtels de luxe et les yachts, on parle surtout anglais avec l'accent de l'oncle Sam.

Le train El Jarocho démarre, à destination de Mexico. Pour la première fois depuis près de trois mois, il comporte des couchettes et nous ne résistons pas au plaisir d'en prendre une, quitte à payer cinq fois le tarif d'une place assise. Mais la prestation justifie largement le prix. Il s'agit d'une cabine de wagon-lit avec toilettes, lavabo, penderie et literie confortable. En outre, l'accompagnateur fait preuve de beaucoup d'amabilité. Profondément endormis dans notre wagon-lit, nous ratons l'arrivée à Mexico. Heureusement, c'est le terminus du train et nous sommes réveillés par les employés chargés du ménage dans les wagons.

La gare centrale de Mexico, Buenaventura, ne laisse pas imaginer une agglomération de 20 millions d'habitants. Son hall est relativement grand, mais résonne des pas des rares voyageurs qui le traversent. À peine quatre trains à quai, deux guichets ouverts. Certes, nous sommes samedi, mais le trafic est dérisoire pour la ville la plus peuplée du monde.

Mexico me fait bonne impression. J'avais vu et lu de nombreux documentaires et articles qui la dépeignaient comme une mégalopole au bord de l'asphyxie, congestionnée, polluée, miséreuse. Or, je découvre une ville plutôt moderne, percée de larges avenues, où le trafic est raisonnable et les passants correctement vêtus. Certes, nous sommes dans le centre-ville, sans doute plus riche que les quartiers périphériques. Mais je n'en demeure pas moins agréablement surpris. Mexico possède même son quartier de luxe, surnommé *zona rosa* : restaurants de fruits de mer, bijouteries, bars « select », boutiques de souvenirs.

Des centaines de familles campent dans la rue, sous des abris de fortune, à proximité du ministère du Travail. Après quinze jours d'une grève sans issue, les instituteurs de la province de Mexico ont voulu faire pression sur le gouvernement en amenant femmes et enfants et en couchant sous les fenêtres du ministère, avec manifestations et pétitions à l'appui.

Ce matin, un train nous conduit à Tehotihuacan, distante de 70 kilomètres de Mexico et réputée pour ses imposantes ruines aztèques. Le wagon est rempli d'enfants, scouts ou scolaires, en promenade dominicale. Les vendeurs ambulants s'adaptent à la clientèle et proposent caramels, bonbons et chocolat.

Il a fallu plus d'une heure au train pour s'extirper des banlieues et bidonvilles tentaculaires de Mexico. Nous traversons maintenant un agréable paysage de campagne, ponctué çà et là de montagnes.

Les pyramides de la Lune et du Soleil rappellent leurs homologues égyptiennes, mais on peut en effectuer l'ascension. L'escalier, autrefois emprunté par les grands prêtres de la cité, se compose de marches larges de dix centimètres et hautes de trente, ce qui rend la montée sportive et la descente vertigineuse.

Départ du train de nuit à destination de Guadalajara. Le Tapatio dispose également de couchettes et de wagons-lits, mais notre budget ne nous autorise qu'une seconde classe place assise, où les sièges heureusement inclinables nous garantissent une nuit moins pénible.

Deuxième ville du Mexique avec ses quatre millions d'habitants, Guadalajara est aussi la capitale de la riche province de Jalisco. Le centre-ville est propre, bien entretenu et aligne d'élégants bâtiments anciens, comme le Palacio del Gobierno, le Palacio Municipal ou le théâtre Dejollado, ainsi que de superbes places décorées de fontaines, kiosques ou parterres de fleurs (Plaza de Armas, Plaza de los Laureles, Plaza de la Liberacion).

Une heure avant le départ du train, nous arrivons à la gare de Guadalajara. Pour acheter son billet, il faut faire la queue à trois reprises. Une première fois pour réserver sa place, une deuxième pour acheter et payer son billet, puis une troisième pour confirmer sa réservation.

À l'heure de départ théorique du train pour Nogales, la police des narcotiques fait irruption sur les quais dans un 4 × 4 flambant neuf. À l'aide de chiens renifleurs, les policiers passent au peigne fin la totalité du train, ce qui nous vaut plus d'une heure de retard. Au terme de fouilles vaines, le train finit par démarrer.

Malgré son nom, le Pacifico ne longe jamais l'océan de près. On aperçoit tout au plus quelques champs, prairies ou forêts. La climatisation s'est déréglée et le froid s'insinue dans les wagons, alors que la température extérieure s'est beaucoup réchauffée.

Cela fait plus de deux heures qu'Elena et moi luttons contre le sommeil, afin de ne pas rater l'arrêt de Sufragio. Fort heureusement, un employé vient nous prévenir de l'arrêt.

Au milieu de la nuit, la petite gare de Sufragio ressemble à une véritable cour des miracles. Le bâtiment austère en béton gris est envahi de voyageurs ou de passants qui couchent à même le sol ou sur des bancs délabrés. Certains sont sans doute des clochards, vu leurs vêtements en guenilles. L'un d'entre eux, visiblement ivre, porte un fusil de chasse dans ses mains et son comportement est particulièrement étrange. Il erre dans la gare, va de banc en banc, s'assoit, s'endort, se réveille en sursaut, prend son fusil comme s'il allait tirer, puis le repose.

La gare ne propose guère de services. Pas de téléphone, des toilettes immondes, des guichets sans employés.

Finalement, nous montons dans le train de 6 h 43 sans billet. Le contrôleur, un colosse de deux mètres qui doit peser plus de 110 kilos, porte des lunettes noires et écoute de la musique sur un Walkman. Il nous assigne deux places, encaisse notre argent comme si nous étions deux malfrats, avant de retourner à sa place en se déhanchant comme Elvis Presley.

Nous empruntons aujourd'hui le Chihuahua al Pacifico, célèbre train qui relie Los Mochis sur la côte Pacifique à Chihuahua dans le nord du Mexique en traversant le massif montagneux de la Sierra Tarahumara. Le train de 7 heures est équipé de wagons climatisés de première classe avec de grandes baies vitrées et d'un bar-restaurant. Hélas, tombant de sommeil, nous nous assoupissons pendant plus de deux heures et ratons l'entrée dans la Sierra.

Au réveil, le paysage est sublime : canyons, montagnes escarpées, forêts de pins, tapis de fleurs printanières, rivières, cascades. Le train serpente dans les vallées, franchit d'impressionnants viaducs, emprunte d'innombrables tunnels. La lumière est idéale, et les nombreuses courbes permettent de prendre de bonnes photos du train dans cet environnement de montagnes. C'est assurément l'un des plus beaux parcours ferroviaires de mon tour du monde.

Le contrôleur multiplie les excentricités. Il passe son temps à aller et venir, crie sans raison, réprimande les voyageurs qui restent dans le couloir, interdit de descendre aux arrêts. Un autre voyageur commence à plaisanter avec moi de ce comportement bizarre. Âgé de vingt-sept ans, Carlos a vécu deux ans aux États-Unis et se rend à Creel où il possède un camping. Avec un autre ami également nommé Carlos, ils partent pour une semaine à la montagne. Je leur présente Elena. Ils nous proposent de venir dans leur camping. Nous acceptons volontiers l'invitation de ces deux sympathiques Carlos qui nous dressent un portrait idyllique du lieu (forêt, VTT, équitation...).

Le train arrive à Creel, petit village de 3 000 habitants situé au cœur de la Sierra Tarahumara. L'endroit a conservé son charme et les habitants leurs traditions. Avec ses maisons en bois, ses chevaux, ses chapeaux de cow-boys et ses Indiens, Creel évoque à la fois un village de montagne suisse et une ville de western.

Les deux Carlos retrouvent un ami, puis nous emmènent dans un petit bureau où sont exposées des photos du camping. Là, on nous réclame 140 pesos (100 francs) pour deux nuits. Le prix est raisonnable, mais nous pensions avoir été invités. J'hésite un instant, mais la perspective de passer deux jours en pleine nature au bord d'un lac nous enchante et nous acceptons de payer.

Dès lors, les problèmes commencent. Nous devons attendre deux heures Carlos, le propriétaire, qui fait des courses. Dans le minibus qui nous conduit au camping, les trois hommes posent des questions ambiguës sur notre couple et se permettent des plaisanteries grivoises en espagnol. Quand je leur demande si on peut se baigner dans le lac, ils me racontent une histoire bizarre d'algues empoisonnées.

Le camping se trouve au cœur de la forêt, au bout d'un long sentier de terre battue. Il se compose de cabanes en bois rudimentaires, d'un bâtiment commun pour la cuisine et les sanitaires et d'emplacements pour les tentes. Il n'y a pas un seul campeur et le personnel se réduit à une femme de ménage et un homme à tout faire. On nous explique que le camping doit accueillir dès demain un groupe d'une cinquantaine d'enfants (tout à l'heure, ils étaient 120).

Dans la chambre, pas de draps, pas de meuble, pas d'électricité et pas d'eau ! Après deux jours de trains, nous rêvions d'une bonne douche. Nul trace de Carlos et de ses amis, qui devaient soi-disant nous attendre pour dîner. Nous commençons à manifester quelques signes d'impatience. La femme de ménage se propose de nous prêter une bougie et d'allumez le gaz afin que nous puissions manger. Nous partons ensemble au réfectoire, mais elle ne réussit pas à ouvrir le gaz, tremble, trébuche, bredouille quelques mots.

« Que se passe-t-il ? Pourquoi n'y a-t-il pas d'eau, pas d'électricité, pas de clients, pas de responsable ?

– Oui, répond-elle émue, vous n'êtes pas la première personne à vous plaindre. Les équipements fonctionnent mal, mon collègue est ivrogne et disparaît sans cesse. Quant à Carlos et ses amis, ils ont l'habitude de passer leur première soirée à boire. »

Effectivement, nous découvrons nos trois larrons ivres morts dans la cabane de Carlos, des quantités de bouteilles de bière jonchant le sol. Cet endroit retiré, la nuit noire, l'absence de téléphone, de lumière et d'eau, un ivrogne en cavale, une femme de ménage apeurée, trois individus saoulés à mort, et nous, Elena et moi, jeune couple de passage qui n'avons ni réservé ni laissé notre adresse à personne. Tout cela ne présage rien de bon. Nous avons réellement peur. Me reviennent les images d'un film où un couple de touristes se fait sauvagement assassiner dans une forêt.

Par prudence, nous prenons un grand couteau dans le tiroir de la cuisine avant d'aller nous coucher. Dans la chambre, nous fermons la porte à clé et bloquons la poignée avec nos sacs à dos. Nous passons une mauvaise nuit.

Le lendemain, nous nous éclipsons discrètement à l'aube. Au bout d'une demi-heure de marche, nous atteignons la route principale, enfin rassurés, et commençons à faire du stop. Une camionnette s'arrête et nous emmène à Creel en moins de dix minutes.

Le village consiste en un simple alignement de maisons coincées entre la voie ferrée et la rue principale. Plusieurs Indiennes en tenue traditionnelle font leurs courses dans les commerces du centre-ville, avant de regagner leur communauté. Le long de la voie ferrée, la maison du dentiste jouxte celle du maréchal-ferrant. Une brigade d'agents de maintenance casse la croûte sur une machine à pédale orange qui permet de se déplacer sur les rails.

Le train de Los Mochis à Chihuahua s'arrête devant la gare tout en bois de Creel, semblable aux stations des montagnes suisses ou autrichiennes. Cette fois, il s'agit du El Tarahumara, le train local, fréquenté par les Indiens de la Sierra. Le confort est rudimentaire, mais le Coca-Cola et la bière coulent à flots.

Nous découvrons Chihuahua sous une pluie battante. Le train s'est rangé le long d'un convoi de marchandises et les voyageurs doivent marcher à même le ballast pour rejoindre la gare. Nous partons à la recherche d'un hôtel. Située au milieu d'un désert parsemé de cactus, Chihuahua possède un climat très aride. Pourtant, une grosse averse s'abat sur la ville ce soir.

Distraits, nous manquons l'heure de départ du train pour Ciudad Juanez, à la frontière avec les États-Unis. En quelques minutes, l'eau inonde les rues peu adaptées à un tel déluge.

Le lendemain, le beau temps a repris ses droits sur Chihuahua. Le ciel est d'un bleu limpide, la chaleur écrasante et les façades blanches des immeubles éblouissantes sous les rayons du soleil.

Chihuahua, réputée pour ses chiens, est une ville de 500 000 habitants, située au nord du Mexique. Les États-Unis se trouvent encore à plus de 400 kilomètres, mais l'influence américaine est déjà omniprésente : voitures made in USA, hamburgers à tous les coins de rue et même des policiers en short et VTT comme en Californie. La ville est propre et tranquille, mais ne présente guère d'intérêt pour le touriste de passage : une rue piétonne et quelques bâtiments administratifs agrémentés d'une pièce d'eau ou d'un bout de jardin.

La gare des FNM se trouve à l'autre bout de la ville par rapport à celle du chemin de fer privé de Chihuahua. Une vieille locomotive à vapeur fraîchement repeinte trône en face de l'entrée. Dans le hall géant, un voyageur achète son billet à un vieux guichet en bois muni de barreaux.

Heureusement, le train est en retard car la locomotive doit effectuer de nombreuses manœuvres pour enlever et rajouter des wagons de marchandises. J'en profite pour demander au conducteur la possibilité de monter avec lui dans sa machine. Il accepte, mais je n'ai pas le temps de prévenir Elena, restée en queue du train avec nos sacs à dos. Tant pis, je la retrouverai dans la prochaine gare. Elle s'est habituée progressivement à ces situations qui angoisseraient tout un chacun.

Hélas, le train traverse pendant deux heures sans le moindre arrêt, une vaste étendue désertique, agrémentée de quelques cactus et de buissons épineux. Il file droit sur une voie désespérément rectiligne et plate. Avec la chaleur ambiante, je finis par m'assoupir sur le tableau de bord au grand dam du conducteur.

En revanche, dès qu'Elena nous rejoint, la cabine s'anime. Le conducteur s'emploie à nous expliquer le fonctionnement des manettes, les règles de circulation, la vie dans les chemins de fer avant de nous raconter sa propre vie. Il nous fait partager son repas, met de la musique et le trajet passe finalement très vite.

XIX

LES PALACES ROULANTS D'AMTRAK

ÉTATS-UNIS

La frontière entre Mexique et États-Unis évoque toutes sortes d'histoires de gangsters fuyant la police ou d'émigrés clandestins. Mais la réalité quotidienne est tout autre.

Côté mexicain se trouve la ville de Ciudad Juarez, pauvre cité de banlieue qui se pare, le soir, de tous ses feux : bars, cinémas, discothèques, galeries de jeux, bordels. Côté américain, la ville prospère d'El Paso fait preuve de plus de sobriété avec ses pâtés de maisons sans charme, ses voitures sagement rangées le long des trottoirs.

Le matin, des dizaines de Mexicains viennent travailler à El Paso, sévèrement contrôlés par la police américaine. En fin de journée, le mouvement s'effectue en sens inverse – sans compter le flux des Américains qui vont s'encanailler dans les bars mexicains. À partir de minuit, de nombreux jeunes repassent la frontière dans un état d'ébriété avancé.

Nous traversons la frontière le 8 juin à minuit. À cette heure, le poste de police est presque vide, mais les agents en faction ne relâchent pas pour autant leur vigilance. Elena possède la double nationalité argentine et espagnole et décide de présenter son passeport argentin. Le policier lui interdit le passage, déclarant d'un ton sec qu'elle a besoin d'un visa. Prise d'un sursaut nationaliste, Elena insiste. En vain. Sur mes conseils, elle tend son passeport espagnol. « Pourquoi ne me l'avez-vous pas montré plus tôt ? » s'étonne le policier, le sourire aux lèvres. L'appartenance à l'Union européenne offre visiblement de nombreux avantages.

C'est à El Paso que nous montons pour la première fois à bord d'un train de la compagnie Amtrak. Le Sunset Limited relie Miami à Los Angeles en trois jours, à travers le sud des États-Unis. La longueur du trajet explique sans doute le confort exceptionnel à bord de ce train. Les wagons, plus larges et longs qu'en Europe, comportent de surcroît deux niveaux et l'espacement entre les sièges est particulièrement important. En deuxième classe, ceux-ci sont de taille respectable et inclinables pour donner la position quasi allongée. Bien que le train traverse des étendues désertiques à la chaleur torride, la climatisation fait apprécier les couvertures mises à disposition.

Dans la rame, nous découvrons un wagon-restaurant, un wagon-bar qui projette des films et des wagons panoramiques. Ces derniers, entièrement vitrés, disposent de sièges pivotants qui permettent de s'installer face à la vitre et de profiter pleinement du paysage en sirotant une bière ou un soda. La première classe n'est pas accessible aux voyageurs de deuxième, mais on imagine volontiers le luxe des wagons-lits et des compartiments.

En réalité, j'éprouve un certain malaise à l'intérieur de ces trains trop sophistiqués, trop modernes, trop aseptisés. Si j'ai entrepris ce tour du monde, c'est plus pour les tortillards des Andes que pour les palaces roulants des États-Unis ! En outre, ce luxe retrouvé signifie que mon voyage touche à son terme. À cette pensée, j'éprouve une certaine tristesse mêlée d'incertitude. Comment vais-je retrouver la France ? Mes proches vont-ils me réserver un bon accueil ? Vais-je facilement me réintégrer, reprendre mon activité professionnelle, porter de nouveau une cravate, m'incliner devant mes supérieurs hiérarchiques ? Et comment, surtout, ma relation avec Elena va-t-elle évoluer ?

À Los Angeles, nous louons une voiture pour partir à la découverte des grands parcs de l'Ouest américain. De toute façon, parcourir les États-Unis sans voiture relève de la gageure. Il suffit, pour s'en convaincre, de voir Los Angeles et ses banlieues tentaculaires quadrillées par des autoroutes. Les grands parcs sont à l'échelle des États-Unis : 300 à 600 kilomètres pour les atteindre, et 100 à 200 kilomètres pour les traverser. Mais le spectacle mérite largement le voyage : abîmes profonds du Grand Canyon, roches multicolores du « Désert

Peint », impressionnants pitons rouges de la « Vallée des Monuments », chaleur suffocante de la « Vallée de la Mort »...

Dans le parc de Yosemite, alors que nous roulons seuls et tranquilles en pleine nature, un bruit de sirène nous surprend. Quelques secondes plus tard, une voiture de police nous double et nous barre la route dans une manœuvre digne de *Starsky et Hutch*. Un policier en sort, revolver à la main et matraque à la ceinture comme dans un film américain.

« Sors de là et pose tes mains sur le capot. Toi la femme, tu restes dans la voiture, hurle-t-il à Elena.

– Que se passe-t-il ?

– Excès de vitesse caractérisé et délit de fuite.

– Calmez-vous, lui dis-je, nous ne sommes pas des gangsters. Nous sommes des touristes français, je ne pense pas que je roulais vite et je ne prenais assurément pas la fuite. »

Sur un ton à peine apaisé, il me précise que je roulais à 80 km/h alors que la vitesse est limitée à 50 dans tout le parc. Il me traite de fou du volant et prétend que j'ai refusé de me ranger malgré ses nombreux appels de phares. J'ai beau lui expliquer que j'ignorais la limitation de vitesse et que je ne l'ai pas vu dans mon rétroviseur, le policier ne décolère pas. Las de discuter avec un être aussi obtus, je le laisse dresser le procès-verbal avant de reprendre la route.

Une halte à Las Vegas nous permet d'observer le délire né de cette civilisation à la fois géniale et décadente. Née d'une législation laxiste du Nevada sur le mariage et le divorce, Las Vegas a poussé comme un champignon au milieu du désert. Ici, point de centre-ville ni d'industries, mais une ville totalement artificielle faite d'alignements de casinos, motels et boîtes de nuit. Comble du mauvais goût, on peut s'y marier en un temps éclair en louant la limousine, la chapelle, le prêtre... et même les témoins et le public !

Depuis plus d'un mois que nous voyageons ensemble, Elena et moi nous entendons à la perfection. Mêmes horaires nocturnes, même soif de visites, mêmes goûts alimentaires, même désir de rencontres. Mais un autre point commun nous réserve parfois quelques déconvenues : la distraction. Oublier un sac à l'hôtel, laisser les clés dans la voiture, perdre le guide de voyage ou des lunettes de soleil sont notre lot quotidien. Il nous arrive aussi de commettre des bévues qui s'achèvent dans un fou rire général. Un jour, j'entre par erreur dans les toilettes des femmes. Le lendemain, Elena renverse son plateau sur un voisin. Quelques heures plus tard, je me coince un orteil dans une porte et m'étends de tout mon long dans l'allée centrale d'un restaurant devant les serveuses consternées. Être distrait seul, c'est déjà difficile. Mais à deux, cela tourne au vaudeville permanent.

La gare d'Union Station à Los Angeles est une véritable prouesse architecturale. De l'extérieur, on dirait un couvent espagnol, avec ses murs blancs et sa tour en forme de clocher. À l'intérieur, on trouve un hall au plafond grandiose meublé seulement de quelques bancs. Les salles adjacentes, non moins immenses, ont vu fleurir des coffee-shops et des boutiques de luxe. Il règne une ambiance étrange dans cette gare à la lumière tamisée et aux boiseries vernies.

Le train Coast Starlight entre en gare dans un bruit assourdissant. Ce géant ferroviaire d'Amtrak aligne dix-sept voitures à deux niveaux constituant une rame à fière allure, de couleur grise relevée d'un double trait bleu et rouge. À l'arrêt du convoi, les portes s'ouvrent, et de chacune d'entre elles descend un steward ou une hôtesse en uniforme. Ils s'empressent de poser au sol un tabouret jaune et aident les voyageurs à quitter le train, n'hésitant pas à tendre la main aux femmes ou aux personnes âgées.

Je me demandais depuis un moment à qui était réservé le niveau inférieur aux larges sièges espacés de plus d'un mètre. On m'avait répondu qu'il était destiné aux personnes à mobilité réduite. Mais cette explication ne me satisfaisait pas complètement. Même si les Américains militent activement en faveur des handicapés, je m'étonnais qu'Amtrak leur réservât la moitié de ses trains. Or, en regardant descendre les voyageurs, Elena me fait remarquer le grand nombre d'obèses, sans doute considérés comme des personnes à mobilité réduite. La population américaine comporte, rappelons-le, presque un quart d'obèses.

Sous le soleil qui darde ses premiers rayons, nous entrons dans le wagon réfrigéré où tout le monde enfile un pull ou une veste. Comme son nom l'indique, le Coast Starlight longe la côte ouest des États-Unis, découvrant une succession de falaises escarpées, de golfs, de plages aux vagues déferlantes, de surfeurs et de villas de luxe. Les noms des gares rappellent que la Californie a été d'abord espagnole : Santa Barbara, San Luis Obispo, San Jose. La gare de San Francisco n'étant plus desservie par le train, il faut descendre à Oakland et prendre un bus en correspondance.

Si Los Angeles nous a déçus, sa rivale de la Californie du Nord nous séduit d'emblée. Bâtie sur une presqu'île reliée par des ponts prestigieux comme le Golden Gate, San Francisco possède son fameux tramway, des quartiers pittoresques de maisons en bois et de superbes propriétés qui font face à des ports de plaisance ou des plages bordées de pins. Nous faisons la connaissance de Maïchek, un Américain d'origine polonaise qui nous fait visiter la cité et ses environs. En outre, il nous héberge dans la villa (sans meubles) avec piscine (sans eau) d'un de ses amis, dans une des banlieues les plus riches de la ville. Maïchek est fort sympathique, mais ses activités nous semblent mystérieuses. Est-il architecte, artiste, intermédiaire ou gigolo ? En voyage, on n'a pas toujours l'opportunité ou même l'envie de questionner les personnes que l'on croise. La profession de Maïchek demeurera donc une énigme.

Dans un parc de Sacramento se déroulent des projections en plein air de vieux films. Nous profitons de l'aubaine pour visionner *Vacances romaines* avec Audrey Hepburn. Tous les spectateurs se sont assis confortablement, certains sont allongés sur des couvertures, d'autres avalent un hamburger ou des pop-corn. Près de nous, un jeune homme vient s'asseoir, posant à côté de lui un gros sac de sport. Il ouvre la fermeture et plonge ses mains dedans comme pour prendre un coussin ou une couverture. À notre grande surprise, il en extrait un python de plusieurs mètres de long et le pose non loin de nous, en le caressant avec amour. Ils sont fous, ces Américains !

Nous reprenons le Coast Starlight à destination de Seattle, État de Washington. En remontant vers le nord de la Californie, le climat méditerranéen se transforme progressivement en climat tempéré, puis presque montagnard lorsqu'on traverse l'Oregon. Alimentées par une pluie battante, de puissantes rivières coulent au pied de montagnes couvertes de forêts de sapins. Le train traverse des paysages quasiment vierges, ponctués çà et là d'une scierie ou de quelques cabanes de bûcherons.

À bord des wagons destinés à la détente, certains voyageurs ne quittent pas des yeux le poste de télévision diffusant des jeux, des séries à l'eau de rose et des sketches comiques. Une animatrice organise même des jeux où l'on doit deviner le prix d'un aspirateur, ou se déguise en Mickey. Les adultes participent autant que les enfants. Contrastant avec cette ambiance allègre, la sécurité règne de manière stricte sur l'ensemble du train. À chaque arrêt, ce sont les contrôleurs qui ouvrent les portes. Il est interdit de descendre tant qu'ils n'ont pas installé le tabouret et donné l'autorisation. Je me vois systématiquement refuser la visite de la cabine de conduite et dois me contenter de mes photos prises à travers le double vitrage à verre teinté des wagons climatisés. Tous les agents du train portent un uniforme impeccable, une plaque portant leur nom et ont un téléphone portable avec lequel ils communiquent en permanence. Ils sont sous l'autorité du *train manager* (chef de train), qui commande également le personnel de restauration, et même le conducteur.

Au bar, nous engageons la conversation avec un homme au visage buriné qui nous confie être bûcheron dans l'Oregon. Il habite au milieu d'une forêt avec sa femme et ses neuf enfants. Avec ses manières rustres et son côté paternaliste, cet Américain nous paraît sympathique. Mais au bout d'une demi-heure il se met à parler des Mexicains en termes très critiques. Malgré nos protestations, il poursuit son discours raciste et s'en prend maintenant aux Noirs. Nous préférons prendre congé de cet homme.

Seattle, capitale économique de l'État du Washington, doit en grande partie son développement aux proches usines de Boeing. Elle a toutes les apparences d'une ville américaine avec son centre hérissé de gratte-ciel futuristes et ses banlieues interminables qui alternent zones industrielles et quartiers résidentiels. Pourtant la ville occupe un site agréable, dans une rade striée de presqu'îles boisées. Au loin se dessine la silhouette élancée du mont Olympus.

À Seattle, nous sommes hébergés par un couple peu banal. Tony, pasteur de son état, est marié à Nancy, juive et divorcée. Tony n'a vraiment pas le profil d'un pasteur. Dans sa jeunesse, il a été un militant politique acharné. Il s'est engagé très activement contre la guerre au Vietnam et ses prises de position lui ont valu des démêlés avec la police. En outre, Tony s'intéresse à tous les phénomènes surnaturels. Il s'est ainsi constitué un fichier impressionnant de toutes les apparitions de soucoupes volantes et d'extraterrestres dans le monde.

200 kilomètres séparent Seattle de Vancouver, ce qui permet des échanges importants entre États-Unis et Canada. Pourtant, un seul train quotidien relie les deux villes, ce qui prouve le peu d'engouement des Nord-Américains pour le transport ferroviaire. À bord, nous constatons d'ailleurs que les wagons sont presque vides. Une poignée de personnes âgées, quelques femmes avec leurs enfants et surtout des touristes asiatiques.

Le steward au bar m'explique qu'il s'agit d'une rame Talgo achetée aux chemins de fer espagnols l'an dernier et récemment rénovée. L'intérieur du train est méconnaissable. Il faut dire que la mise au standard américain a consisté à enlever plus de la moitié des sièges pour donner de l'espace, installer des vitres teintées, la climatisation, des éclairages tamisés et des revêtements assez luxueux. Ce train est le seul train international que j'aurai pris sur le continent américain, la tendance étant à la suppression des services ou à leur arrêt aux frontières.

XX

SOLIDARITÉ À BORD DU CANADIEN
CANADA

Vancouver est considérée comme une des plus belles villes du monde, avec Sydney, Le Cap ou San Francisco. Installée dans une rade composée de plusieurs bras de mer, la ville alterne zones urbanisées et étendues boisées, ports et plages. En plein centre-ville, le charmant parc Stanley fait le bonheur des cyclistes et joggers. Au pied des gratte-ciel du *downtown*, se trouve une marina où les voiliers sont stationnés dans des garages à bateaux.

Au bout du monde, loin de toute grande agglomération, entourée de forêts à perte de vue et de montagnes infranchissables, la ville de Vancouver semble être à l'abri des conflits et de la misère. La prospérité économique a d'ailleurs attiré depuis longtemps des immigrants venus de tous les horizons, en particulier d'Asie. Aussi Vancouver est-elle une ville cosmopolite, où les différentes communautés vivent en harmonie. Elle offre un échantillon de toutes les cuisines du monde. Sur Denman Street, on peut manger coréen, thaï, péruvien, ukrainien, arménien ou même mongol.

La gare de Vancouver est un édifice imposant datant du début du siècle. Sur le fronton est encore gravée dans la pierre l'inscription « Canadian National », compagnie mythique qui a pour la première fois relié l'Atlantique au Pacifique. Mais un grand panneau à l'entrée de la gare explique la nouvelle donne des transports terrestres. La concurrence bat son plein et plusieurs compagnies de train (Via Rail, Rocky Mountaineer..), de bus (Pacific Coach Lines..) et de restauration se partagent désormais le bâtiment qui a subi une rénovation en profondeur respectant le caractère ancien de la gare : murs en pierre de taille, marquise en fer, poignées en cuivre.

Soucieux de réduire mon budget de voyage, j'ai entrepris depuis le début du périple la même démarche : aller trouver la compagnie de chemin de fer locale et demander des billets gratuits en expliquant que j'effectue un tour du monde en train. Mais, hormis en France, en Hongrie et en Pologne, j'avais jusqu'ici toujours essuyé des refus plus ou moins polis. Cette fois, ma persévérance est récompensée. C'est l'ultime réseau ferroviaire emprunté qui s'enthousiasme pour mon tour du monde en train. Le directeur de la communication de Via Rail nous offre la gratuité totale sur le réseau canadien. Il nous gratifie même d'une cabine de wagons-lits sur le trajet jusqu'à Jasper.

À la gare, nous sommes accueillis comme des invités de marque. Une voiturette de golf nous emmène sur le quai et longe l'interminable rame jusqu'à notre cabine. Dans le wagon-restaurant, le chef de train nous offre un cocktail de bienvenue à base de champagne. Pourtant, nous n'avons guère l'apparence de VIP, avec nos sacs à dos, nos jeans et nos sandales. De plus, Elena m'a convaincu depuis un mois de me laisser pousser la barbe et j'ai l'impression de sortir d'un long trekking dans l'Himalaya.

J'achève ce tour du monde en apothéose en goûtant ce wagon-lit de première à bord du Canadien. Celui-ci me change des trains bondés de Chine, de la chaleur et de la poussière du Djibouti-Addis Abeba et du voyage périlleux sur le toit du Nariz del Diablo.

Elena ne peut cacher sa joie devant tant de luxe. Une cabine spacieuse avec un grand lit double aux draps soyeux et la couverture moelleuse, un cabinet de toilette pourvu d'une douche et équipé de savon, gel et serviettes. Remarquant à peine le départ du train, nous nous lançons à la découverte de ce palace roulant.

À côté des wagons-lits se trouve un wagon avec des compartiments en forme d'alvéoles réservés aux passagers de première. Puis viennent un wagon-restaurant, un wagon-bar et un wagon panoramique. Au bout du train enfin, un wagon-salon offre une convivialité exceptionnelle avec ses banquettes arrondies faisant face à de grandes baies vitrées. Via Rail a reconstitué avec succès l'atmosphère feutrée de la première classe de la fin du XIXe. On peut y prendre thé et café à volonté. Comble du raffinement pour un train de grandes lignes, on peut y consulter les différentes heures du Canada. Le voyage de Vancouver à Toronto dure en effet plus de trois jours et traverse quatre fuseaux horaires : Pacifique, Rocheuses, Centrale et Est. Ces pendules constituent un gadget bien utile, quand je me souviens du cauchemar pour connaître l'heure à bord du Transsibérien.

Vers 10 heures, le bruit court qu'un train a déraillé et qu'on prévoit un retard important. Le train en question est un convoi de marchandises qui s'est renversé à proximité de Jasper, où nous devions nous arrêter. Le train devra donc suivre un autre itinéraire, passant par le sud jusqu'à Lake Louise, d'où un bus acheminera les voyageurs à destination de Jasper. Le chef de gare s'excuse de ce contretemps qui nous vaudra un retard de quatre ou cinq heures, mais nous assure que la voie par le sud permet de découvrir des paysages superbes et que le trajet en bus emprunte une route panoramique au cœur du parc national de Jasper.

De toute façon, la clientèle est exclusivement touristique et quatre heures de retard sur un parcours de trois jours ne représentent pas grand-chose. Au contraire, cet épisode imprévu brise la routine du voyage. D'ailleurs, la muraille des Montagnes Rocheuses se rapproche et tous les passagers ne pensent plus qu'à admirer le paysage.

Le convoi, formé de deux grosses locomotives diesel et de quinze wagons à la livrée grise et bleue, se glisse entre deux parois à pic en longeant le lit d'une rivière tumultueuse. Dès lors, c'est la nature à l'état vierge. La pluie drue alimente les cascades et les torrents qui jaillissent de partout. La vallée alterne forêts de sapins et vertes clairières. Sur la rivière, nous apercevons soudain un groupe de trois raftings semblant surgir de nulle part. Notre train attaque vaillamment les nombreuses courbes du trajet. Dans la voiture panoramique, les baies vitrées latérales permettent d'observer les sommets encore enneigés en ce 30 juin.

Dans une vallée encaissée, nous croisons un train de marchandises à l'arrêt. Celui-ci ne comporte pas moins de quatre locomotives et 97 wagons. Il est vrai que dans ce pays aux grandes distances, le transport par fer présente un avantage par rapport à la route. Plusieurs compagnies se partagent le marché et tractent ces convois géants qui traversent le Canada d'ouest en est.

La gare de Lake Louise est la plus importante dans un rayon de 500 kilomètres. Pourtant elle ressemble à une grosse cabane perdue en pleine forêt, et on ne distingue aucune des maisons du village qu'elle est censée desservir. Les Montagnes Rocheuses demeurent un espace résolument vierge. Le tourisme s'y est néanmoins développé et l'ancienne gare s'est transformée en restaurant de luxe, orné d'accessoires ferroviaires anciens et de photos d'époque. Un bus nous attend dans la cour de la gare, et les voyageurs – des Japonais, essentiellement – pour Jasper y prennent place.

La route de Lake Louise à Jasper serpente entre des lacs aux eaux grises ou bleu émeraude. Des forêts de conifères partent à l'assaut de montagnes escarpées aux cimes encore largement enneigées. Pour couronner le tout, un ours traverse la route sous nos yeux. Le chauffeur s'arrête, nous laissant observer une famille d'ours à peine effrayés par notre présence.

Jasper est une toute petite ville qui s'est entièrement vouée au tourisme. Pour nous, c'est également une halte rafraîchissante où nous allons pratiquer la randonnée, du canoë sur le lac Edith, et du rafting sur la Maligne River. En ce 1er juin, nous avons également l'opportunité d'assister au défilé de la fête nationale canadienne. Police montée, cow-boys en costumes brillants, chars tape-à-l'œil et grosses Cadillac décorées de ballons rouges.

Nous reprenons le Canadien à destination de Toronto, pour un voyage de plus de deux jours. Cette fois, nous montons à bord d'un wagon de seconde en sièges inclinables.

En quelques heures, le train a quitté les célèbres *Rocky Mountains*, et entame un parcours de plusieurs milliers de kilomètres à travers les Grandes Prairies. En fait de prairies, il s'agit plutôt de champs de blé et d'orge s'étendant à perte de vue. Je vais en profiter pour donner des cours de français à Elena et terminer enfin ce récit de voyage de Michael Palin que je traîne avec moi depuis des mois.

En gare de Winnipeg, capitale du Manitoba, le Canadien marque deux heures de pause pour ravitailler le train et laver les vitres du wagon panoramique. Le steward nous invite à descendre en gare ou à rester à bord du train. En revanche, on n'a pas le droit de s'attarder sur le quai. Bravant cette interdiction ridicule, je prends quelques photos des laveurs de carreaux – scène incongrue. Mais les Canadiens sont, comme les Américains, des maniaques de la sécurité. On veut me faire quitter le quai manu militari. Puis un employé m'interdit de photographier un conducteur sous prétexte qu'il ne m'a pas signé une décharge écrite. Je regretterais presque, par moments, le désordre africain.

Après Winnipeg, les interminables champs de blé font place à d'épaisses forêts clairsemées çà et là de lacs aux eaux miroitant sous le soleil. Et à nouveau, le train ne s'arrête que tous les 200 à 300 kilomètres dans des localités vraiment petites.

Ayant relâché mon attention dans un pays réputé très sûr, je me fais voler l'équivalent de 4 000 francs en dollars dans mon portefeuille. Avec l'aide des stewards et des contrôleurs, je mène une enquête serrée pendant près de vingt-quatre heures. Par témoignages successifs, nous retrouvons le coupable (quasiment personne n'est descendu du train). Mais la police, priée de monter à bord, refuse de le fouiller, car nous ne disposons pas de preuves. Furieux, Elena et moi partons au wagon panoramique ruminer notre colère. Au bout d'une heure, un groupe d'enfants s'approche de nous et me remet une enveloppe. Elle contient une somme importante en dollars. Un instant, je crois qu'ils ont retrouvé mon argent, mais la présence de petites coupures et de pièces me surprend. Un des enfants, à la tignasse rousse et frisée, s'enhardit : « C'est de la part de tous les voyageurs du train. »

Ne comprenant toujours pas, je lui demande d'où vient cet argent. L'enfant m'explique : « Tous les passagers du train savent que vous vous êtes fait voler votre portefeuille et que vous avez besoin de cet argent pour voyager. Alors, mon papa a fait une collecte auprès d'eux et nous a chargés de vous la remettre. »

Ce geste aussi généreux qu'inattendu nous laisse sans voix. Elena se met à pleurer. Pour ma part, j'embrasse les enfants, puis pars faire une annonce en anglais et français pour remercier tous les passagers. Regagnant ma place, je croise le regard sympathique des voyageurs, sans savoir qui vraiment remercier. Les Canadiens sont décidément des gens épatants !

Toronto est une ville typiquement américaine avec son centre-ville hérissé de gratte-ciel abritant les sièges des plus grandes sociétés canadiennes. Le business y règne en maître, loin des torrents des Rocheuses et des champs de blé du Manitoba.

Ottawa, la capitale fédérale, a en revanche l'aspect d'un gros bourg avec ses 200 000 habitants. C'est aussi la seule ville bilingue d'un pays où les communautés anglophone et francophone s'ignorent. Tous les employés des administrations publiques doivent manier aussi bien la langue de Voltaire que celle de Shakespeare. Mais, le soir, tous les francophones traversent la rivière des Outaouais pour rejoindre la province du Québec.

À Montréal, nous logeons chez un couple d'amis, Francine et Daniel. Ils sont tous deux d'origine française, mais sont parfaitement intégrés à la société québécoise. Lors d'un premier voyage au Canada, Francine et Daniel m'avaient accueilli comme un roi, me consacrant tout leur temps. Cette fois, ils travaillent tout deux activement et ont maintenant deux enfants. Mais ils trouvent toujours un moment pour discuter avec nous et nous écouter raconter notre voyage.

Je retrouve avec plaisir les expressions québécoises : « dépanneur » pour épicerie, « char » pour voiture, « dispendieux » pour « cher »...

Je décide d'emprunter le dernier train de ce tour du monde pour me rendre à Québec. La ville possède encore des ruelles pavées et des maisons de pierre qui évoquent Saint-Malo et laissent imaginer une rencontre fortuite avec Jacques Cartier.

La gare du Palais occupe un édifice de style édouardien, avec ses superbes tourelles, ses fenêtres à meneaux et ses vitraux multicolores. Québec, ultime gare de mon périple ferroviaire autour du monde, en est également une des plus belles.

XXI

TERMINUS, TOUT LE MONDE DESCEND

Terminer ce tour du monde en train dans un aéroport parisien eût été un sacrilège. Elena et moi prenons donc un vol Montréal-Londres, afin de regagner la France par rail.

Après une visite express de la capitale anglaise, nous arrivons à la gare de Waterloo. Le nouveau terminal Eurostar est une sorte de tube en verre géant d'où partent les TGV à destination de Paris. Une fois le contrôle de douane et de police passé, nous prenons place à bord de la rame blanche et jaune au design futuriste.

Petite vitesse sur le réseau anglais, accélération pour le passage dans le tunnel sous la Manche, puis vitesse de croisière à 300 km/h. De tous les trains empruntés dans mon périple ferroviaire, l'Eurostar est de loin le plus rapide. Mais son confort aseptisé me fait presque regretter les tortillards des Andes...

À l'arrivée à la gare du Nord à Paris, les journalistes ne se bousculent pas pour nous photographier. Seuls quelques amis et collègues sont venus nous saluer.

Maintenant, la boucle est bouclée. 30 pays, 58 000 kilomètres, 120 trains, 4 000 photos, 50 heures de vidéo. Des images plein la tête, des souvenirs plein les bagages, et... le plus beau d'entre eux à mes côtés... Elena !

Il va falloir à présent se reloger, racheter une voiture et un réfrigérateur, se réhabituer au vouvoiement et aux convenances. Et puis, je vais apprendre le français à Elena et l'aider à s'intégrer dans ce pays si éloigné du sien.

* *
*

Deux ans plus tard, nous nous sommes établis à Annecy. Nous venons de nous marier en Savoie. En guise de voyage de noces, nous avons réalisé un « tour du monde en quatre-vingts jours » en avion et, bien sûr, en train !

ANNEXES

BUDGET

	Annuel	*Mensuel*	*Journalier*	*%*
Transport (train, bus, avion, bateau...)	21 000	1 750	58	26%
Hébergement (hôtels, AJ, guest houses)	20 000	1 667	55	25%
Restauration (restaurants, achats alimentaires)	23 000	1 917	63	29%
Équipement (photo/vidéo, guides, vêtements...)	7 000	583	19	9%
Divers (excursions, loisirs, téléphone...)	9 000	750	25	11%
Total	80 000	6 667	219	100%

Dépenses en francs (pour obtenir des euros, diviser par 6,56).

Ne sont pas pris en compte l'achat d'un appareil photo et d'un Caméscope. Le budget journalier de 219 francs varie beaucoup selon les pays. Le Vietnam, l'Éthiopie ou la Bolivie sont des pays très bon marché (environ 100 francs par jour). En revanche, aux États-Unis ou en Australie, compter plutôt 300 francs par jour, surtout à cause des transports.

ÉQUIPEMENT

• *Un grand sac à dos contenant environ 12 kg :*
 – un jean (à renouveler tous les trois mois, car il s'use vite) ;
 – une laine polaire (dans les rares pays froids à traverser) ;
 – un survêtement léger en coton (pour se protéger du soleil et des moustiques) ;
 – 4 T-shirts, 1 bermuda, 1 maillot de bain ;
 – 4 slips, 4 paires de chaussettes ;
 – une paire de chaussures de randonnée, une paire de sandales ;
 – une petite serviette, et le minimum d'affaires de toilette ;
 – une pharmacie réduite au minimum (aspirine, immodium, pansements) ;
 – quelques couverts, un ouvre-boîte, une gourde, une lampe électrique ;
 – de la lessive (pour laver son linge dans les lavabos d'hôtels).

• *Un petit sac à dos (à poser sur le ventre quand on a les deux) contenant environ 6 kg :*
 – appareil photo, vidéo et accessoires ;
 – guides de voyage (Lonely Planet, routard ou Ulysse selon les pays) ;
 – le *Thomas Cook*, indispensable compagnon du voyageur en train ;
 – cartes (IGN ou cartes locales) ;
 – casquette et lunettes de soleil (il fait très chaud près de l'Équateur) ;
 – couteau suisse ;
 – papiers (passeport, carnet de vaccinations...) ;
 – argent (chèques de voyage, carte VISA, espèces du pays en cours et quelques dollars américains).

LISTE DES 101 TRAINS EMPRUNTÉS

N°	PAYS	Départ	Arrivée	Nom	Distance (km)	Temps (heures)	Vitesse moyenne (km/h)
			TRANSEUROPÉENNE				
1	FRANCE	Annecy	Paris	TGV	600	4	150
2		Paris	Budapest	Orient-Express	1 700	18	94
3	HONGRIE	Budapest	Cracovie	Cracovia	500	12	42
4	POLOGNE	Cracovie	Varsovie	Expressowy	300	3	100
5		Varsovie	Vilnius		425	12	35
6	LITUANIE	Vilnius	Trakai		50	2	25
7		Trakai	Vilnius		50	2	25
8		Vilnius	Riga		348	8	44
9	LETTONIE	Riga	Jurmala		20	1	20
10		Jurmala	Riga		20	1	20
11		Riga	Tallinn		441	8	55
12	FINLANDE	Helsinki	Turku		200	2	100
13		Turku	Helsinki		200	2	100
14	ESTONIE	Tallinn	St-Pétersbourg	Admiral Teyets	368	11	33
15	RUSSIE	St-Pétersbourg	Moscou	Krasnaya Strela	650	8	81
			TRANSASIATIQUE				
16		Moscou	Irkoutsk	Transsibérien	5 184	80	65
17		Irkoutsk	Pékin	Transmandchourien	3 827	61	63
18	CHINE	Pékin	Xian		1 165	20	58
19		Xian	Emei		1 040	18	58
20		Emei	Kunming		900	23	39
21		Kunming	Liuzhou		872	28	31
22		Guilin	Nanning		431	8	54
23		Nanning	PingXiang		225	5	45
24	VIETNAM	Lang Son	Hanoï		148	9	16
25		Hanoï	Hue	t. de la Réunification	688	16	43
26		Hue	Da Nang	t. de la Réunification	103	4	26
27		Da Nang	Nha Trang	t. de la Réunification	551	13	42
28		Nha Trang	Saïgon	t. de la Réunification	384	10	38
			TRANSOCÉANIENNE				
29	AUSTRALIE	Perth	Adelaïde	Indian Pacific	2 657	41	65
30		Adelaïde	Melbourne	Overland	774	13	60
31		Melbourne	Sydney	Melbourne XPT	961	11	87
32		Lithgow	Blue mountains	Zig Zag Railway	30	2	481
33		Sydney	Canberra	Canberra Xplorer	326	4	82
34		Canberra	Sydney	Canberra Xplorer	326	4	82
35		Sydney	Brisbane	Brisbane XPT	987	14	71
36		Brisbane	Townsville	Sunlander	1 340	24	56
37		Townsville	Cairns	Sunlander	340	8	43
38		Cairns	Kuranda	train	34	2	17
39	NOUVELLE-	Auckland	Tauramanuri	Overlander	280	4	70
40	ZÉLANDE	Tauramanuri	Wellington	Northerner	405	7	58
41		Picton	Christchurch	Coastal Pacific	351	5	70
42		Christchurch	Invercargill	Southerner	594	9	66
43		Greymouth	Christchurch	Tranzalpine	234	4	59
44		Christchurch	Picton	Coastal Pacific	351	5	70
45		Wellington	National Park	Overlander	354	5	71
46		National Park	Auckland	Northerner	331	6	55

			TRANSAFRICAINE				
47	ÉGYPTE	Alexandrie	Le Caire		208	2	104
48		Le Caire	Louxor		671	11	61
49		Louxor	Assouan		208	5	42
50	DJIBOUTI	Djibouti	Dire Dawa	train du Négus	473	13	36
51	ÉTHIOPIE	Dire Dawa	Addis-Abeba		311	18	17
52	KENYA	Nairobi	Mombasa	Lunatic Line	530	13	41
53		Mombasa	Voï	Lunatic Line	164	4	41
54		Voï	Taveta		120	5	24
55	TANZANIE	Moshi	Dar es-Salaam		555	15	37
56		Dar es-Salaam	Kapiri Mposhi	TAZARA	1 852	38	49
57	ZAMBIE	Kapiri Mposhi	Livingstone	Zambezi	652	18	36
58		Livingstone	Victoria falls		13	1	13
59	ZIMBABWE	Victoria falls	Bulawayo		472	13	36
60		Bulawayo	Harare		486	10	49
61		Harare	Bulawayo		486	10	49
62		Bulawayo	Pretoria	Bulawayo	1 190	22	54
63	AFRIQUE DU SUD	Pretoria	Johannesburg		70	1	70
64		Johannesburg	Bloemfontein	Algoa	407	7	58
65		Johannesburg	Le Cap	Transkaroo	1 530	26	59
			TRANSAMÉRICAINE				
66	CHILI	Valaparaiso	Vina del mar		15	1	30
67		Santiago	Puerto Varas	Expreso nocturno	1 055	20	53
68	ARGENTINE	Bahia Blanca	Buenos Aires	El Bahiense	640	12	53
69		Buenos Aires	Mar del Plata	El Marplatense	399	5	80
70		Mar del Plata	Buenos Aires	Cruz del Sur	399	5	80
71		Buenos Aires	Tucuman	Tucumano	1 170	21	56
72	BOLIVIE	Villazon	Rio Mulatos		400	12	33
73		Rio Mulatos	Potosi	t. du col du Condor	185	11	17
74		Sucre	La Paz	ferrobus	817	16	51
75	PÉROU	Puno	Cuzco	Tren Turista	385	10	39
76		Cuzco	Machu Picchu	El Inca	109	5	22
77		Machu Picchu	Cuzco	El Inca	109	5	22
78		Cuzco	Juliaca	Tren Turista	338	9	38
79		Juliaca	Arequipa	Tren Pullman	306	9	34
80	ÉQUATEUR	Guayaquil	Riobamba	Nariz del Diablo	228	14	16
81	PANAMA	Colon	Panama city	t. du canal de Panama	80	5	16
82	MEXIQUE	Tapachula	Vera Cruz		819	23	36
83		Vera Cruz	Mexico	El Jarocho	433	10	43
84		Mexico	Teotihuacan	El Oaxaqueno	59	2	30
85		Teotihuacan	Mexico	El Oaxaqueno	59	2	30
86		Mexico	Guadalajara	El Tapatio	613	12	51
87		Guadalajara	Sufragio	Tren del Pacifico	747	19	39
88		Sufragio	Creel	El Chihuahua Pacifico	320	9	36
89		Creel	Chihuahua	El Chihuahua Pacifico	295	6	49
90		Chihuahua	Ciudad Juarez	Division del Norte	359	5	72
91	ÉTATS-UNIS	El Paso	Los Angeles	Sunset limited	1 376	17	81
92		Los Angeles	San Francisco	Coast Starlight	762	11	69
93		San Francisco	Seattle	Coast Starlight	1 471	23	64
94		Seattle	Vancouver	Mount Baker	251	5	50
95	CANADA	Vancouver	Lake Louise	Canadien	721	19	38
96		Jasper	Toronto	Canadien	3 615	59	61
97		Toronto	Ottawa	Lakeshore	446	4	112
98		Ottawa	Montréal	Laurier	187	2	94
99		Montréal	Québec	Gatineau	272	3	91
100	ANGLETERRE	Londres	Paris	Eurostar	600	4	150
101	FRANCE	Paris	Annecy	TGV	600	4	150
					62 503	**1 184**	**53**

REMERCIEMENTS

Un grand merci à tous ceux qui m'ont aidé à préparer et réaliser ce voyage :

Laurent et Trien HUGUES
Thierry et Geneviève OTT
Jean-François PIRUS (Internet Business Services)
Thierry SERAPHIN
Bernard et Cathy TOURE
Alain BONNARD et Odile et toute l'équipe d'ABM
Catherine et Manuel MORIN
Valéry LAMBERT et Claudia
Grégoire et Sophie AGUERA
Alain ZEROUAL
Claude Collot et Sisto VALERIO (Wasteels)
Mireille MARTIN et Jean-Michel JUY (SNCF)
Malcolm ANDREWS (Via Rail)
Katia IVANOFF (France Rail Publicité)
Tous les hôtes Servas et tous ceux qui m'ont accueilli
Daniel DESJARDINS (Ulysse)
Laurence BILLET et Zahia HAFS (Lonely Planet)
Philippe GLOAGUEN *(Guide du routard)*
Antonio DENTATO (UIC)
Jean-Louis GENIEYS et Helga JOUANNEAU (Wagons-lits)
Jean-François GAUTHIER (Auberges de Jeunesse)
Philippe WEHRLIN (CFTA)
Claude DESCHAMPS (Anciens ESCP)
Martine LUTROT (IGN)
Nathalie DEPLACE (Sernam)
Anne BEDFORD *(Thomas Cook)*
Julien PASCAL (Europe 2)
Antoine DEBOISE et Philippe VECCHI (Canal Plus)
Thierry CAILLIBOT et Christophe RUAULT (Chaîne Voyage)
François BUSNEL (RFI)
Gérard GROSSE *(La Voix du Nord)*
Lise FERNET *(Le Dauphiné Libéré)*

Et tous ceux que j'ai oubliés...

TABLE

JUILLET 1995-JUILLET 1996

DANS LA COLLECTION « DOCUMENTS »
au cherche midi éditeur

DR MICHEL ALLARD
DR ARMELLE THIBERT-DAGUET
Longévité mode d'emploi

GEOFFROY D'AUMALE
JEAN-PIERRE FAURE
Guide de l'espionnage
et du contre-espionnage
Histoire et techniques

JAMEL BALHI
Les Routes de la foi

PATRICE BAROIS
Le Tour du monde des volcans

JEAN BERNARD
La Médecine du futur

ISABELLE BRICARD
Dictionnaire de la mort
des grands hommes

MICHEL BÜHRER
Rwanda, mémoire d'un génocide
textes et photographies

DR PIERRE DUKAN
Dictionnaire de diététique et de nutrition

JOSEPH GOURAND
Les Cendres mêlées

FRANÇOISE et CLAUDE HERVÉ
Le Tour du monde à vélo

JEAN-LUC EINAUDI,
Un Algérien,
Maurice Laban

ALAIN KALITA
Je suis né deux fois

ALAIN LAVILLE
Un crime politique en Corse,
Claude Érignac, le préfet assassiné

LUIGI LUCHENI
Mémoires de l'assassin de Sissi
édition établie et présentée par Santo Cappon

THÉODORE MONOD
Le Chercheur d'absolu

KEIJI NAKAZAWA
J'avais 6 ans à Hiroshima,
le 6 août 1945, 8 h 15

GILLES PLAZY
Gustave Courbet,
un peintre en liberté

MAURICE RAJSFUS,
Drancy, un camp de concentration
très ordinaire, 1941-1944

La Police de Vichy,
les forces de l'ordre françaises au service
de la Gestapo, 1940-1944

La Police hors la loi
Des milliers de bavures
sans ordonnances, depuis 1968

Les Français de la débâcle
Juin-septembre 1940, un si bel été

Mai 68
sous les pavés, la répression
juin 1968 - mars 1974

JACQUES ROSSI
Manuel du goulag

CATHERINE DE SILGUY
Histoire des hommes
et de leurs ordures,
du Moyen Âge à nos jours,
préface d'Éric Guillon

CHRISTEL TRINQUIER
Femmes en prison

DANIEL ZIMMERMANN
Jules Vallès, l'Irrégulier

Composition - Mise en pages
DV Arts Graphiques à Chartres

Imprimé en France par la Société Nouvelle Firmin-Didot
Dépôt légal : avril 1999
N° d'édition : 654 - N° d'impression : 47594
ISBN : 2-86274-654-1